教科書ガイド

帝国書院 版

社会科

中学生の歴史

—— 完全準拠 ——

歴史

JN093969

編集発行　文理

この本の使い方

はじめに

　この教科書ガイドは，あなたの教科書に合わせて教科書の重要な用語やポイントを分かりやすく解説しています。また，教科書のさまざまな問いかけの答えや，その解き方を載せています。重要語句やポイントを付属の赤シートを被せて消すことができるようになり，何度も繰り返して学習事項を確認できます。授業の予習・復習，定期試験の学習に役立てましょう。

この本の構成

	教科書の重要語句と問題の答えをまとめた，この本の中心となるページです。	
①要点解説	教科書ナビ	●教科書で，特に重要な語句を含む文を抜き出しています。 ●教科書のページと行を載せています。
	徹底解説	●教科書ナビに載せた重要語句の意味や背景を丁寧に解説しました。 ●重要語句のいくつかは色文字になっているので，赤シートを活用して覚えていきましょう。 👤…重要人物につきます。　🔍…重要事項につきます。
	教科書の答えをズバリ!	●「確認しよう」「説明しよう」など，教科書の問いかけの答えを「ズバリ!!」載せました。
	技能をみがく	●教科書にのっている「技能をみがく」の解説と答えを載せています。 ●社会科の理解に必要な，資料の読み方や使い方を説明しています。
②特集 学習を振り返ろう		●教科書の特集や発展的なコラム，単元末の「学習を振り返ろう」の内容を丁寧に解説しました。 ●「確認しよう」「説明しよう」などの問いかけの答えも載せています。
③おさらい! 一問一答ポイントチェック		●定期試験に備えた，一問一答の問題です。 ●赤シートを活用しながら，何度も使ってポイントを確認しましょう。

効果的な使い方

赤シートで繰り返し！
①知識を確認する

教科書を読みながら，「教科書ナビ」と「徹底解説」で重要語句をおさえる！

ページを確認し終えたら，右上の顔に✓を書いて笑顔にしましょう。　😐 ▶ 😊

②理解を深める

教科書の問いにチャレンジ！「答えをズバリ!」で答えを確認しよう！

③学習を定着させる

「一問一答ポイントチェック」で，重要語句をおさらい！

テスト前
「学習を振り返ろう」のページを，教科書と合わせてチェック！

もくじ

もくじ

第5章 二度の世界大戦と日本

第6章 現在に続く日本と世界

写真提供：アフロ，国立国会図書館，横浜市中央図書館

① 年代の表し方と時代区分

ポイント　年代は，西暦や世紀で表すことが多い。世紀は，紀元1年を基準にその前後を100年ごとに区切ったものである。時代区分として，人々の暮らしや，社会のしくみや政治の中心地によって区分する場合がある。

技能をみがく

●年代や時代を結び付ける

　歴史上の人物が活躍した時期や出来事が起こった年は，西暦や元号，世紀とともに，時代でも表すことができるが，人物が活躍した時期や出来事が起こった年を，西暦と時代，世紀と時代などと結び付けることで，歴史の学習に役立てることができる。

教科書の答えをズバリ!

やってみよう　p.3

① 令和3年　2021

② 平成　　③ 21世紀

④ 2018　　⑤ 甲子

身近にある年代：

　例 教科書や本の奥付にある発行年

やってみよう　p.4　　右図参照

やってみよう　p.5

1 ① 世紀…9世紀　　時代…平安時代　　② 世紀…17世紀　　時代…江戸時代

2 ① 世紀…6世紀〜7世紀　時代…飛鳥時代，古代の人物

　 ② 世紀…12世紀　　　　時代…平安・鎌倉時代，中世の人物

　 ③ 世紀…16世紀〜17世紀　時代…戦国・安土桃山・江戸時代，中世・近世の人物

　 ④ 世紀…19世紀〜20世紀　時代…江戸・明治時代，近世・近代の人物

3 例 年代…1650〜1750年　世紀…17世紀〜18世紀　　時代…江戸時代

　　理由…争いが少なく，平和な時代で，元禄文化が栄えたころの上方の暮らしを

　　　　　体験してみたいから。

確認しよう　p.4　**年代の表し方と時代区分**

年代…西暦，世紀，元号

時代区分…古代・中世・近世・近代・現代，○○時代

説明しよう　p.4　**時代区分の基準**

古代・中世・近世・近代・現代…人々の暮らしのあり方や，社会のしくみを基準にする。

○○時代…生活の特徴や政治の中心地から名付けたり，元号で区分する。

①②　歴史の謎を探る　〜問いを作ろう〜
　　資料をよく見てヒントを探そう

確認したら✓を書こう

ポイント　身近な地域にある建物や遺跡，地域の行事や風習などから歴史の謎（疑問）を見つける。その謎（疑問）を解き明かすために，地域にある資料館や博物館で調べてみよう。集めた情報から仮説を立ててみよう。

技能をみがく

● **情報の集め方**　p.7

　多くの情報を集めるには，本を読んだり，さまざまな施設を利用したり，専門家の説明を受けたりするのがよい。

図書館　地域についての本のコーナーがあるところも多い。わからないことなどは司書の方に相談してみる。

博物館・資料館　いろいろな博物館・資料館があるので，自分が調べようとしているテーマをあつかっているところへ行き，館内の展示などから地域の歴史についての情報を集める。

インターネット　博物館・資料館にはホームページのあるところも多いので，ウェブサイトを見て，リンクをたどっていろいろなページを参考にするとよい。

● **地図の作り方・年表の作り方**　p.8

地図の作り方　作りたい地図の範囲を決める。→必要な都市や場所，航路のルートなど地図上に書き込む。→領域や国の範囲などを囲んで色を塗る。

年表の作り方　作りたい年表の題材とタイトルを決める。→年表で表す時代の長さを決める。→年代を書き入れる場所を決める。→年表に年代を書き入れ，その年に起こった出来事を書き入れる。

● **野外・聞き取り調査のしかた**　p.9

野外調査　調査に出かけるときには事前に準備をし，現地ではマナーを守って調査を行う。

○準備　・調査のルート　・調査内容を確認　・調査道具を準備（記録用紙・筆記用具・カメラ・ビデオ・方位磁針・地図・ビニール袋・メジャーなど）

○調査　・マナーを守って調査する。　・注意深く観察し，その場で記録する。

聞き取り調査　質問する相手と内容を決めておく。聞き取り調査をお願いする人には，まじめにていねいな態度で接する。多くの人に話を聞くといろいろな角度からの情報が集められる。

教科書の答えをズバリ！

やってみよう p.8上

例　月浦を出港し，スペイン・ローマに向かう。

やってみよう p.8下

右図

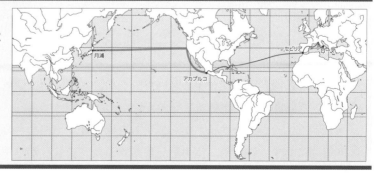

❸ 謎解きの答えをまとめよう
謎解きの答えを分かりやすくまとめよう

確認したら✓を書こう

> **ポイント** 自分たちが調べたり発見したことを図や表にまとめ，報告書（レポート）を作る。年表や地図などを作ってみるのもよい。抱いた疑問と結論がつながっているか，反対意見に対する反論を用意することも大切。

技能をみがく

●レポートのまとめ方

　調べたこと，自分の考えをレポートにまとめる。レポート作成のときは，見る人，聞く人，読む人に伝わるように図や写真，イラストなどを使う。最後に結論を書く。

疑問や謎　疑問に思ったことと，その理由を書く。

自分の推理　疑問に対する自分の推理や仮説とその根拠を必ず示す。

分かったこと　調べて分かったことを大きな項目・小さな項目に整理し，それらの証拠となる資料を年表・地図・写真・グラフ・関係図などで表す。

- 年表（「いつ」を示す）…歴史上の出来事を時代順に紹介するときに使うと効果的。
  いつ起こった出来事か，それはどのような内容であったかなどを項目別に整理する。
- 地図（「どこ」を示す）…調べた場所を紹介するときに使うと効果的。
  道や川，目安になる建物などを紹介し，そこまでの道のりなども示す。
- 写真・イラスト（「だれ」，「何」などを示す）…調べたことの様子を紹介するときに使う。
- 関係図・流れ図（「どのように」などを示す）…人物や出来事などの関係を整理して示すときに使う。要点を絞って分かりやすくする。

結論　テーマについて分かったことや分からなかったこと，さらに，今後の課題を書く。

●発表のしかた

　調べたことを発表し，意見交換をすると，自分では気づかなかったことを発見することができる。より効果的な発表をするには，言葉づかいや話し方を工夫し，聞き手の反応をよく見ながら話す。また，以下のような注意点も十分確認して発表する。

内容面での注意

- 疑問と結論がつながるようになっているか。
- 当時の時代背景をきちんと踏まえているか。
- 疑問点に関して，５ｗ１ｈ（いつ，どこ，だれ，何，なぜ，どのように）などについて，具体的な調査がされているか。
- 資料に本やウェブサイトから引用した場合は，出典をきちんと示しているか。
- 質問に対する答えや，反対意見に対する反論をしっかり準備しているか。

① 人類がたどった進化

> **ポイント** 約700万年前に，最古の人類である猿人がアフリカで誕生し，原人，新人へと進化した。人々は，狩りや採集中心の旧石器時代から農耕・牧畜を始めた新石器時代へと生活を発展させていった。

教科書ナビ

◯14ページ 4行め
これが人類の始まりで，（…）考えられています。

◯14ページ 6行め
地球は約260万年前から氷河時代に入り，（…）。

◯14ページ 11行め
（…）石を打ち砕いた打製石器を作り始めました（旧石器時代）。

◯15ページ 18行め
（…）石を磨いて作った磨製石器や，粘土を焼いた土器が作られるようになりました（新石器時代）。

徹底解説

🔍【人類の始まり】
約700万年前に，直立歩行をし，道具を使った最古の人類である猿人が誕生し，その後，原人→新人へと進化していった。

猿人	→	原人	→	新人
・直立歩行 ・道具の使用		・火，言葉の使用 ・打製石器の使用		・磨製石器の使用 ・土器の使用

🔍【氷河時代】
約260万年前から約1万年前まで続いた，厳しい寒さの時期（氷期）と比較的暖かい時期（間氷期）が繰り返された時代。この時代に人類は火の使用を始め，言葉を発達させた。

【旧石器時代・新石器時代】

時代	食料	住まい	道具
旧石器時代 （約260万年前〜約1万年前）	狩りや漁，採集	食料を求めて移動生活	打製石器使用
新石器時代 （約1万年前〜数千年前）	農耕・牧畜開始	定住し，集落を形成	磨製石器・土器使用

🔍【打製石器】
石を打ち砕いたり，はぎとったりして作った石器。もりややりの先，おのとして使われた。

🔍【磨製石器】
石を磨いて作った石器。おのや矢じりのほか，農耕にも使われた。

教科書の\答え/をズバリ!

-確認しよう p.15 人類が進化していくなかで，できるようになったこと
- ●石などを道具として使うようになった。
- ●火を使うようになった。　●言葉を発達させた。

説明しよう p.15 旧石器時代と新石器時代の人類の生活の変化

例 氷河時代の旧石器時代には，打製石器を使用し，狩りや採集を中心とした生活が行われていた。氷期が終わった新石器時代は，大型の動物が減り，狩りや採集だけでは食料が足りなくなり，農耕や牧畜も始まった。

② 世界各地で生まれる文明

ポイント ナイル川などの大河の流域では，農業が発達し，人口も増加して王を中心とする都市が形成され，高度な文明が発達した。こうした古代文明では文字が発明され，青銅器などの金属器も使われていた。

教科書ナビ

◉16ページ 3行め
（…）食料を管理し，農耕や戦いの指揮を執る王が現れ，（…）ました。

◉16ページ 8行め
最も早い文明は，（…）「オリエント」とよばれる地域に生まれました。

◉16ページ 10行め
ティグリス川とユーフラテス川の流域では，（…）メソポタミア文明が生まれました。

◉17ページ 1行め
紀元前3100年ごろ，ナイル川流域にエジプト文明が生まれました。

徹底解説

🔍 **〔王〕**
農耕や牧畜が発達し，食料生産力が増すようになると，土地や家畜を財産として持ち，人々を支配する者が現れた。支配者のなかで，より権力を持った者が王となった。

🔍 **〔オリエント〕**
オリエントとは，ヨーロッパから見た「日の昇るところ，東方」を意味し，現在は「中東」とよばれる地方のことである。特に，ティグリス川・ユーフラテス川，ナイル川の流域では，はやくからかんがい農業が行われ，高度な文明が発達した。

🔍 **〔メソポタミア文明〕**
メソポタミアとは「川の間の地域」の意味。メソポタミア文明は，紀元前3500年ごろ，ティグリス川とユーフラテス川流域で生まれた。青銅器やくさび形文字が使われ，太陰暦や60進法などが考え出された。紀元前18世紀ごろ，バビロニア王国のハンムラビ王がメソポタミア全域を統一した。「目には目を，歯には歯を」という原則のもと，被害以上の復讐を禁じた，世界最古の法典であるハンムラビ法典を作った。

🔍 **〔エジプト文明〕**
紀元前3100年ごろ，ナイル川流域で生まれた。ナイル川の増水時期や農作物の栽培時期を知る必要から天文学が発達し，太陽暦が作られた。また，増水後の土地の整備やピラミッドの造営のため，測量術や土木技術が発達した。その様子を，古代ギリシャ人は「エジプトはナイルのたまもの」と記した。最大規模のピラミッドは，カイロ近くのギーザにあるクフ王のもの。また，象形文字の一つである神聖文字が発明された。

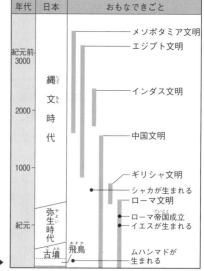

年代	日本	おもなできごと
紀元前-3000	縄文時代	メソポタミア文明／エジプト文明
2000		インダス文明
		中国文明
1000		ギリシャ文明／シャカが生まれる／ローマ文明
紀元-	弥生時代	ローマ帝国成立／イエスが生まれる
	古墳／飛鳥	ムハンマドが生まれる

世界各地の文明の動き▶

● **17ページ 8行め**
紀元前2300年ごろ，
（…）**インダス文明**が
生まれました。

🔍〔インダス文明〕
モヘンジョ＝ダロやハラッパーなどのれんが造りの都市は計画的に設計され，排水設備が整い，公衆浴場や穀物倉庫などもあった。交易で使用された印章にはインダス文字が刻まれていたが，インダス文字はいまだに解読されていない。

● **17ページ 16行め**
（…）**アルファベッ**
トの原型が発明されま
した。

🔍〔アルファベット〕
交易がさかんになった地中海東岸で，象形文字やくさび形文字を基にした，アルファベットの原型となる文字が発明された。

● **17ページ 16行め**
紀元前1000年ごろに，
鉄器が普及し始めると，
（…）なりました。

🔍〔鉄器〕
紀元前1000年ごろから普及した鉄器により，農産物の生産が増加した。鉄製の武器も発達し，各地の王は強力な軍事力を持つようになった。

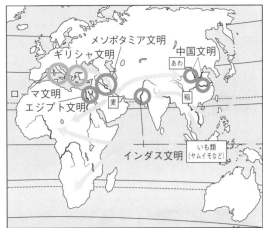

▲世界各地の古代文明と栽培植物の伝わった方向

教科書の 答え をズバリ！

確認しよう p.17 三つの古代文明

	メソポタミア文明	エジプト文明	インダス文明
生まれた時期	紀元前3500年ごろ	紀元前3100年ごろ	紀元前2300年ごろ
生まれた地域	ティグリス川・ユーフラテス川流域	ナイル川流域	インダス川流域
生まれたもの	・青銅器 ・くさび形文字 ・太陰暦 ・60進法	・神聖文字 　（象形文字の一つ） ・太陽暦 ・ピラミッド	・インダス文字 ・モヘンジョ＝ダロ 　（上下水道・公衆浴場 　などが整備されていた）

説明しよう p.17 古代文明の共通点

例　古代文明には，農耕が発達した大河の流域で誕生し，王を中心に都市や国家が作られ，祭りや戦いに用いる青銅器や記録用に文字が作られ，使われるようになった，という特徴がある。

③ 東アジアの文明の広がり

ポイント 中国文明では，殷についで周が成立した後，戦乱の春秋戦国時代を経て，紀元前3世紀末に秦が中国を統一すると，皇帝による中央集権のしくみが確立した。その後の漢は儒教を取り入れて領土を拡大した。

教科書ナビ

●18ページ 4行め
作物の収穫が安定し，人口が増えると，（…）都市がつくられ，**中国文明**が生まれました。

●18ページ 6行め
紀元前1600年ごろには，黄河流域の都市を統合して殷（商）という国が栄えました。

●18ページ 9行め
また，戦争や農業などを占った結果は，亀の甲や牛の骨に，**甲骨文字**で記録されました。

●18ページ 14行め
各地の王は，（…）有能な人材を集めたので，**孔子**などの優れた思想家が現れました。

●18ページ 17行め
（…）**鉄製の農具**が使われるようになり，（…）

●19ページ 3行め
紀元前3世紀に，中国を統一した秦の始皇帝は，（…）「皇帝」の呼び名を使い始めました。

徹底解説

🔍【中国文明】
モンゴルや中央アジアから運ばれた黄土が黄河流域に積もり，肥沃な土地を形成した。ここに漢民族が住みつき，農耕や牧畜を始めた。やがて黄河流域と稲作が始まった長江の流域にいくつもの都市国家が生まれ，紀元前1600年ごろ，殷が黄河中・下流域を支配した。

🔍【殷】
紀元前1600年ごろから紀元前1100年ごろまで黄河中・下流域を支配した国。現在確認されている中国で最古の王朝。占いにより神の意思を聞き，それに基づいて政治を行った。また，青銅（銅と錫の合金）の武器や祭器が作られ，甲骨文字を使用した。

🔍【甲骨文字】
殷の時代の遺跡から発見された古代中国の文字。占いの結果を記すために，亀の甲やけものの骨に刻まれた。現在の漢字の基となった。

甲骨文字▶

👤【孔子】（前551 ？〜前479）
紀元前6世紀ごろ分裂した中国を遊説し，思いやりの心（仁）で行いを正し，これに基づいた政治を行わなければならないと説いた。この教えを儒教という。孔子の死後，弟子たちは孔子の言葉や行いを『論語』にまとめた。儒教は，朝鮮や日本にも伝えられ，政治や文化の面で大きな影響を与えた。

🔍【鉄製の農具】
紀元前4世紀ごろから使用された。鉄製の農具によって土地の開墾による耕地の拡大が可能になり，農業生産力が高まった。

🔍【秦】
紀元前221年，秦の始皇帝が初めて中国を統一した。始皇帝は中央から役人を送って地方を治め，貨幣や文字，物差し，升などを統一し，経済の発展に努めた。また遊牧民の侵入を防ぐための万里の長城や，自分の墓の近くに兵馬俑坑を築いた。しかし，厳しい政治を行ったため各地で反乱が起き，秦は15年ほどで滅んだ。

◉19ページ 9行め
秦に続いた漢は，（…）領土を拡大していきました。

🔍【漢】
紀元前202年，漢の劉邦（高祖）が中国を統一した。漢は領土を拡大し，西のローマ帝国と並ぶ大帝国となった。周辺諸国の王に印を与えるなどして統治を認めた。

◉19ページ 13行め
大帝国を築いた漢は（…）国交を結びました（朝貢）。

🔍【朝貢】
周辺諸国の王などが，中国の皇帝に敬意を表して貢ぎ物をすること。これに対して，中国の皇帝が位や返礼品を与え，中国と周辺諸国との間で上下関係を伴った外交関係が成立した。

◉19ページ 16行め
西方との陸の交通路も整備され（シルクロード），（…）交流も盛んになりました。

🔍【シルクロード】
中国の都からユーラシア大陸の中央部を通って地中海東岸へ続く，東西交通の主要ルートの一つで，中国で作られた絹がこの道を通って運ばれたことから名づけられた。

凡例：—漢の領域　—陸上のおもな交通路

モンゴル高原
玉門関
敦煌
五原
万里の長城
楽浪
河
黄
長安
兵馬俑坑（始皇帝陵）
洛陽
漢
江
倭
0　500km

▲紀元前後の東アジア

教科書の答えをズバリ！

確認しよう p.19　秦と漢の政治

秦
- 貨幣や文字，物差しやはかりなどを統一した。
- 法を重んじ，皇帝の命令が全国に行き渡る政治のしくみを整えた。
- 北方の遊牧民の侵入を防ぐために，万里の長城を修築した。

漢
- 国の支配に儒教を取り入れた。
- 周辺諸国との国交には，朝貢の形式をとった。
- 西方との交通路（シルクロード）を整備した。

説明しよう p.19　秦や漢が行った政治のしくみ

例　秦では，法を重んじた政治を行い，大きな領土を治めるために，役人を通じて皇帝の命令が全国に行き渡るしくみを整えた。漢は，儒教を取り入れた政治を行い，周辺諸国の王に，その国の王として認める印を与えるなどして統治を認めた。

④ ギリシャとローマの政治と文明

ポイント アテネでは，紀元前5世紀に民主政が行われ，人間の生き方などを考える哲学が生まれた。また，ローマの政治は紀元前1世紀ごろに共和政から帝政へと変わり，文化面では，実用性を重視した文化が発達した。

教科書ナビ

◉20ページ 1行め
ギリシャは，（…）紀元前8世紀ごろから多くの都市国家（ポリス）が生まれました。

◉20ページ 8行め
（…）紀元前5世紀に，（…）民主政が行われました。

◉21ページ 6行め
（…）紀元前3世紀初めには，（…）。これにより，古代ローマの共和政が完成しました。

◉21ページ 13行め
このころには，ローマの政治は，共和政から強い軍事力と指導力を持った皇帝が治める政治（帝政）に移り変わりました。

徹底解説

🔍【都市国家（ポリス）】
紀元前8世紀ごろからギリシャ各地に成立した都市を中心とした国家。代表的なポリスにはアテネやスパルタがある。多くのポリスにはアクロポリスとよばれる小高い丘があり，アテネのパルテノン神殿など，守護神をまつる神殿が造られた。

🔍【民主政】
アテネでは，成人男性の市民全員が参加する民会を中心に，国の方針を決める民主政が行われた。現代の民主政治の起源となるが，女性は参加できず，奴隷の労働に支えられたものであった。

🔍【共和政】
ローマでは，紀元前5世紀ごろは，貴族と平民の身分に分けられ，貴族が政治を独占していた。しかし，たび重なる戦争の中心となった平民の発言力が強まり，紀元前3世紀初めに，貴族と平民の政治の権利は平等となり，古代ローマの共和政が誕生した。しかし，実際は貴族が中心で，政治に参加できた平民は限られていた。

🔍【帝政】
紀元前1世紀の終わりにローマが地中海沿岸のほぼ全域を支配したころから，共和政に代わって，強い指導力と軍事力を持った皇帝が政治を行う帝政が始まり，以後約200年間，安定した時代が続いた。ローマの文化はギリシャの影響を受けた実用的な文化で，ローマ法典やコロッセオ（闘技場），水道や道路などが整備された。また，アルファベットを基にしたラテン文字（ローマ字）を広めた。

教科書の答えをズバリ！

資料活用 p.21 **民会に参加している人々** 全員が成人の男子である。

確認しよう p.21 **古代ギリシャと紀元前3世紀ごろのローマの政治**

● アテネ…すべての成人男子市民が出席する民会を中心とした民主政が行われた。
● ローマ…平民と貴族の政治の権利が平等になったことにより，共和政が完成した。

説明しよう p.21 **古代ギリシャや紀元前3世紀ごろのローマの政治制度と現代の民主政治との違い**

例 古代ギリシャの民主政は，女性やほかのポリス出身者は民会に参加できなかった。また，ローマの共和政は，事実上貴族が中心で，政治に参加できる平民は限定されていた。どちらも，奴隷の労働に支えられた政治制度だった。

⑤ 仏教・キリスト教・イスラム教の誕生

ポイント　文明や国家が発展するとともに人々の間に貧富の差も生まれてきた。人々が心の支えを求めるようになったことを背景に，インドで仏教が，パレスチナでキリスト教が，アラビア半島でイスラム教が誕生した。

教科書ナビ

◉22ページ 12行め
（…）紀元6世紀ごろ，**シャカ**が（…），苦悩を乗り越える道を説きました（仏教）。

◉23ページ 3行め
紀元前後のころ，ローマ帝国に支配されていたパレスチナに**イエス**が現れ，（…）説きました。

◉23ページ 11行め
そのようなとき，メッカに現れた**ムハンマド**は，（…）説きました（イスラム教）。

徹底解説

〔シャカ〕（前563ごろ～前483ごろ）

生没年代については，前463ごろ～前383ごろなどいくつかの説がある。シャカ族の王子として生まれたが，29歳のときに深く人生の問題に悩み，いっさいを捨てて出家し，極度の断食などの苦行を行った。35歳のときブッダガヤの菩提樹の下で悟りを開いて仏（ブッダ，悟った者）となり，仏教を開いた。

〔イエス〕（前4ごろ～後30ごろ）

西アジアのパレスチナ地方に生まれ，当時信仰されていたユダヤ教を基に，愛と公正の教えを説いた。しかし，ユダヤ教の指導者やローマ帝国によって迫害され処刑された。その教えは，イエスの弟子たちによって『新約聖書』にまとめられキリスト教とよばれた。「新約」とは，神がイエスを遣わして人と結んだ新たな契約という意味である。4世紀末にローマ帝国がキリスト教を国教としたことから広く信仰されるようになった。

〔ムハンマド〕（570ごろ～632）

6世紀にアラビア半島のメッカに生まれ，唯一の神アッラーのお告げを受けたとしてイスラム教を始めた。8世紀には，イスラム教を信仰した王朝が，アラビア半島から西アジア，北アフリカを征服した。イスラム教の聖典は「コーラン」で，生活や政治・経済活動などのきまりが細かく定められている。

教科書の 答え をズバリ！

確認しよう p.23　国の支配者が宗教を保護する理由

国家の支配者は，自分の地位や政治を安定させるために，多くの人々が信仰する宗教を保護した。

説明しよう p.23　三つの宗教が誕生する共通の背景

例　三つの宗教は，文明が誕生した地域の近くで誕生している。その背景には，文明や国家が発展するにつれて，差別や貧富の差が広がり，生活の苦しみや不安を抱えた人々が，それを乗り越えるための心の支えを求めたことがある。

振り返ろう p.23　古代の四つの文明に共通する特徴

例　古代の四つの文明は，大河の流域で農耕や牧畜が発達した結果，指導者としての王を中心に都市や国家が生まれ，文字や青銅器が作られた。

CHECK!
確認したら✓を書こう

縄文時代を眺めてみよう
（紀元前25〜前20世紀ごろのある場面）

弥生時代を眺めてみよう
（紀元2〜3世紀ごろのある場面）

次の場面を探してみよう！

① ア（p.24　B−2）　　③ カ（p.25　E−3）　　⑤ エ（p.25　D−1）

② オ（p.25　F−2）　　④ ウ（p.24　A−3）　　⑥ イ（p.24　C−2）

● 二つの時代を比べて特色を考えよう

● 共通点

場面	タイムトラベルでの位置	くわしい説明
文化	縄 p.24　B−1・2 弥 p.25　E−1・2	**たて穴住居**　地面に穴を掘り，屋根を付けた住居で定住をしている。
文化	縄 p.24　C−2 弥 p.25　D−2	**土器**　時代によって特徴は異なるが，生活のさまざまな場面でさまざまな形の土器を使った。表面に縄目の文様が付けられていることが多いのが**縄文土器**。薄くて硬いのが**弥生土器**である。

● 変化したところ

場面	タイムトラベルでの位置	くわしい説明
政治	弥 p.25　DEF−3	**柵と深い濠**　敵対する周辺の集落から容易に攻め込まれないように，柵や濠を造って自分の集落を守った。
政治	弥 p.25　F−1	**物見やぐら**　敵の見張りなどのために高層の建物が造られた。
経済 文化	縄 p.24　AB−3 弥 p.25　F−3	**稲作**　動物の狩猟や植物の採集だけだったが，中国や朝鮮から稲作が伝わり，ムラ（集落）もつくられるようになった。
経済	縄 p.24　A−2 弥 p.25　F−2	**高床倉庫**　貯蔵の穴での保管から，稲の貯蔵や祭祀に使う道具などを高床倉庫に保管するようになった。
文化	弥 p.25　E−2 　 p.25　F−3	**きねとうす・石包丁**　稲作が盛んになるにつれ，米づくりの道具も発達した。
文化	弥 p.25　D−1	**青銅器や鉄器**　稲作と一緒に中国や朝鮮から伝わった。**銅鐸・銅矛・銅剣**などの青銅器は，豊作を祈願する道具として使われていた。

CHECK!
確認したら✓を書こう

① 縄文から弥生への変化

ポイント 氷期が終わって暖かくなった縄文時代の人々はたて穴住居に定住するようになり，狩りや採集中心の生活をしていた。縄文時代の終わりに伝わった稲作が広まった弥生時代には，生活の様子も大きく変化した。

教科書ナビ

◯26ページ 7行め
狩りや漁・採集で得た食料（…）**縄文土器**といいます。

◯26ページ 10行め
食生活の（…）**たて穴住居**に定住するようにもなりました。

◯26ページ 15行め
青森県の**三内丸山遺跡**では，（…）遠い地域と物の交換を行っていたことが分かっています。

◯26ページ 17行め
こうした生活が続いた約1万数千年前から（…）**縄文時代**，またその文化を縄文文化といいます。

◯27ページ 1行め
縄文時代の終わりごろ，中国や朝鮮半島などから北九州へ渡来した人々が**稲作**を伝え，（…）広まっていきました。

◯27ページ 5行め
土器も（…）米の保存・煮炊きに適した**弥生土器**が作られるようになりました。

徹底解説

🔍 **【縄文土器】**
食料の保存や煮炊きのために使われた。粘土を焼き固めてつくる土器で，表面に縄目文様のあるものが多い。低温で焼かれたため，厚くてもろく，黒かっ色をしている。複雑な飾りのついたものもある。

🔍 **【たて穴住居】**
直径5〜6mの円形または方形の穴を50cmほど掘り，柱を立てて屋根を付けた住居。住居の中には炉があり，住居の周囲は排水用の溝が掘られていた。住居近くでは貝塚が出来た。

🔍 **【三内丸山遺跡】**
青森市にある，約5500〜4000年前の縄文時代の集落跡。長さ約32m，幅約10mの大型たて穴住居や多数のたて穴住居跡，掘立柱建物跡などが発掘された。また，ぼう大な量の縄文土器・石器・土偶・木器や，ほかの地域から運ばれたヒスイや黒曜石などが出土している。マメやゴボウなどの栽培植物が出土し，クリの栽培も明らかになった。

🔍 **【縄文時代】**
約1万数千年前から紀元前3世紀ごろまでの縄文土器が使用されていた約1万年間。氷期が終わり，気候が温暖になって森林が広がり，人々は採集や狩り・漁の生活を営んでいた。森や海に近い高台に小さな集団をつくり，共同で働き，食料を分け合い，身分の違いはなかった。遠くの地域と道具や食料の交換も行われていた。

🔍 **【稲作】**
縄文時代の終わりごろに中国や朝鮮半島などから稲作が伝わり，紀元前4世紀ごろには，西日本に水稲農耕の文化が成立した。やがて東日本にも伝わった。

▲稲作が伝わった経路

🔍 **【弥生土器】**
縄文土器よりも薄く，比較的高温で焼かれたため硬く，赤かっ色をおびた土器。飾りはなく，実用的なものが多い。煮炊きや貯蔵，食事用など使いみちによっていくつかの形が作られた。1884年，現在の東京都文京区弥生で最初に出土した。

● **27ページ 11行め**

稲を蓄えるための高床倉庫も造られました。

🔍【高床倉庫】

稲や食料を貯蔵するための倉庫。湿気を防ぐために床を高くし，はしごをかけて出入りした。ねずみが入らないように，ねずみ返しの工夫もされている。

● **27ページ 13行め**

稲作とともに，青銅器や鉄器も中国や朝鮮から伝わりました。

🔍【青銅器】【鉄器】

中国や朝鮮半島からほぼ同時に伝えられた。青銅器としては銅剣・銅矛・銅鐸・銅鏡があり，初めは武器として作られたが，後に権力を示すためや祭りの道具に使われた。鉄器は剣や刀などの武器のほか，鎌や鍬，鋤の刃先などの農具や木製の農具を作る小刀など，実用的な道具として使われた。

▲銅鐸

● **27ページ 16行め**

この時代を弥生時代，その文化を弥生文化といい，紀元前3世紀ごろから紀元3世紀ごろまでの約600年間続きました。

🔍【弥生時代】

紀元前3世紀ごろからの約600年間をいう。中国や朝鮮から稲作と金属器が伝わり，弥生土器が使われた時代。人々は水田の近くにたて穴住居を造り定住してムラ（集落）をつくった。稲作はかんがいや治水など共同作業が必要なため，しだいに共同作業を指揮する者が現れ，また，稲の蓄えの多い者と少ない者ができ，身分の違いと貧富の差が生まれた。その後，ムラがまとまりクニができていった。

教科書の答えをズバリ！

確認しよう p.27 縄文時代と弥生時代の特徴

縄文時代

- まじないに使うための土偶が作られる。
- 狩りや漁，木の実などの採集によって食料を得ていた。
- 食料を煮炊きするために縄文土器が使われた。
- たて穴住居での定住が始まり，近くには貝塚が出来た。

弥生時代

- 稲作が伝わり，全国各地に広まった。
- 薄くて硬い弥生土器が作られた。
- 高床倉庫が造られる。
- 青銅器や鉄器が中国や朝鮮から伝わり，銅鐸などが祭りの道具として使われた。

説明しよう p.27 縄文時代と弥生時代の環境の変化による生活の変化

例　気候が暖かくなった縄文時代には，人々はたて穴住居に定住するようになり，狩りや漁，採集中心の生活をしていた。弥生時代に広まった稲作には，多くの人々の協力が必要となり，人々は水田近くの台地に定住してムラ（集落）をつくるようになった。

CHECK! 確認したら✓を書こう

② ムラがまとまりクニへ

ポイント 稲作が広まるにつれ，土地や水の利用をめぐるムラ同士の争いが生じるようになった。有力なムラが周辺のムラを従えて各地に小さなクニ（国）ができた。それらの中には，中国へ使者を送るクニも現れた。

教科書ナビ

●28ページ 1行め
稲作が盛んになると，（…）有力なクニ（国）が現れました。

●28ページ 10行め
奴国（現在の福岡市付近）の王が（…）と書かれています。

●28ページ 14行め
3世紀に倭は小さな国に分かれ，長い間争いが続いたが，邪馬台国の卑弥呼を倭国の女王にしたところ，争いが収まったとあります。

徹底解説

🔍 **〔クニ（国）〕**
地域的な集団の一つ。稲作が定着し各地にムラができると，土地や水田の用水をめぐってムラ同士が争うようになった。争いに勝利したムラが周辺のムラを従え，クニとなっていった。

🔍 **〔奴国〕**
北九州にあったと思われる国の一つ。中国の漢の歴史書『後漢書』東夷伝によると，紀元57年に奴国の王が漢に使いを送り，金印を授けられたとある。江戸時代に福岡県の志賀島で発見された「漢委奴国王」と彫られた金印がそのときの金印と考えられている。

🔍 **〔邪馬台国〕**
3世紀ごろ日本にあった国。中国の魏の歴史書「魏志」倭人伝によると，30ほどの国が争いをさけるために邪馬台国の女王卑弥呼を共同の王にたて，卑弥呼は占いやまじないで政治を行ったという。邪馬台国では支配者・庶民・奴隷の身分があり，人々は稲や麻をつくり，蚕を飼い，絹や麻の布を織っていた。収穫物の一部を納める税もあり，物を交換する市もたっていた。邪馬台国の位置については九州説と畿内（近畿地方）説があり，論争が続いている。

👤 **〔卑弥呼〕**
邪馬台国の女王。神の意志を聞くことができるとされ，その占いやまじないの力で国を治めた。239年には中国の魏に使いを送り，「親魏倭王」の称号と金印や銅鏡100枚などを授けられた。

教科書の 答え をズバリ！

確認しよう p.29 中国の歴史書に書かれた日本の様子

● 『漢書』…紀元前1世紀ごろ，倭（日本）は100ほどのクニ（国）に分かれていたとある。

● 『後漢書』…奴国の王が漢に使いを送り，皇帝から金印を与えられたと書かれている。

● 「魏志」倭人伝…3世紀の倭は小さな国に分かれ争いが続いたが，邪馬台国の卑弥呼を倭国の女王にしたところ，争いが収まったとある。

説明しよう p.29 邪馬台国が国々をまとめるために行ったこと

例 邪馬台国は まじないによって諸国を治めるとともに，中国に使者を送って，贈り物や王の地位を得ることで，ほかの国より優位に立とうとした。

第2部 第1章 第2節 東アジアの中の倭（日本）

CHECK! ☺
確認したら✓を書こう

③ 鉄から見えるヤマト王権

ポイント 3世紀後半に，大王を中心とする<u>ヤマト王権</u>が成立し，5世紀ごろまでには九州から東北地方南部の豪族を支配した。このころ，各地で<u>古墳</u>が造られるようになり，<u>渡来人</u>によって漢字や仏教などが伝えられた。

教科書ナビ

●30ページ 1行め
3世紀末になると各地に**古墳**が出現しました。（…）**前方後円墳**も出現しました。

●30ページ 11行め
（…）倭国の大和地方（奈良盆地東南部）に成立した**ヤマト王権**が，朝鮮半島南端の加羅（伽耶）地域とのつながりを強めながら，百済に協力して，高句麗や新羅と戦ったとあります。

●31ページ 16行め
この時期，戦乱の多い中国や朝鮮半島から，倭国に移住してきた人々を**渡来人**とよびます。

徹底解説

🔍 〔前方後円墳〕〔古墳〕
古墳は，3世紀末から7世紀にかけて造られた<u>大王</u>や<u>豪族</u>の墓。その形によって，円墳や方墳，円形と方形を合わせた<u>前方後円墳</u>などに分けられる。古墳の上やまわりには，<u>埴輪</u>が置かれた。4〜5世紀には，大仙（大山）古墳に代表される巨大な<u>前方後円墳</u>が造られた。

🔍 〔ヤマト王権〕
3世紀後半から4世紀初めごろ，大和地方（奈良県奈良盆地）を中心に成立した豪族たちのゆるやかな連合勢力。5〜6世紀には九州中部から関東地方にいたる地域の豪族を支配下に置き，その王は<u>大王</u>とよばれた。中国の歴史書によると，大王は勢力を広げて<u>倭王</u>として認められ，また鉄の豊富な朝鮮半島での立場を有利にするため，中国の南朝に使いを送ったという。

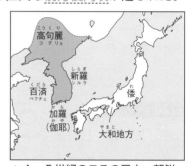
▲ 4〜5世紀のころの日本・朝鮮

🔍 〔渡来人〕
4〜6世紀ごろ，中国や朝鮮半島から，日本に移り住んだ学者や僧，技術者たちのこと。硬くて丈夫な土器（須恵器）や鉄製農具の製造技術，機織，土木技術などを伝え，ヤマト王権は彼らを技術者集団として各地に住まわせた。漢字，仏教，儒教なども伝え，日本の文化に大きな影響を与えた。また，ヤマト王権に仕える者も多かった。

教科書の答えをズバリ！

確認しよう p.31 鉄が貴重だった理由

当時の日本列島には鉄を作り出す技術がまだなかったから。

説明しよう p.31 ヤマト王権と各地の豪族の結び付きはどのように強まっていったか

例 朝鮮半島とのつながりのあったヤマト王権に対して，各地の豪族は貢ぎ物や兵士の動員などの義務を果たすことで鉄や技術などを与えられ，結び付きを強めていった。

振り返ろう p.31 クニが勢力を広げていくのに重要だったこと

例 クニを治める富と権力を持つ強力な指導者（王）が現れたこと。また，朝鮮半島とのつながりを強めながら，鉄や優れた技術を手に入れ，各地の豪族を従えていったこと。

古墳から分かる当時の様子
〜人々の死後の考えと大陸からの影響〜

1 古墳っていったい何かな？

- 古墳とは，土を盛り上げて造った大王や豪族の墓をいう。
- 古墳の形には，前方後円墳，円墳，方墳などがある。特に，前方後円墳はヤマト王権と関係が深い。
- 古墳からは，刀・よろい・かぶと・装飾品など死者と一緒に埋葬された副葬品や，古墳の上に並べられた埴輪が見つかっている。

●弥生時代の墓

弥生時代の終わりごろになると，盛り土をした墓が盛んに造られるようになり，後の古墳に通じる特徴を持つ墓も見られる。

●おもな古墳の分布

近畿地方を中心として，現在の岩手県から鹿児島県まで全国各地に広がっており，ヤマト王権の支配が九州から東北地方にまで及んでいたことが分かる。

2 どうして大きい古墳が造られたのかな？

- 大きな古墳が造られたのは，持っている権力を示すためと考えられている。
- 弥生時代の墓とは異なり，しだいに場所や大きさ・形の違いが明確になって，権力を持つ豪族と労働に駆り出される人たちの墓の違いがはっきりするようになった。

●五色塚古墳（兵庫県神戸市）

近くの海を航行する船に権力を見せつけるため，目立つように海岸沿いの丘の上に造られた。

3 古墳では何が行われたのかな？

- 古墳からは，祭祀に関係した銅鏡やまが玉，当時の儀式を思わせる首長や巫女などの埴輪が見つかっている。
- 前方後円墳の後円部には死者を埋葬する祭壇が置かれ，前方部には葬列が通る道があったと考えられている。

4 古墳に大陸からの影響はあったのかな？

- 5世紀ごろからは，古墳の副葬品の中に鉄で作られた武具や農具などが増え，朝鮮半島とのつながりが深まったことが分かる。
- 6世紀になると，渡来人がもたらした仏教の影響で先祖を供養する墓としての性格が強くなり，一人を埋葬するたて穴式の石室から，家族を同じ墓へ後から埋葬できる横穴式の石室に変化した。

●キトラ古墳に見る中国の思想（奈良県明日香村）

キトラ古墳は7世紀後半ごろに造られ，古代中国で信じられていた四つの方位を守る空想上の動物（四神）が壁に描かれている。

CHECK!
確認したら✓を書こう

奈良時代を眺めてみよう
〜8世紀ごろのある場面〜

次の場面を探してみよう！

① オ （p.35 F−2） ③ エ （p.35 F−2） ⑤ イ （p.34 C−2）
② カ （p.35 F−3） ④ ア （p.34 A−3） ⑥ ウ （p.34 C−3）

● 前の時代と比べて特色を考えよう

● 共通点

場面	タイムトラベルでの位置	くわしい説明
文化	⑳p.24 B−1〜2 ⑳p.25 E−1〜2 ㊗p.35 F−2	**たて穴住居** 地面に穴を掘り，屋根を付けた住居で定住をしている。
文化	⑳p.24 C−2 ⑳p.25 D−2 ㊗p.35 D−2	**土器** 奈良時代になっても粥などの煮炊きには土器を使っている。
経済	⑳p.25 F−3 ㊗p.35 F−2	**稲作** 渡来人によって伝えられた。律令政治を始めた奈良時代には，税の対象となり，農民は収穫した稲の3％を朝廷に納めなければならなかった（租）。

● 変化したところ

場面	タイムトラベルでの位置	くわしい説明
政治	㊗p.34 A−1， AB−2 C−2	**国分寺の建築** 仏教の力で国を守るため，各地に国分寺や国分尼寺が造られた。国分寺には，あわせて七重塔も建立するように計画された。当時，貴重な鉄製の釘はあまり使われず，木を組み合わせて建てられた。また，国分寺の土木工事には，かつての権力の象徴である古墳の土が使われた。
政治	㊗p.35 F−2〜3 ㊗p.34 A−3	**税** 成人男性には調・庸という税が課せられ，特産物や布を自分たちで都まで運ばなければならなかった。ほかにも，国司の下で1年に60日以内の労役（雑徭）や，国の守りとしての兵役などが課せられた。
政治	㊗p.35 F−2	**都と地方を結ぶ道** 都と地方を結ぶ広い道が整えられ，馬が利用されるようになった。
文化	㊗p.34 C−3（役人） ㊗p.35 F−3（荷物）	**木簡** 漢字が伝わったことで木簡が使われるようになった。木簡は表面を薄くけずって何度も使われた。
文化	⑳p.25 全体 ㊗p.34 B〜C−3	**衣服** 弥生時代は貫頭衣がほとんどであったが，奈良時代になると中国の衣服が取り入れられ，身分によって色などの違いが生まれた。役人の服の色は，上位から紫→赤→緑→青といった順で区分された。
文化	㊗p.35 D−3	**銅** 銅製品を鋳造するようになった。

① ヤマト王権と仏教伝来

CHECK!
確認したら✓を書こう

ポイント 6世紀に中国を隋が統一したころ，日本では聖徳太子が推古天皇の摂政となり，蘇我氏と協力して，天皇中心の国づくりを目指して政治の改革を始めた。このころ，最初の仏教文化である飛鳥文化が栄えた。

教科書ナビ

●36ページ 9行め
そのなかで渡来人の（…）蘇我氏でした。

●36ページ 14行め
大王の摂政となった聖徳太子（厩戸王）は，（…）行いました。

●36ページ 16行め
冠位十二階の制度を設けて，（…）役人に用いました。

●37ページ 1行め
さらに，仏教や儒教の考え方を取り入れた十七条の憲法を定め，大王の命令に従うことなど，役人の心得を示しました。

●37ページ 4行め
このように国内の政治が整うと，太子は隋へ小野妹子らを遣隋使として遣わしました。

●37ページ 14行め
（…）法隆寺などの寺院が重視されました。

徹底解説

🔍 **【蘇我氏】**
ヤマト王権の豪族で，財政を担当した。仏教を導入するかどうかで物部氏と対立し，これを倒して実力者となり，娘を天皇にとつがせた。また，馬子は聖徳太子の政治に協力し，馬子・蝦夷・入鹿のころが全盛期だったが，645年の大化の改新で倒された。

👤 **【聖徳太子（厩戸王）】**(574～622)
593年，おばの推古天皇の摂政（天皇のかわりに政治を行う役職）となり，蘇我氏と協力して大王（天皇）中心の国づくりを目指した。

🔍 **【冠位十二階】**
聖徳太子が，家柄にとらわれず，能力や功績のある人を役人に取り立てようとして設けた制度。それまでは，有力な豪族の子孫が役職や地位を代々引きついでいた。

🔍 **【十七条の憲法】**
聖徳太子が定めた役人の心得。役人は自分の役目と身分をわきまえ，大王（天皇）に従うことが大切であると説いている。

▼現代訳

- 一　和を大切にし，人といさかいをしないようにせよ。
- 二　あつく三宝を信仰せよ。三宝とは，仏，仏の教え，僧侶のことである。
- 三　大王（天皇）の命令を受けたら，必ずそれに従え。
- 十五　私欲を捨て公に尽くすのが家臣のつとめである。
- 十七　ものごとは自分一人で決めず，必ず人々と議論せよ。

🔍 **【遣隋使】**
607年の小野妹子など，聖徳太子が中国を統一した隋に派遣した使者や留学生・留学僧のこと。対等な外交と，政治のしくみや文化を取り入れることを目的とした。

▼聖徳太子が隋の皇帝に送った手紙

日出づる処の天子，書を日没するところの天子に致す*1。つつがなきや*2……

*1 送る
*2 おかわりありませんか
（「隋書」倭国伝より一部抜粋）

🔍 **【法隆寺】**
7世紀の初めに大和の斑鳩に聖徳太子が建立したとされる寺院。金堂・五重塔・中門は現存する世界最古の木造建築物である。

◯37ページ 17行め

このような海外との交流により，大和の飛鳥（奈良県）を中心に栄えた最初の仏教文化を，**飛鳥文化**といいます。

〔飛鳥文化〕

背景	仏教の伝来，西方との交流の影響
特色	飛鳥を中心とした日本で最初の仏教文化。渡来人によって，寺院や仏像がつくられる。
美術	法隆寺，法隆寺金堂釈迦三尊像

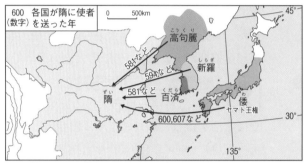

▲6世紀末〜7世紀初めの東アジア

技能をみがく

・系図の見方—上には祖先，下には子孫

右の系図を見ると，聖徳太子は天皇の親族であったことが分かる。蘇我氏も天皇との強い結び付きがあったので，国内の政治改革を推し進めることができた。

このように歴史上の政治のしくみを学ぶ上で，系図は重要な資料となる。

資料活用 p.37 聖徳太子と推古天皇の関係

聖徳太子から見て，推古天皇はおばに当たる。

▲天皇と蘇我氏の系図

教科書の 答え をズバリ！

確認しよう p.37 蘇我氏と聖徳太子が協力して行った政策

●冠位十二階の制度を設け，家柄にとらわれず，有能な人を役人に用いた。

●十七条の憲法を定め，大王の命令に従うことなど，役人の心得を示した。

●隋の進んだ政治のしくみや文化を取り入れるため，遣隋使を遣わして正式な国交を目指した。

説明しよう p.37 蘇我氏と聖徳太子が改革を行った理由〔中国との関係から〕

例　隋が国内を統一し，従わなかった高句麗に軍隊を送るなど，東アジアで緊張が高まる中で，聖徳太子は蘇我馬子と協力し，仏教や儒教の考え方を取り入れた大王中心の政治を整え，隋に認められる国づくりを目指したから。

CHECK!
確認したら✓を書こう

② 律令国家を目指して

ポイント 中国を統一した唐が周辺諸国にも勢力を広げるなど，東アジアの情勢が大きく変わったころ，日本では中大兄皇子らが大化の改新とよばれる改革を始め，大宝律令によって，律令国家のしくみが定まった。

教科書ナビ

●38ページ 2行め
唐の皇帝は**律令**という法律で国を治め，（…）。

●38ページ 10行め
「大化」の元号が初めて使われたとされるので，この改革を**大化の改新**とよびます。

●38ページ 14行め
しかし663年，倭国の軍は白村江で大敗し（**白村江の戦い**），朝鮮半島から退きました。

●39ページ 5行め
672年，天智天皇の跡継ぎをめぐる戦い（**壬申の乱**）が起こりました。

●39ページ 10行め
また，7世紀から9世紀には，唐から政治のしくみや進んだ文化を取り入れるため，**遣唐使**が派遣されました。

徹底解説

🔍 **【律令】**
律は刑罰のきまり，令は政治を行うときのきまり。日本の律令は，唐の律令をもとに，独自の実情に合わせて改めている。

🔍 **【大化の改新】**
聖徳太子の死後，権力を独占するようになった蘇我氏を，中大兄皇子（後の天智天皇）と中臣鎌足（後の藤原鎌足）らが倒して始めた政治改革。日本で初めて元号を「大化」とし，天皇中心の中央集権国家づくりを目指した。

- 全国の土地（公地）・人民（公民）を国家が直接支配する。
- 戸籍を作り，戸籍に基づいて土地を授ける（班田収授法）。
- 新しい政治のしくみや税制を整える。

🔍 **【白村江の戦い】**
朝鮮半島では，660年に唐と新羅が百済を滅ぼした。663年，日本は百済を助けるため大軍を送ったが，唐・新羅連合軍に白村江で敗れ，朝鮮半島から撤退した。その後，朝鮮半島は新羅によって統一された。

▲7世紀の東アジア

🔍 **【壬申の乱】**
天智天皇の死後の672年，天智天皇の弟である大海人皇子と天智天皇の子である大友皇子との間で起こった，跡継ぎをめぐる争い。豪族もそれぞれ両陣営に分かれて戦った。戦いに勝った大海人皇子は天武天皇となり，后である後の持統天皇とともに天皇中心の政治を進めた。このころ，王の称号が「大王」から「天皇」に，日本の正式な国名が「倭」から「日本」に改められた。

🔍 **【遣唐使】**
630年から9世紀中ごろまで十数回にわたって唐の都の長安に送られた使節。唐の進んだ制度や文化を取り入れることを目的とした。遣唐使とともに，多くの留学生や学問僧などが唐に派遣され，また日本へも唐から多くの僧が招かれ，仏教を広めた。
当時は造船技術や航海技術が未熟だったため，日本と唐との往復は，非常に危険をともなうものであった。

● **39ページ 12行め**

701（大宝元）年，律と令に基づいて国を治める**律令国家**のしくみを定めた**大宝律令**が作られました。

〔大宝律令〕
（たいほうりつりょう）

701年に制定された律令国家のしくみを定めた法律。これにより，天皇が人々と土地を直接支配する中央集権のしくみが整った。
※下のしくみ図を参照。

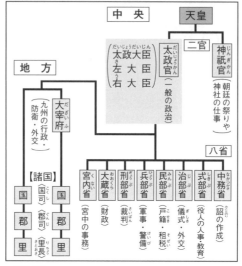

◀律令国家の政治のしくみ

● **39ページ 17行め**

この中央政府を**朝廷**といいます。

〔朝廷〕
（ちょうてい）

君主が政治を行う場所や，その臣下が働く役所のこと。日本では，天皇と豪族や貴族とから成る中央政府のことをいう。

技能をみがく

・しくみ図の見方

　上のしくみ図を見ると，天皇を頂点とした当時の政治の構図がよく分かる。上部に位置するほど政治の実権を握り，下に延びる線は，その支配が及ぶ機関を示している。このように，歴史上の政治のしくみを学ぶ上で，しくみ図は重要な資料となる。

教科書の答えをズバリ！

確認しよう p.39　天智天皇と天武天皇が行った政策

天智天皇

● 九州地方の政治や防衛に当たる大宰府を設け，西日本の各地に山城を造った。

● 初めて全国の戸籍を作った。

天武天皇

● 君主の称号を「大王」から「天皇」に改めた。

　（ただし，推古天皇から天皇という称号が使われたという説もある。）

● 律令や歴史書をまとめるよう命じた。

説明しよう p.39　戸籍と大宝律令による国のしくみの変化

例　それまでは地方の豪族がそれぞれの土地と人々を支配していたが，戸籍と大宝律令を定めたことで，天皇を頂点とした中央集権のしくみが整備された。

CHECK!
確認したら✓を書こう

❸ 律令国家での暮らし

ポイント 朝廷は班田収授法を定め，人々に口分田を与え，様々な税を課した。やがて，人口増加や災害による口分田の不足から墾田永年私財法が出されると，貴族や寺社などの私有地（荘園）が増加することになった。

教科書ナビ

●40ページ 1行め
710（和銅3）年，都が**平城京**（現在の奈良市）に移されました。

●40ページ 13行め
（…）人々（公民）に土地（公地）を与える制度である**班田収授法**を定めました。

●41ページ 1行め
税は唐の制度にならい，**租・調・庸**から成っていました。

●41ページ 13行め
（…）743年に**墾田永年私財法**を定めて，新たな開墾地であればいつまでも自分のものにしてよいと認めました。

徹底解説

🔍 **【平城京】**（へいじょうきょう）
唐の都・長安（ちょうあん）を手本にして，奈良に造られた都。東西南北に走る道路で碁盤目状（ごばんめじょう）に区画（くかく）された。東西の市では和同開珎（わどうかいちん）が使われた。

🔍 **【班田収授法】**（はんでんしゅうじゅのほう）
土地は国のもの（公地）とされ，人々（公民）には口分田（くぶんでん）が与（あた）えられた。戸籍（こせき）に基（もと）づき，6歳以上の男女に与えられ，死亡（しぼう）したときは国家に土地を返させた。

🔍 **【租・調・庸】**（そ・ちょう・よう）
口分田を与えられた農民は，稲（いね）の収穫（しゅうかく）の約3％を納める租（そ）などのさまざまな義務を負った。成年男子に課せられた調（ちょう）（特産物）・庸（よう）（布）（ぬの）は自分たちで都まで運ばなければならず，大きな負担（ふたん）となった。

🔍 **【墾田永年私財法】**（こんでんえいねんしざいほう）
班田収授法の実施とともに働き手の少ない農家は労役（ろうえき）や兵役の負担（ふたん）に苦しみ，女性（じょせい）と偽（いつわ）って戸籍に登録（とうろく）する者や，家や田を捨（す）てて逃亡（とうぼう）する者（あらわ）れ，あれ地が増えた。さらに人口増加による口分田の不足もあって，朝廷（ちょうてい）は開墾（かいこん）を奨励（しょうれい）するために，743年に墾田永年私財法を出し，新たな開墾地の永久私有を認めた。（みとめた）

教科書の 答え をズバリ！

資料活用 p.41 木簡（もっかん）に書かれている品物を都まで運ぶのにかかる日数
上総国（かずさのくに）（現在の千葉県）の荏油（えあぶら）…30〜39日
近江国（おうみのくに）（現在の滋賀県）の生蘇（なまそ）…9日以内

確認しよう p.41 奈良時代初めに人々が担（にな）った税（ぜい）

- 稲の収穫の約3％を納める租。
- 成人男性にかかる調（特産物）を都まで運ぶ。
- 成人男性にかかる庸（布）を都まで運ぶ。
- 国の守りに就（つ）く兵役。
- 都や寺院の建設（けんせつ），地方での土木工事といった労役。

説明しよう p.41 班田収授法と墾田永年私財法の違（ちが）いと，その社会的影響（えいきょう）

例 班田収授法では，与えられた口分田は死後に国に返さなければならなかった。墾田永年私財法は，新たに開墾した土地の永久私有が認められた。そのため，貴族（きぞく）や寺社などが開墾に力を入れ，荘園（しょうえん）とよばれる私有地を独占（どくせん）するようになった。

第2部 第1章 第3節 中国にならった国家づくり

CHECK!
確認したら✓を書こう

④ 大陸の影響を受けた天平文化

ポイント 8世紀前半の聖武天皇の時代には，遣唐使を通じてもたらされた国際的な文化や，仏教の影響を強く受けた，天皇や貴族を中心とする国際色豊かで華やかな天平文化が栄えた。

教科書ナビ

●45ページ 5行め
（…）当時の元号（天平）から天平文化とよばれます。

●45ページ 7行め
正倉院に伝わる聖武天皇の身の回りの品々には，唐や朝鮮半島のものだけではなく，インドや西アジアなどへ通じる道（シルクロード）を通って，唐へもたらされた品やその文化の影響を受けた品も見られます。

●46ページ 3行め
（…）仏教の教えに基づいて橋やため池などを造り民衆の信頼を得ていた僧侶たちの協力を得て，都に東大寺を建て，地方には国ごとに国分寺と国分尼寺を造りました。

徹底解説

🔍 **〔天平文化〕**
奈良時代の平城京を中心に，聖武天皇の天平年間に栄えた文化。遣唐使によって伝えられた，唐をはじめ西アジアやインドなどの文化の影響を強く受けた国際的な文化で，仏教との結び付きも強い。

🔍 **〔正倉院〕**
東大寺の宝物庫。聖武天皇の身の回りの品々や大仏開眼供養で使われた仏具のほか，西アジアやインドなどからシルクロードを通って運ばれてきた工芸品などが納められた。柱を使わず，三角材を組み上げた校倉造で，湿気が調節される構造になっている。

▲東西を結ぶ交通

🔍 **〔東大寺〕〔国分寺・国分尼寺〕**
奈良時代，貴族どうしの争いや伝染病・飢きんがたびたび起こったため，聖武天皇は仏教の力によって国を守り，人々の不安を取り除こうとして，都に東大寺と大仏を，地方には国ごとに国分寺（男性の僧がいる寺）・国分尼寺（女性の僧がいる寺）を建てさせた。

▲大仏建立の詔

天平15年10月15日をもって，盧舎那仏の金剛像一体をお造りすることとする。国中の銅を使って像を鋳造し，大きな山を削って仏殿を建てなさい。……天下の富をもつ者は私であり，天下の勢いをもつ者も私である。この富と勢いをもって仏像をつくることは困難ではないであろうが，それは発願の趣旨にそぐわない。…もし一枝の草や一握りの土でも持って仏像を造ることに協力を願う者があれば，許し受け入れなさい。

（『続日本紀』より，一部要約）

○46ページ 8行め
また，唐から招かれた鑑真によって唐招提寺が造られ，（…）整えられました。

【鑑真】(688〜763)
中国の高僧。聖武天皇の命令を受けた日本の留学僧の求めに応じて，日本に渡る決心をした。何度も渡航に失敗して失明しながらも754年に来日。東大寺に初めて戒壇を設けて寺院や僧の制度を整備し，日本の仏教を発展させた。のちに唐招提寺を開いた。

○47ページ 10行め
（…）天皇家の由来を説明するための歴史書として『古事記』や『日本書紀』が作られ，（…）記されました。

【『古事記』】【『日本書紀』】
奈良時代に神話や伝承などをもとに作られた歴史書。古事記は712年，日本書紀は720年に完成した。律令国家の成立にともない，日本の国のおこりや天皇が日本を治める由来を示すために，中国にならって作られた。

○47ページ 12行め
また，天皇が支配する（…）『風土記』も作られました。

【『風土記』】
天皇の支配下にある土地の地理的な情報を集めるため，国ごとに自然，産物，地名の由来，伝承などをまとめたもの。出雲，常陸など5つの国のものが現存している。

○47ページ 16行め
大伴家持がまとめたとされる『万葉集』には，（…）和歌も収められました。

【『万葉集』】
奈良時代に成立した，日本で最古の歌集。天皇や貴族，歌人だけではなく，防人や農民が作ったものも含め約4500首の和歌が収められている。日本語の読み方を漢字の音・訓を用いて一字一音で表す「万葉がな」が使用された。

教科書の\答え/をズバリ！

やってみよう p.42

1　Ⓐ　P.42　A−1　キリスト教
　　Ⓑ　P.42　B−2　イスラム教
　　Ⓒ　P.43　E−2　仏教

2　作っている人　P.43　C−2
　　持つ人　P.43　C−2，P.43　D−2，P.43　E−2

確認しよう p.47　聖武天皇が仏教を支持した理由

政治の力や古くからの神への信仰だけでは災いを防げないと考え，仏教の力で国を守り，不安を取り除こうとしたため。

説明しよう p.47　天平文化の特色〔大陸との関わりと仏教の関係〕

例　遣唐使を通じた大陸との交流や，仏教が国家によって保護されたことから生まれた，天皇・貴族を中心とする，仏教の影響を強く受けた国際色豊かで華やかな文化。

振り返ろう p.47　日本の古代国家が目指した国とは

例　隋と唐という中国の統一国家の影響を受けて，遣隋使や遣唐使を派遣して進んだ政治のしくみや仏教などの文化を取り入れ，日本でも天皇を中心に全国を統一して支配する中央集権の国づくりを目指した。

タイムトラベル ④

平安時代を眺めてみよう
～11〜12世紀ごろのある場面～

次の場面を探してみよう！

① **エ**（P.49　D−1）　③ **イ**（P.48　A−2）　⑤ **ア**（P.48　A−2）

② **カ**（P.49　E−3）　④ **ウ**（P.48　B−2）　⑥ **オ**（P.49　E−2）

● 前の時代と比べて特色を考えよう

● 共通点

場面	タイムトラベルでの位置	くわしい説明
政治 文化	奈 p.34　C−1	**仏教**　どちらの時代も仏教は盛ん。ただし奈良時代，都の中心に置かれた寺院は，平安時代には都の外（山奥）におかれ，政治と距離を保つようになった。
	平 p.49　D−1	

● 変化したところ

場面	タイムトラベルでの位置	くわしい説明
政治	奈 p.35　F−3	**税**　奈良時代，家族ごとの土地（口分田）に対して税がかけられた。平安時代には，自分の土地を持たずに貴族などの荘園内で働いても農民は領主に税（年貢）を納めなければならなかった。
	平 p.49　E−2	
経済	奈 p.34〜35　全体	**貧富の差**　奈良時代，作業をしている庶民は，色の少ない簡素な貫頭衣ばかりだが，平安時代になると，男性は烏帽子をかぶり，女性は豪華な十二単を着たりと，貧富の差がはっきりしてきた。
	平 p.48〜49　全体	
文化	平 p.48〜49　A〜F−2・3	**国風文化**　中国の唐風の文化を基礎にしながら，日本の貴族の好みや生活に合った工夫がされるようになり，大和絵などの我が国独自の文化が生まれた。
文化	奈 p.35　F−2	**寝殿造**　前の時代までは，たて穴住居に住む人々も多かったが，平安時代になると，裕福な貴族は，権威の象徴として広大な寝殿造の邸宅に住むようになった。
	平 p.48〜49　全体	
文化	平 p.49　E−3	**年中行事**　日本風の文化の発展にともない，儀式や季節ごとの年中行事も行われるようになった。
文化	平 p.48　A−3	**かな文字**　漢字を書き崩して日本語の発音を表現しやすくしたかな文字が生まれた。清少納言の『枕草子』，紫式部の『源氏物語』などがある。

第2部 第1章 第4節 展開する天皇・貴族の政治

① 権力を握った貴族たち

ポイント 平安京に都を移し，律令政治の再建がはかられた。10世紀後半には，藤原氏による摂関政治が確立した。一方，地方では国司による不正や逃亡する農民が増加するなど治安が乱れ，班田収授の実施も困難になった。

教科書ナビ

● 50ページ 2行め
それを嫌った桓武天皇は，まず都を平城京から長岡京へ移し，さらに794年に平安京に移しました。

● 50ページ 10行め
（…）やがて坂上田村麻呂を征夷大将軍とする軍が（…）東北地方への支配を広げました。

● 50ページ 17行め
9世紀になると，藤原氏がほかの貴族を次々と退け，自分たちの一族で朝廷の官職を独占し，（…）

徹底解説

〔桓武天皇〕（737〜806）
奈良時代後期〜平安時代初期の天皇。奈良時代後半の平城京では，僧侶が政治に進出するなどして政治が乱れていた。そこで，桓武天皇は律令政治の立て直しをはかるため平安京へと都を移した。
・労役の日数を減らし兵役をなくすなど，農民の負担を減らした。
・国司に対する監督を厳しくし，不正を取り締まった。
・東北地方への勢力拡大をはかった。
・政治と仏教を切り離し，最澄や空海らの新しい仏教を支持した。

〔平安京〕
794年，桓武天皇によって京都につくられた都。構造は平城京と似ているが，都の規模はやや大きい。この後，武士による政治が鎌倉で始められるまでの約400年間を平安時代という。京都は，明治時代に都が東京に移されるまで，1000年以上日本の都だった。

〔坂上田村麻呂〕（758〜811）
平安時代に活躍した武将。桓武天皇から征夷大将軍（蝦夷を討つために置かれた臨時の官職）に任命され，蝦夷を平定するために東北地方に派遣された。802年にアテルイが率いる蝦夷と戦い，降伏させた。胆沢城や志波城（現在の岩手県）などを築いた。

〔藤原氏〕
大化の改新の功績により，天皇から「藤原」姓を与えられた中臣鎌足を祖とする一族。奈良時代には不比等の娘の光明子が聖武天皇の后となった。平安時代になると有力な貴族を退けて，天皇と親戚関係を結び，一族で官職を独占して勢力をふるった。

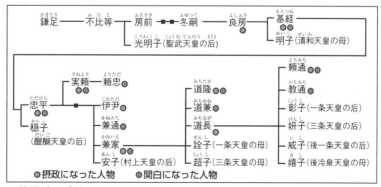

▲藤原氏の系図

○50ページ 18行め

（…）多くの**荘園**を持つようになりました。

🔍【荘園】

貴族や寺社などの私有地。743年の墾田永年私財法で墾田の私有が認められるようになると，貴族や寺社，地方の豪族，有力な農民らが争って開墾をすすめたことから各地に広がった。後には豪族らが藤原氏などの有力な貴族に荘園を寄進することも多くなった。

○51ページ 1行め

さらに藤原氏は，自分の娘を天皇の后とし，（…）天皇が幼いときにはその政治を代行する摂政となり，成人後は後見役として天皇を補佐する関白となりました（**摂関政治**）。

🔍【摂関政治】

藤原氏が摂政・関白の地位を独占して行った政治。9世紀後半に藤原良房が摂政，ついで基経が摂政・関白となったのが始まり。11世紀前半の藤原道長・頼通父子のころに全盛期を迎えた。

① 娘を天皇の后とする。
② 娘が子どもを産む。
③ 生まれた子どもを天皇にする。
④ 藤原氏が天皇の祖父として，天皇が幼いときには摂政，成人すれば関白の地位につき，政治の実権を握る。

▲摂関政治のしくみ

○51ページ 6行め

国司は，朝廷の儀式や寺社の造営費を負担した功績によって任じられ，（…）不正を行う者も現れました。

🔍【国司】

国司は地方の政治を任せられていたが，10世紀ごろから，自分の収入を増やすために決められた以上の税を農民から取り立てたり，任地には代理を送って収入だけを得たりするなど，不正を行う者が多くなった。尾張国の国司藤原元命のように，郡司や農民から訴えられ，国司をやめさせられた者もいた。

○51ページ 15行め

（…）**菅原道真**の提案により，894年，遣唐使の派遣が停止されました。

👤【菅原道真】(845〜903)

平安時代の学者・政治家（右大臣）。894年に遣唐使に任命されたが，唐の勢力が衰えていたことから，遣唐使停止の意見を申し出て停止させた。その後，藤原氏におとしいれられ，大宰府に左遷され，そのまま大宰府で亡くなった。学問や詩文に優れていたため，死後，学問や芸能の神様としてあがめられるようになった。

教科書の答えをズバリ！

確認しよう p.51 朝廷の政治の変化

形式ばかりが重んじられ，儀式や行事が盛んに行われるようにもなった。

説明しよう p.51 藤原氏はどのように政治の実権を握っていったのか

例 藤原氏は，ほかの貴族を次々と退けて，一族で朝廷の官職を独占し，多くの荘園からの収入も得て経済力も高め，さらに自分の娘を天皇の后とし，生まれた子どもを天皇にして，自分は摂政や関白となり，政治の実権を握っていった。

CHECK!
確認したら✓を書こう

② 唐風から日本風へ変わる文化

ポイント 唐がおとろえ，遣唐使が停止されると，日本の風土や生活に合った国風文化がおこった。また，最澄や空海がもたらした新しい仏教が天皇や貴族の間に，浄土信仰が貴族や地方の豪族にまで広まった。

教科書ナビ

●53ページ 9行め
この時代の文化を国風文化といいます。

●53ページ 9行め
自国への関心が高まったことを背景に，（…）日本独自の絵画（大和絵）が生まれ，（…）。

●53ページ 11行め
（…）貴族の住居として寝殿造が完成し，（…）変化しました。

●53ページ 14行め
平安時代には，漢字を書き崩して，より日本語の発音を表現しやすくしたかな文字が生まれました。

●54ページ 10行め
最澄は多くの経典を持ち帰り，（…）延暦寺を建てました。

徹底解説

🔍【国風文化】
平安時代半ばに発達した日本風の文化。遣唐使の停止によってしだいに唐風の文化の影響が弱まり，貴族社会を中心に，唐風文化の上に日本の風土や生活に合った独自の文化が生まれた。

🔍【大和絵】
中国風の唐絵に対し，平安時代中ごろから発達した日本風の絵画。唐絵を消化して，日本の自然や身近な情景がなだらかな線と美しい色彩で描かれた。屏風絵やふすま絵として貴族の住宅に飾られ，後に絵巻物としても発達した。

🔍【寝殿造】
平安時代の貴族の住居に見られる建築様式。主人が住む寝殿を中心に，釣殿などのさまざまな建物が渡り廊下で結ばれた。南側には，池のある庭園が広がっていた。

🔍【かな文字】
平安時代に発達した，漢字をもとにつくられた文字。ひらがなは漢字を崩し，カタカナは漢字の一部から生まれた。日本語の発音を簡単に表すことができ，日本人の感情や心の動きを表現しやすくなったことから，日記や物語文学が発展した。

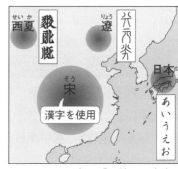

▲このころの東アジア諸国の文字

・『源氏物語』…紫式部が書いた長編小説。光源氏を主人公とし，藤原氏全盛期の宮廷や生活の様子が描かれている。

・『枕草子』…清少納言が書いた随筆。宮廷生活で体験したことや感じたことが書きつづられている。

・『古今和歌集』…天皇の命令でつくられた最初の和歌集で，紀貫之らが編集した。

👤【最澄】(767〜822)
平安時代初期の僧侶。伝教大師ともいう。遣唐使とともに唐に渡って仏教を学び，帰国後，比叡山（現在の京都府と滋賀県の境）に延暦寺を建立し，天台宗を広めた。

○**54ページ 11行め** ……

空海は中国で密教を学び，**真言宗**を開いて高野山に**金剛峯寺**を建てて教えを広めました。

【空海】(774〜835)

平安時代初期の僧侶。弘法大師ともいう。遣唐使とともに唐に渡って密教を学び，帰国後，高野山（現在の和歌山県）の金剛峯寺を中心として真言宗を広めた。

〈新しい仏教（密教）の特徴〉

・山奥に寺を置き，政治との距離を保ち，修行や学問を重視する。

・人々の病気や災いを取り除こうとする。

・祈とうやまじないを取り入れ，天皇や貴族に信仰される。

○**55ページ 4行め** ……

1052年からがその時代とされ，（…）阿弥陀仏にすがって死後に極楽浄土へ生まれ変わることを願う**浄土信仰**が広まりました。

【浄土信仰】

阿弥陀仏にすがって念仏を唱えれば，来世は極楽浄土に生まれ変わるという考え。平安時代には，末法思想（シャカの死の2000年後に仏教の力が衰える末法の時代が来るという思想）が広まり，1052年にその時代が来るとされていた。反乱や自然災害で人々の不安が高まり，浄土信仰が貴族をはじめ庶民の間にも広まった。藤原頼通は，阿弥陀如来像を安置した阿弥陀堂（平等院鳳凰堂）を建てた。

技能をみがく

・絵巻物の見方

絵巻物は，空間の変化や時間の流れが右から左へ表現されており，文字（物語）と絵画（大和絵）を交互に見ながら読む。当時の生活様式や建物の構造などが一目でわかる。

教科書の答えをズバリ！

資料活用 p.53 奈良時代の貴族の女性と平安時代の貴族の女性の衣服を比べる

例 中国風から日本風（十二単）の衣服になった。

資料活用 p.53 漢字からかな文字への変化

・ひらがな…も ・カタカナ…リ

確認しよう p.55 かな文字によって書かれた作品と作者

・『源氏物語』…紫式部 ・『枕草子』…清少納言 ・『古今和歌集』…紀貫之らの編集

説明しよう p.55 天平文化と比べた国風文化の特色〔大陸との関わりと仏教の展開から〕

例 国際色豊かな天平文化に対し，国風文化は，唐風の文化を基礎としながら日本の貴族の生活や好みに合わせた独自の文化である。かな文字が生まれ，女性による文学も盛んになった。また，末法思想の影響で，極楽浄土を目指す人々によって阿弥陀如来像が多くつくられた。

振り返ろう p.55 奈良時代と比べて平安時代がどのように変わったか。

政治…藤原氏が天皇の後見役となって政治の実権を握る摂関政治が栄えた。

文化…唐の文化を基礎にしながらも，貴族の生活や好みに合わせた国風文化が発達した。

外国との関わり…遣唐使の派遣が停止された。

古代国家の成立と東アジア
〜古代の国が成立するために重要なことは何か。〜

1 学んだ事を確かめよう

1) ア…縄文土器　　イ…稲作　　ウ…卑弥呼　　エ…ヤマト王権

　　オ…十七条の憲法　　カ…遣唐使　　キ…大化の改新　　ク…聖武天皇

　　ケ…かな文字　　コ…摂関政治

2) あ…E　　い…B　　う…C　　え…F　　お…D　　か…A

●タイムトラベルを眺め直そう！

作業1　タイムトラベル②…邪馬台国　　タイムトラベル③…国分寺・国分尼寺の建立

作業2　538　仏教の伝来

作業3　縄文時代…土偶を使ったまじないを行っている。
　　　　平安時代…僧侶が，通りで人々に仏の教えを説いている。

2 歴史的な見方・考え方を働かせて時代の特色を説明しよう

ステップ1

　1　古代に国が成立するための共通点や必要なこと

　　国を治める強力な指導者が現れ，国を治めるための制度や法律が制定されたこと。

　2　1の中から古代の日本で国が成立するために最も重要だと考えることを整理しよう

章の問いの答え	理由	補足する視点
例　中央集権のしくみ	例　①大宝律令によって，天皇を頂点とする中央集権のしくみが整備されたから。②聖徳太子は，天皇中心の国づくりを目指してさまざまな制度をつくったから。③中大兄皇子（後の天智天皇）は，大化の改新によって，天皇中心の国づくりを進めたから。補足　秦の始皇帝は，法を重要視し，命令が全国に伝わる政治のしくみを整えた。	例　中央集権のしくみを確立するための政治のしくみや法律などは，皇帝の権力が強かった中国から取り入れられた。
根拠（考えの基となる資料）例36ページの14〜16行目39ページの12〜15行目補足19ページの6〜7行目		

章の問いの答えを理由とともに説明しよう

　古代の国が成立するために重要なことは，（例　中央集権のしくみ）である。なぜなら，（例　天皇を中心とする政治を行うためにさまざまな制度や法律を制定した）からである。

ステップ2　省略

ステップ3　この時代の特色を理由とともに説明しよう

この時代は，（例　中央集権のしくみが確立した）時代である。それは，（例　相互の関連）に注目して考えると（例　皇帝が強大な権力を持つ中国の政治制度を取り入れた）からである。

一問一答 ポイントチェック

第1節 p.14〜 人類の登場から文明の発生へ

❶人類の祖先は2本の足で立って歩くようになると，自由になった手で石などを何として使うようになったか？

❷狩りや採集で使われた，石を打ち砕いて作った道具は？

❸石を磨いて作った道具は？

❹紀元前3100年ごろ，ナイル川流域に生まれた文明は？

❺紀元前2300年ごろ，インダス川流域に生まれた文明は？

❻中国の殷（商）で使われた，漢字のもとになる文字は？

第2節 p.26〜 東アジアの中の倭（日本）

❼縄文時代につくられた，地面に穴を掘り屋根を付けた住居は？

❽弥生時代に作られた土器は？

❾弥生時代の，稲を蓄えるための倉庫は？

❿卑弥呼が女王だった国は？

⓫4〜5世紀に大和地方を中心に造られた，円形と方形を組み合わせた古墳の形の名前は？

⓬4〜6世紀ごろ，中国や朝鮮半島から倭国移住してきた人々は？

第3節 p.36〜 中国にならった国家づくり

⓭冠位十二階の制度や十七条の憲法を定めた人は？

⓮聖徳太子が中国に派遣した小野妹子らは何という使者？

⓯645年，中臣鎌足とともに大化の改新に着手した人は？

⓰701年に定められた刑罰と政治のきまりは？

⓱班田収授法のもとで人々に与えられた土地と三つの税は？

⓲743年に定められた，新たな開墾地の私有を認める法律は？

⓳聖武天皇の時代に栄えた文化は？

⓴聖武天皇の時代に都に造られた大仏を本尊とする寺は？

㉑万葉がなを使って書かれた日本最古の和歌集は？

第4節 p.50〜 展開する天皇・貴族の政治

㉒794年，都を平安京に移した人は？

㉓摂関政治の全盛期を築き，「この世をば わが世とぞ思ふ 望月の 欠けたることも なしと思へば」と歌にうたった人は？

㉔摂関政治のころに生まれた日本独自の文化は？

㉕ひらがなと漢字を使って紀貫之らが編集した和歌集は？

㉖世界初の長編小説である『源氏物語』を書いた人は？

㉗唐から天台宗を伝えた人は？ また真言宗を伝えた人は？

答え

❶道具

❷打製石器

❸磨製石器

❹エジプト文明

❺インダス文明

❻甲骨文字

❼たて穴住居

❽弥生土器

❾高床倉庫

❿邪馬台国

⓫前方後円墳

⓬渡来人

⓭聖徳太子〔厩戸王〕

⓮遣隋使

⓯中大兄皇子

⓰大宝律令

⓱口分田と租・調・庸

⓲墾田永年私財法

⓳天平文化

⓴東大寺

㉑万葉集

㉒桓武天皇

㉓藤原道長

㉔国風文化

㉕古今和歌集

㉖紫式部

㉗天台宗…最澄
真言宗…空海

タイムトラベル ⑤

CHECK!
確認したら✓を書こう

鎌倉時代を眺めてみよう
（13～14世紀ごろのある場面）

次の場面を探してみよう！

① **ウ**（p.58　A－3）　　③ **イ**（p.59　E－1）　　⑤ **ア**（p.58　A－1）

② **カ**（p.59　F－3）　　④ **エ**（p.59　D－1）　　⑥ **オ**（p.59　F－1）

● 前の時代と比べて特色を考えよう

● 共通点

場面	タイムトラベルでの位置	くわしい説明
政治	⑰p.49　E－2	**年貢**　農民から，年貢として品物が届けられる。
	⑱p.59　E～F－3	
文化	⑰p.48～49　全体	**烏帽子**　男性は，みんな烏帽子などのかぶり物をつけている。
	⑱p.58～59　全体	
文化	⑰p.48～49　A～D－3	**畳**　板じきが基本だが，部屋の一部に畳がしかれている。
	⑱p.59　E～F－3	

● 変化したところ

場面	タイムトラベルでの位置	くわしい説明
政治	⑱p.58　C－3（馬の手入れ） p.59　D－3（弓の手入れ）	**武士の生活**　武士はいつでも合戦に行けるように，合戦で使う弓矢を調整したり，馬の手入れをするのは大切なことだった。
経済	⑱p.58　A－1～2	**稲かり**　農民は，皆で集まって稲かり作業をした。
経済	⑰p.48　A－2	**市**　平安時代は，家の棚で食材や日用品を売っていたが，鎌倉時代には，街道沿いで市が開かれるようになった。
	⑱p.59　E－1	
経済	⑱p.59　D－1	**水車**　川から田へ水を引き込むため，水車が使われるようになった。
文化	⑰p.48～49　A～D－2～3（貴族の住居）	**住居**　平安時代の支配層であった貴族は，塀で囲まれただけの**寝殿造**の住居に住んでいた。鎌倉時代の支配層であった武士は，周りに堀をめぐらせた質素な家屋に住み，監視をするための**物見やぐら**や馬小屋などがあった。
	⑱p.58～59　B～F－3（武士の住居）	
文化	⑱p.58　C－1（琵琶法師）	**文学**　琵琶法師によって，軍記物の『**平家物語**』が語り伝えられた。
文化	⑰p.48　A－2	**仏教**　平安時代，僧侶は通りで仏の教えを説いていたが，人々を集めて教えを説くようになった。
	⑱p.59　F－1	

第2部 第2章 第1節 武士の世の始まり

CHECK! 確認したら✓を書こう

① 各地で生まれる武士団

ポイント 天皇の住まいや朝廷の警備に当たったり，土地を守るために武芸を身につけたりする武士が現れた。これらの武士は都と地方を行き来して実力を蓄え，武士団を形成し，中には反乱を起こす者もいた。

教科書ナビ

●60ページ 1行め
10世紀になると，貴族や寺社，地方の有力者などは土地の開墾に努め，多くの広い**荘園**を持ちました。

●61ページ 3行め
（…）都の武官や（…）**武士**とよばれるようになりました。（…）**武士団**というまとまりを作りました。

●61ページ 11行め
（…）天皇の子孫でもある**源氏**と**平氏**が有力な存在となり，武士の統率者（棟梁）となっていきました。

●61ページ 18行め
また，**奥州藤原氏**は東北地方を統一し，（…）勢力を振るいました。

徹底解説

【荘園】
743年の墾田永年私財法により，貴族や寺社，地方の豪族たちが開墾して私有するようになった土地のこと。平安時代になると，有力な貴族や東大寺などの大寺社は，荘園にかかる税を納めなくてもよい権利（不輸の権）などを持つようになった。そこで，ほかの荘園の持ち主は，国司の税の取り立てから逃れるために，彼らに荘園を寄進し，自らは管理者（荘官）となって荘園を実質的に支配するようになった。

【武士・武士団】
自分の土地を守るために武装した有力な農民や，地方の紛争をしずめるために派遣され住み着いた豪族らが武士の始まりである。その後，有力な武士をかしらにして武士団を形成し，都で天皇や貴族に仕えたり，地方の役人になったりして実力を蓄えていった。

【源氏と平氏】
・**源氏**…清和天皇の子孫で，武士団の棟梁となる。関東地方を中心に東国で力をもった。
・**平氏**…桓武天皇の子孫で，武士団の棟梁となる。おもに西日本で勢力を強めた。

【奥州藤原氏】
東北地方で11世紀末から約100年間，清衡・基衡・秀衡の三代にわたり繁栄した一族。当時の奥州は金や馬などの産地で，藤原氏はその交易で栄え，本拠地の平泉に中尊寺金色堂を建てた。

教科書の答えをズバリ！

資料活用 p.60 絵の右側の人々は何を運んでいるのか
門前に武装した人たちを配した荘園の支配者の館に年貢を運んでいる。

確認しよう p.61 都や地方での武士の役割
天皇の住まいや朝廷の警備，犯罪の取り締まり

説明しよう p.61 武士が現れ成長していった過程〔都と地方での武士の役割から〕
例 都で天皇の住まいや朝廷の警備，犯罪の取り締まりに当たったりした武士が地方の役人になって住み着いたり，土地の権利や境界などをめぐる争いから土地を守るために武芸を身につけた地方の武士が都で貴族に仕えるなど，武士が地方と都を行き来しながら，実力を伸ばしていき，やがて，棟梁を中心とする武士団が形成された。

② 朝廷と結び付く武士

ポイント 藤原氏の勢力が弱まり、白河上皇による院政が始まった。一方、武士団の中でも源氏と平氏が大きな力を持つようになった。やがて、保元の乱・平治の乱に勝利した平清盛が政治の実権を握り、平氏は栄華を極めた。

教科書ナビ

◎62ページ 2行め
その子の白河天皇は、(…) この政治を**院政**といいます。

◎62ページ 13行め
後白河天皇は、源義朝や平清盛ら武士の協力を得て兄の上皇に勝利しました(保元の乱)。

◎62ページ 15行め
(…) 兵を挙げた義朝は清盛によって倒され、(…) に流されました(平治の乱)。

◎63ページ 7行め
清盛は、(…) 修築して**日宋貿易**を進め、(…)。

徹底解説

【院政】
天皇が位を譲って上皇となったあとも、院とよばれる上皇の御所で行った政治のこと。藤原氏の力が弱まった11世紀末に白河天皇が始め、その後形式化し、19世紀の光格天皇まで続いた。

【平清盛】(1118〜1181)
平安時代末期の平氏の武将。保元の乱・平治の乱に勝利して政治の実権を握り、1167年に武士として初めて太政大臣となった。娘を天皇の后にして生まれた皇子を天皇にし、一族を高い官職に就けるなどして、平氏の全盛期を築いたが、しだいに院や貴族、寺社、武士たちから反感を持たれるようになった。

【保元の乱】
崇徳上皇と弟の後白河天皇の皇位をめぐる対立に、藤原氏の勢力争いがからんで起こった戦い。後白河天皇が、源義朝・平清盛らの武士を動員して勝利した。

【平治の乱】
保元の乱で後白河上皇に協力し勝利した藤原氏どうしの勢力争いに、源義朝・平清盛がそれぞれに味方について起こった戦い。清盛が勝利して平氏は勢いを増し、敗れた義朝は殺され、義朝の子である源頼朝は伊豆(静岡県)に流され、源氏は勢力を失った。

【日宋貿易】
平清盛が進めた宋(中国)との貿易。清盛は兵庫の港(大輪田泊、現在の神戸市)を修築して貿易を活発化させ、大きな利益をあげた。

教科書の\答え/をズバリ!

確認しよう p.63 平氏が権力を握るきっかけになった出来事
● 保元の乱　● 平治の乱

説明しよう p.63 清盛が栄華を極めた理由〔「天皇」「貿易」を使って〕
例 娘を天皇と結婚させ、その子を**天皇**にすることで朝廷との関係を深め、一族を高い官職や位に就けて、西国を中心に広大な荘園と公領を支配したから。さらに、日宋**貿易**による利益を政権の経済的基盤にできたから。

教科書
64〜65ページ

③ 鎌倉を中心とした武家政権

ポイント 源頼朝が鎌倉幕府を開き、本格的な武家政権を開いた。1221年、承久の乱に勝利した幕府の勢力は西国にまで及ぶようになった。また、1232年に北条泰時が定めた御成敗式目が武家政治の基準となった。

教科書ナビ

●64ページ 4行め

また逃げた義経を捕らえることを口実に、1185年には国ごとに**守護**を、荘園や公領に**地頭**を設置しました。

●64ページ 8行め

(…) 手柄に応じて新たな領地や守護・地頭の職を与えました（御恩）。(…) 京都や鎌倉の警備をするなどの義務を負いました（奉公）。

徹底解説

🔍【守護・地頭】

平氏が滅んだ後、源頼朝は、無断で朝廷から官位を受けた弟の義経を捕らえることを口実に国ごとに守護を、荘園や公領（朝廷の土地）に地頭を置くことを朝廷に認めさせた。

・守護…国ごとに置かれ、御家人の取り締まりや地方の軍事・警察の仕事にあたった。有力な御家人が任命された。

・地頭…平氏の所領だった荘園や公領に置かれ、年貢の取り立てや土地の管理、治安の維持などにあたった。幕府が守護と地頭を任命したあとも、荘園は荘園領主が、公領は朝廷が任命した国司が支配を続けていた。荘園や公領の農民たちは、荘園領主や国司に年貢や雑税を納め、それを運ぶ労役を負っていたが、地頭からも地頭の田畑の耕作などさまざまな労役を課せられていた。幕府と朝廷の二重支配のもとで、農民たちは重い負担を負うこととなった。

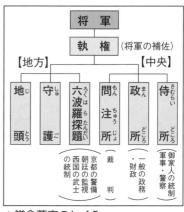

▲鎌倉幕府のしくみ

🔍【御恩と奉公】

・御恩…頼朝は、御家人が先祖から引き継いだ領地の支配を認め、手柄に応じて守護・地頭に任命して新たに領地を与えた。

・奉公…御恩に応えるため御家人は、京都や鎌倉の警備を行い、戦いのときは「いざ鎌倉」と出陣して命を懸けて戦った。鎌倉幕府は、御恩と奉公の関係で結ばれた御家人たちが支えていた。また、御家人にとってそれぞれの領地は生活の土台となるものであるため、命を懸けて守るべき所領という意味で「一所懸命の地」といわれた。

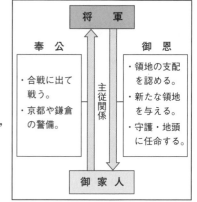

▲御恩と奉公の関係

教科書
64～65
ページ

第2部

第2章

第1節

◎65ページ 5行め

（…）後に時政は将軍の補佐役である**執権**となりました。

🔍 **〔執権〕**

鎌倉幕府において侍所と政所の長官を兼ねた，将軍を補佐して政治を行う最高の役職。

◎65ページ 8行め

（…）上皇は幕府軍に敗れ（**承久の乱**），隠岐国（島根県）へ流されました。

🔍 **〔承久の乱〕**

1221年，後鳥羽上皇が鎌倉幕府を倒そうとして起こした反乱。源氏の将軍が3代で途絶えたのを見て，朝廷に政治の実権を取り戻そうとしたが，東国の武士の多くが結束して戦ったため，幕府軍に敗れた。

凡例
▨ 承久の乱以前から北条氏一族が守護であった国
▥ 承久の乱以後から北条氏一族が守護となった国
▧ 承久の乱以後に守護の交代があった国

平泉
隠岐国
六波羅探題
後鳥羽上皇が流された場所
奥州藤原氏をほろぼしたのち幕府が直接支配した地域
京都
鎌倉幕府
紀伊国
0 200km

▲承久の乱前後の幕府の勢力

◎65ページ 11行め

これを**執権政治**とよびます。

🔍 **〔執権政治〕**

承久の乱後，北条氏が代々執権の地位を引き継ぎ，御家人たちをまとめて政治の実権を握り，幕府を運営した政治。

◎65ページ 14行め

また，幕府は京都に**六波羅探題**を置き，朝廷を監視し，西国の武士を統制するようになりました。

🔍 **〔六波羅探題〕**

承久の乱後，鎌倉幕府が朝廷の監視や西国の武士を統制するために京都に置いた役職。これにより，朝廷の力は弱まり，幕府の支配が西国にも及ぶようになった。

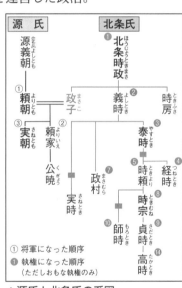

▲源氏と北条氏の系図

◎65ページ 16行め

（…）御家人の権利や義務などの武士の慣習をまとめた**御成敗式目（貞永式目）**を制定しました。

🔍 **〔御成敗式目（貞永式目）〕**

1232年，執権の北条泰時が定めた51か条からなる武家のための基本法。頼朝以来の裁判の判例や武士の慣習・道徳をもとに，御家人の権利・義務，裁判の基準を示したもので，その後の武家政治の基準となった。

教科書の\答え/をズバリ！

確認しよう p.65　幕府と御家人の主従関係を示す言葉

●御恩　●奉公

説明しよう p.65　御家人にとって，地頭に任じられることが大切だった理由

例 荘園領主に納める年貢の取り立てを請け負うことで，荘園や公領の農民を支配し，さまざまな産物の一部を自分の物にすることができたため。

④ 武士や僧侶たちが広めた鎌倉文化

ポイント 鎌倉時代には，武士の気風を反映した力強く簡素な文化が育った。また，戦乱などが相次いだことで，人々の間に，仏教に新たな救いを求める思いが高まり，分かりやすく信仰しやすい新しい仏教が生み出された。

教科書ナビ

○ 67ページ 6行め
（…）東大寺南大門や，（…）金剛力士像からは，力強い武士の気質が読み取れます。

○ 67ページ 8行め
戦乱に関心を抱く（…）軍記物も生まれました。

○ 67ページ 13行め
（…）藤原定家に編集させた『新古今和歌集』に数多く収められています。

○ 67ページ 15行め
（…）兼好法師の『徒然草』のような（…）

○ 68ページ 5行め
源平の争乱のころに登場した法然は，（…）誰でも極楽に行けるという教え（浄土宗）を説きました。

○ 68ページ 7行め
また法然の弟子親鸞は，（…）説きました（浄土真宗・一向宗）。

徹底解説

🔍【東大寺南大門の金剛力士像】

・東大寺南大門…源平の争乱で大仏も含めて建物全体が焼失したが，鎌倉時代になって再建された。大仏様（天竺様）という宋から伝わった様式が取り入れられている。

・金剛力士像…南大門の両脇に置かれた東大寺を守る仁王像。運慶・快慶らによってつくられた，力強く写実的な彫刻。

🔍【軍記物】

戦乱における武士の活躍と運命を描いた物語。特に，平家の栄華と没落を描いた『平家物語』は，琵琶法師（琵琶を演奏する盲目の僧）によって語り伝えられ，文字を読めない人にも親しまれた。

▼『平家物語』

> 祇園精舎の鐘の声，諸行無常の響あり。沙羅双樹の花の色，盛者必衰のことわりを表す。おごれる人も久しからず，ただ，春の夜の夢のごとし。たけき者もついには滅びぬ，ひとえに風の前の塵に同じ。
>
> （冒頭の部分より，一部要約）

🔍【新古今和歌集】

1205年ごろ，後鳥羽上皇の命によって藤原定家らが編集した歌集。平安時代の伝統をもとに，趣のある味わいや技巧に富んだ新しい作風の歌が多く収められている。

🔍【『徒然草』】

鎌倉時代末期に成立した兼好法師の随筆。鎌倉時代末の混乱した時期の人間や社会のようすを深く観察し，自由で簡潔な文章で描いた作品である。清少納言の『枕草子』，鴨長明の『方丈記』とともに，三大随筆の一つに数えられている。

👤【法然】（1133〜1212）

浄土宗の開祖。浄土信仰を継承し，念仏（南無阿弥陀仏）を一心に唱えれば，死後に誰でも極楽に行けるという教えを説いた。

👤【親鸞】（1173〜1262）

法然の弟子で浄土真宗の開祖。阿弥陀仏の救いを信じる心をおこすだけで極楽往生できると説き，自分の罪を自覚した悪人こそが救われる対象であるという悪人正機説をたてた。

◉68ページ 9行め

栄西（臨済宗）や道元（曹洞宗）は，（…）座禅によって悟りを得る禅宗をそれぞれ日本へ伝えました。

 【禅宗（ぜんしゅう）】

座禅を通じて自らの力で悟りを得るという教え。宋に渡った栄西（さい）と道元（どうげん）によって日本に伝えられた。厳しい修行が武士の気風に合ったため受け入れられ，幕府（ばくふ）にも保護（ほご）された。そのため，禅宗は，武士の生活や文化に影響を与（あた）えた。

◉68ページ 16行め

（…）日蓮が現れ，（…）説きました（日蓮宗）。

【日蓮（にちれん）】（1222〜1282）

日蓮宗の開祖。題目（南無妙法蓮華経（な む みょうほうれん げ きょう））を唱えれば救われると説いた。国難を予言し，日蓮宗を信じることを説いて処罰（しょばつ）された。

◉69ページ 1行め

（…）一遍は，（…）勧めました（時宗）。

【一遍（いっぺん）】（1239〜1289）

時宗（じ しゅう）の開祖。各地で，踊り念仏を行ったり，念仏札を配ったりしながら布（ふ）教を続けた。

◉69ページ 2行め

こうした新しい仏教は，（…）しだいに庶民の心をとらえていきました。

【新しい仏教】

平安時代の末から鎌倉時代にかけての戦乱や飢きん・災害（さいがい）により人々の間に不安が広まり，仏教に心のよりどころを求めるようになった。それに応（こた）えて，分かりやすく信仰（しんこう）しやすい新しい仏教の宗派（しゅう は）が生まれ，しだいに庶民（しょみん）の間に広がっていった。

教科書の\答え/をズバリ！

資料活用 p.68 踊り念仏の見物に集まっている人々

武士や貴族（き ぞく），貴族の女性（じょせい），僧侶（そうりょ），庶民や子どもなど。

確認しよう p.69 鎌倉時代の新しい仏教を開いた人とその教え

宗派	開いた人	教え
浄土宗	法然	一心に念仏（南無阿弥陀仏（な む あ み だ ぶつ））を唱えれば死後，極楽に行ける。
浄土真宗（いっこう）（一向宗）	親鸞	自分の罪を自覚（じ かく）した悪人こそが救われる対象である。
禅宗	栄西／道元	座禅によって悟りを得る。（臨済宗（りんざい）／曹洞宗（そうとう））
日蓮宗	日蓮	題目（南無妙法蓮華経（な む みょうほうれん げ きょう））を唱えれば日本国も人々も救われる。
時宗	一遍	念仏によりだれでも救われる（踊り念仏で信仰を広めた）。

説明しよう p.69 武家の政治（せい じ）と新しい仏教の動きから見た鎌倉時代の文化の特色（とくちょう）

例 新たに支配者となった武士の気風に合った力強く分かりやすい文化で，幕府が禅宗を保護したことから禅宗の影響も受けている。

振り返ろう p.69 武家政権（せいけん）の特徴（とくちょう）とは何か，「領地」「御家人」という言葉を使って説明

例 鎌倉幕府は，御恩として領地の支配を御家人（みとめ）に認め，御家人には奉公として京都や鎌倉の警備をする義務を負わせた。この御恩と奉公（ほうこう）による主従関係を基に住民や土地などを支配するしくみを築（きず）いたことが特徴である。

第2部 第2章 第2節 武家政権の内と外

CHECK!
確認したら✓を書こう

① 海を越えて迫る元軍

ポイント フビライ＝ハンによる2度の蒙古襲来（元寇）以後，御家人たちの生活が苦しくなり，幕府は徳政令を出したがあまり効果はなかった。そのため，御家人たちの不満が高まり鎌倉幕府の支配は衰えていった。

教科書ナビ

●70ページ 1行め
13世紀の初めに，（…）モンゴル帝国を築きました。

●70ページ 8行め
チンギス＝ハンの孫で皇帝となったフビライ＝ハンは，（…）国号も元に変えました。

●71ページ 4行め
この2度にわたる戦いを蒙古襲来（元寇）といいます。

●71ページ 17行め
幕府は，徳政令を出して御家人を救おうとしますが，（…）ありませんでした。

徹底解説

🔍【モンゴル帝国】
13世紀初め，モンゴル族を統一した**チンギス＝ハン**が中央アジア征服後に創建した，ユーラシア大陸の東西にまたがる大帝国。

👤【フビライ＝ハン】（1215〜1294）
チンギス＝ハンの孫で，モンゴル帝国5代目の皇帝。都を大都（現在の北京）に移して国号を元と改め，1276年に宋を降伏させて中国を統一した。東西の交通路の整備をはかったため東西の交流が盛んになり，ヨーロッパから宣教師や商人が多く訪れた。

🔍【蒙古襲来（元寇）】
13世紀後半の2度にわたる元軍の襲来のこと。元の皇帝フビライは日本に朝貢と服属を要求したが，8代執権の北条時宗がこれを拒んだことから，1274年と1281年の2度にわたり九州北部に攻めてきた（文永の役・弘安の役）。暴風雨などにより，元軍は2度とも撤退した。

🔍【徳政令】
御家人の借金を帳消しにしたり，借金のかた（担保）になった領地をただで取り戻したりすることができる法令。一時的には御家人を救ったものの，その後，御家人はお金を借りることができなくなり，かえって社会は混乱し，幕府への信頼は薄れていった。

教科書の答えをズバリ！

確認しよう p.71 蒙古襲来後，御家人の生活が苦しくなった理由

● 防衛戦であったため，幕府は恩賞の領地を十分に与えることができなかった。

● 元軍の襲来に備えて海岸警備は続けられたため，その負担が御家人たちに重くのしかかった。

● 武士の領地は分割して相続されるため，しだいに小さくなり，御家人のなかには生活が苦しくなる者が出てきた。

説明しよう p.71 蒙古襲来が，幕府と御家人の関係に与えた影響

例　御家人たちは，御恩を期待して元軍に立ち向かい，その後も元軍の襲来に備えた海岸警備に対する負担などの奉公に励んだが，幕府は恩賞を十分に与えることができなかった。さらに，北条氏の一族だけが広大な領地を持ち，幕府の重要な役割を握っている状態が目立ったため，生活が苦しくなった御家人たちの心はしだいに幕府から離れていった。

CHECK!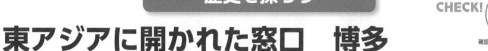
確認したら✓を書こう

東アジアに開かれた窓口　博多
〜防衛と貿易の拠点として発達した国際都市〜

博多を中心とする地域は，古代から中世において，政治・外交面で非常に重要な場所だった。

1 どうしてこの地域が重要だったのかな？

・波が穏やかな博多湾は，渡航技術が乏しかった古代から東アジアの窓口となった。
・中国大陸や朝鮮半島から，政治情勢や文化などが伝わった。
・政治の中心であった近畿地方から遠く，外国から侵入される危険もあったため，大宰府は九州支配と海外防衛の拠点となった。
・蒙古襲来時には防塁を築いて対抗した。

2 古代や中世の博多はどのような都市だったのかな？

・古代には，アジアの人々をもてなすため鴻臚館が建設された。
・中世には，中国産の陶磁器などの外国製品が集まる都市として注目された。

鴻臚館

　中国製の水さしや，中国の影響を受けた日本製の鬼瓦など東アジア由来のものだけでなく，イスラム製のガラスびんなどシルクロード経由と思われるものも出土している。このような出土品から，当時の交易の様子を知ることができる。

3 幕府にとってどれくらい重要な都市だったのかな？

・中国の銅銭が鎌倉幕府にもたらす利益はばく大で，寺の整備のための資金に使われた。
・大陸との中継地である博多は，日本の政治・経済の両面で大変重要な貿易港であった。

沈没船

　沈没船から発見されたものから，当時の交易の内容をうかがい知ることができる。中国から博多に向かったとされる沈没船からは，中国製の陶磁器に加えて，大量の銅銭も見つかっている。銅銭が，鎌倉幕府にとって重要な交易品であったことが分かる。

4 博多ではどんな暮らしをしていたのかな？

・博多商人たちの遺物には，化粧道具や大小のげたなど当時の生活ぶりを示すものがある。
・禅宗やお茶，うどんなども，宋の商人や僧侶によって，博多から全国に広まっていった。

年	できごと	中国
630	最初の遣唐使が那津（博多）に泊まる	唐
663	白村江の戦い	唐
664〜665	水城や大野城を造る	唐
710	（平城京に都を移す）	唐
794	（平安京に都を移す）	唐
894	遣唐使を中止する　古代	唐
1192	源頼朝が征夷大将軍になる　中世	宋
1195	栄西が聖福寺を開く	宋
1274	蒙古襲来（文永の役）	宋
1276	防塁を築く	元
1281	2度目の蒙古襲来（弘安の役）	元
1338	（足利尊氏が征夷大将軍になる）	元
	（1368年　明が元をほろぼす）	元
1401	博多商人を明に派遣	明
1404	勘合貿易始まる	明

▲古代から中世にかけての博多の外交

② 南北朝の内乱と新たな幕府

ポイント 1333年，鎌倉幕府は滅び，後醍醐天皇が始めた建武の新政は2年余りで崩れた。足利尊氏が室町幕府を開き，以降南北朝時代が約60年続いた。その間に，地方では守護大名が領国を支配するようになった。

教科書ナビ

●74ページ 2行め
（…）幕府に従わない武士たち（悪党）（…）。

●74ページ 5行め
以前から政治の実権を取り戻そうと考えていた後醍醐天皇は，（…）。

●74ページ 8行め
（…）足利尊氏・新田義貞ら東国の御家人などの働きによって，鎌倉幕府は滅びました。

●74ページ 10行め
1334年（建武元）年，後醍醐天皇を中心とする政治が始められました（建武の新政）。

●75ページ 1行め
（…）全国の武士は二つの勢力に分かれ，60年近く戦いが続きました（南北朝時代）。

●75ページ 5行め
そして守護は，領国の武士を家来として従え，（…）一国を支配する守護大名へと成長していきました。

徹底解説

🔍【悪党】
近畿地方を中心に現れた，幕府に従わない武士たちのこと。集団で荘園や寺社に押し入ったり，年貢を奪うなどした。

👤【後醍醐天皇】（1288〜1339）
鎌倉幕府の衰えを見て政治の実権を朝廷に取り戻そうと，幕府を倒す計画を立てたが失敗し，隠岐（島根県）に流された。後に足利尊氏・新田義貞ら東国の御家人や楠木正成らの悪党を味方に付けて，1333年幕府を倒し，天皇を中心とする政治を目指して建武の新政を行った。

👤【足利尊氏】（1305〜1358）
足利氏は源氏の一族で，下野国足利荘（栃木県）に居住していた。尊氏は鎌倉幕府の有力御家人だったが，後醍醐天皇とともに幕府を倒した。後に建武の新政に不満を持つ武士たちを率いて挙兵し，1338年，北朝の天皇から征夷大将軍に任命され，京都に幕府を開いた。

🔍【建武の新政】
鎌倉幕府が滅亡した翌年の1334年，後醍醐天皇が年号を建武と改めて行った天皇中心の政治。武家社会の慣習などを無視し，天皇中心の政治を復活しようとしたため，武士や農民だけでなく貴族（公家）の間に新政への失望が広がった。その後，足利尊氏が武家政治の復活を目指して挙兵し，建武の新政は2年半で終わった。

🔍【南北朝時代】
足利尊氏が1338年に京都で新しい天皇をたて（北朝），吉野（奈良県）に逃れた後醍醐天皇も正統性を主張し（南朝），北朝に対抗した。この2つの朝廷が並立していた時代を南北朝時代という。その後，この争いは南北朝が統一するまで約60年間続いた。

🔍【守護大名】
室町幕府によって強い権限を与えられ，一国を支配するようになった守護のこと。南北朝の内乱のなかで，幕府は守護に荘園などの年貢の半分を取り立てる権限などを認めた。守護はこれらの権限を利用して領地を拡大し，領国の武士を家来として，国司に代わって国全体を支配するようになった。

◉75ページ 9行め

義満が京都の室町に御所を構えたので，足利氏の幕府を**室町幕府**といい，（…）**室町時代**といいます。

〔室町幕府〕

足利氏の幕府を室町幕府とよび，幕府が滅びるまでの約240年間を室町時代という。幕府のしくみは鎌倉幕府にならったもので，執権にかわって管領を置き，関東には鎌倉府をおいて，東国の支配を任せた。3代将軍足利義満の死後は，将軍と有力な守護大名が対立するなど幕府の権力は弱まった。

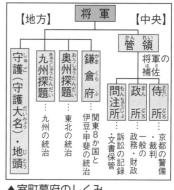

▲室町幕府のしくみ

◉75ページ 11行め

室町幕府には，将軍の補佐役として**管領**が置かれ，京都の支配と御家人の統率をする侍所の長官とともに，有力な守護大名が任命されました。

〔管領〕

室町幕府で将軍を補佐して政治全般にたずさわる役職。足利氏一族で有力守護大名の斯波・細川・畠山の三氏が交代でつとめたので，三管領という。

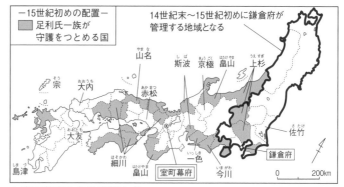

▲室町幕府と主な守護大名

教科書の 答え をズバリ！

資料活用 p.75 冠，袈裟，狛犬を探す

右の図

確認しよう p.75 鎌倉幕府を倒した勢力

- 後醍醐天皇
- 楠木正成らの悪党勢力
- 足利尊氏・新田義貞ら東国の御家人

説明しよう p.75 守護と守護大名の違い

〔「軍事」「荘園」「国司」を使って〕

例 守護は，国内の軍事・警察の仕事を行うだけの役職であったが，守護大名は，幕府から荘園の年貢の半分を取り立てる権限を認められ，領国の武士を家来として従え，国司に代わって一国を支配するようになった。

③ 東アジアの交易と倭寇

CHECK!

確認したら✓を書こう

ポイント 14世紀，中国では明が建国され，朝鮮半島では朝鮮が建てられた。日本は，中国や朝鮮を苦しめていた倭寇を取り締まるとともに，明と勘合を用いた勘合貿易を開始し，朝鮮とも勘合に似たしくみで貿易を行った。

教科書ナビ

●76ページ 2行め

（…）東シナ海では**倭寇**の活動が盛んになり，朝鮮や中国を苦しめていました。

●76ページ 7行め

中国では，1368年に漢民族によって**明**が建国され，（…）。

●76ページ 16行め

正式な貿易船には，明から勘合が与えられたので，**勘合貿易**ともいいます。

徹底解説

🔍 〔倭寇（わこう）〕

南北朝時代のころから安土桃山時代にかけて，中国や朝鮮半島の沿岸を荒らしまわった武装商人団。14世紀半ばの倭寇は日本人が中心で，朝鮮人や中国人も加わっていたが，16世紀の倭寇は中国人が主体だった。

🔍 〔明（みん）〕

中国では，14世紀になるとモンゴル民族の元に対して反乱が起き，1368年，朱元璋が元を倒して漢民族の明を建国した。アジアの国々は明の皇帝に使いを送り，貢ぎ物を渡した（朝貢）。

🔍 〔勘合貿易（日明貿易）〕

足利義満が始めた明との正式な貿易。倭寇と区別するために勘合という通交証明書を使用したので勘合貿易という。日本から明の皇帝に貢ぎ物を差し出し，その返礼品を受ける朝貢形式の貿易で，日本の輸出品は美術工芸品，刀剣，銅など，明からの輸入品は生糸，銅銭，陶磁器などであった。勘合貿易の利益は大きく，幕府の財政をうるおしたが，後に貿易の実権は，有力な守護大名や堺・博多の商人に移った。

▲勘合

教科書の 答え をズバリ！

資料活用 p.77 足利義満が任命された称号

右の図

確認しよう p.77 倭寇についての説明

●倭寇は，現在の松浦地方（長崎県・佐賀県）や対馬・壱岐（長崎県）などを根拠地とし，密貿易や海賊行為をしていた。

●このころの倭寇は，日本人が中心で，ほかに朝鮮人や中国人なども加わっていたと考えられている。

説明しよう p.77 室町幕府が，中国や朝鮮と行った貿易のしくみ

例 中国の明とは，倭寇と区別する勘合を用いた朝貢形式の貿易が行われた。朝鮮とは，船が立ち寄れる港を制限した上で，勘合に似たしくみで貿易を行った。

④ 琉球とアイヌの人々がつなぐ交易

ポイント　15世紀，尚氏が統一した琉球王国は，中国の明や日本・朝鮮・東南アジアの国々との中継貿易で栄えた。また，アイヌの人々によるアイヌ文化が成立し，和人との交易も行われたが，後に衝突も起きた。

教科書ナビ

●78ページ 4行め
（…）首里（現在の那覇市）を都とした琉球王国が成立しました。

●78ページ 13行め
こうした中継貿易によって琉球王国は繁栄し，独自の文化を築き上げました。

●79ページ 3行め
蝦夷地（北海道）のアイヌの人々は，樺太に進出し，アムール川流域と活発に交易・交流していました。

徹底解説

🔍 **〔琉球王国〕**
15世紀に，尚氏が沖縄の島々を統一して建国した王国。日本や中国，朝鮮，東南アジアの国々と結び，中継貿易で栄えた。江戸時代になると薩摩藩の支配下に入り，19世紀後半に日本に帰属した。

🔍 **〔中継貿易〕**
諸国からの輸入品を，国内では売らずに他国に輸出して利益を得る貿易。琉球は，日本や東南アジアの国々から輸入した品物を明へ輸出し，明から輸入した品物を日本や東南アジアの国々へ輸出した。

🔍 **〔アイヌの人々〕**
古くから現在の北海道地方に住む人々。長い間狩りや漁をして暮らし，独自のアイヌ文化をつくっていた。14世紀に畿内と津軽半島の十三湊を結ぶ日本海で交易が行われ，鮭や昆布など北方の産物が京都などへ運ばれた。その後，和人の進出に圧迫されると，1457年コシャマインを中心に立ち上がった。戦いはその他の豪族に制圧された。

教科書の 答え をズバリ！

確認しよう p.79　琉球王国とアイヌの人々が交易していた相手と交易品

琉球王国
- 交易の相手…明・日本・朝鮮・東南アジアの国々
- 交易品…琉球産の硫黄や日本の武具・屏風，東南アジア産の珍しい香辛料や象牙などを明に持っていき，その返礼として得た生糸や絹織物・陶磁器などを諸国に転売した。

アイヌの人々
- 交易の相手…アムール川流域・樺太・津軽半島（青森県）の十三湊
- 交易品…北方産の鮭や昆布・毛皮など

説明しよう p.79　琉球やアイヌの人々が周辺諸国と行った交易

例　琉球王国は，明に香辛料などを持っていき，その返礼品の生糸などを，日本や朝鮮，東南アジアの国々に転売する中継貿易を行った。アイヌの人々は，アムール川流域や津軽半島の十三湊と交易を行い，その後，蝦夷地へ進出してきた和人とも交易を行った。

振り返ろう p.79　東アジアとの交流が日本にもたらした影響は何か〔政治と経済の面から〕

例　蒙古襲来後に鎌倉幕府の政治は行きづまり，後醍醐天皇に味方した悪党勢力や幕府に不満を持つ御家人などによって滅ぼされた。室町幕府の3代将軍足利義満が倭寇を取り締まることを条件に明との間で始めた朝貢貿易は，幕府にばく大な富をもたらした。

タイムトラベル ⑥

CHECK!
確認したら✓を書こう

室町時代を眺めてみよう
（15世紀ごろのある場面）

次の場面を探してみよう！

① **オ**（p.81　E～F−1）　　③ **イ**（p.80　B−2～3）　　⑤ **ア**（p.80　A−1）

② **カ**（p.81　E～F−3）　　④ **ウ**（p.80　C−3）　　　⑥ **エ**（p.81　E−1）

● 前の時代と比べて特色を考えよう

● 共通点

場面	タイムトラベルでの位置	くわしい説明
経済	鎌 p.58　B−2	**牛馬による運搬**　鎌倉時代は牛に荷物を運ばせる**車借**,
	室 p.80　B−3	室町時代には馬に荷物を運ばせる**馬借**が活躍した。
経済	室 p.81　D−1	**肥料**　草木の灰や人の糞尿が肥料に用いられた。
経済	鎌 p.59　E−1	**定期市の開催**　鎌倉時代に始まった定期市は，室町時代になると月6回に開催日が増えた。定期市では，宋銭や明銭などの銅銭が使用された。
	室 p.80　B～C−2～3	

● 変化したところ

場面	タイムトラベルでの位置	くわしい説明
政治	室 p.81　E～F−1	**一揆**　結びつきを強めた農民らが，**土一揆や国一揆**，一向一揆などの一揆を起こすようになった。
政治	室 p.81　E～F−3	**寄合**　京都などの都市で，**町衆**とよばれる裕福な商工業者を中心に**寄合**を開いて町の自治を行った。また，農村では**惣**（惣村）とよばれる自治組織をつくり，寄合で村のおきてなどが決められた。
経済	鎌 p.51　A−3	**職人の増加**　鎌倉時代は曲げ物の桶が使われたが，室町時代には職人（結桶師）によって短冊状の板を竹で締めてつくった結桶が使われるようになった。
	室 p.80　B−3 p.81　D−2	
経済	室 p.80　B−3	**高利貸し**　室町時代には，土倉や酒屋が金融業を営み，大きな富を蓄えた人物もいた。
文化	室 p.80　C−1	**蔵**　土壁の倉庫が使われるようになった。
文化	室 p.81　D−2	**共同の井戸**　庶民の間でも共同の井戸がつくられた。
文化	室 p.81　E～F−3	**書院造**　部屋に畳を敷き詰め，**床の間**には，生け花が飾られ茶の湯の文化が育まれた。

CHECK!
確認したら✓を書こう

① 技術の発達とさまざまな職業

> **ポイント** 農業や手工業の発達に伴って商業も盛んになり，定期市の開催日も増えた。陸上では，馬借・車借，港では問（問丸）とよばれる運送業者が活躍した。また，土倉や酒屋などが高利貸しを営み，富を蓄えた。

教科書ナビ

●82ページ 4行め
鎌倉時代から始まった米と麦などの二毛作は，（…）増加しました。

●83ページ 7行め
（…）毎月決められた日に開かれる定期市も，月3回から6回に増えました。

●83ページ 9行め
陸上の運搬では，馬借や車借（…）各地の港町では，問（問丸）（…）しました。

●83ページ 16行め
（…）京都・奈良などには，土倉（質屋）や酒屋がたくさん出来ました。

徹底解説

🔍〔二毛作〕
同じ耕地で一年間に2種類の作物を栽培すること。鎌倉時代に西日本の先進地域で米と麦の二毛作が始まった。室町時代には西日本を中心に各地へ広まり，三毛作を行ったことを示す資料もある。

🔍〔定期市〕
貨幣経済の発展により，各地で定期的に開かれた。平安時代は子市・酉市など干支にちなんだ定期市が開かれ，鎌倉時代からは月3回の三斎市，室町時代になると月6回の六斎市も開かれた。これら定期市は港町や街道の宿場，寺社の門前などで開かれた。

🔍〔馬借〕〔車借〕〔問（問丸）〕
馬借と車借は交通の要所で活動した運送業者で，馬の背に荷物を乗せたり，荷物を乗せた車を牛に引かせたりして運んだ。問（問丸）は，鎌倉時代に年貢の保管・輸送を行った水上運送・倉庫業者で，室町時代には手数料を取って頼まれた品物を売るようにもなった。

🔍〔土倉〕〔酒屋〕
土倉はお金を貸すかわりに品物を預かる質屋のことで，品物を保管するために土ぬりの倉庫を持っていたため，このようによばれる。酒屋は，多くの資金を持っていたため土倉を兼ねるものも多く，酒をつくって売るほかに，あわせて高利貸しも行っていた。

教科書の\答え/をズバリ！

確認しよう p.83　人々が作物を多く収穫するために行った工夫

- 米と麦の二毛作
- 飢きんに強い品種
- 草木を焼いた灰や人の糞尿を肥料として施した
- 牛馬による耕作
- 水田稲作に必要な用水を確保するために，水車によって河川から水を引いたり，ため池を造ったりするかんがい

説明しよう p.83　特産品などの商品が増えたことが，交通の発展に与えた影響

例　定期市の開催も活発になり，さまざまな特産物が増加したことで，それらを運ぶ運送業が発達した。陸上の運搬では馬借や車借が活躍し，港町では問（問丸）などの運送業者が活躍して，海運や河川の交通が盛んになった。

② 団結して自立する民衆

ポイント 人々はヨコの結び付きを強めるようになり，農村では，**惣**（**惣村**）とよばれる自治組織がつくられ，京都や堺などの都市では**町衆**を中心に自治が行われた。また，商工業者たちは**座**とよばれる同業者団体を結成した。

教科書ナビ

●84ページ 5行め

その代表的な結び付きがさまざまな**一揆**です。

●84ページ 9行め

（…）近江国（滋賀県）の馬借が中心となり，幕府に徳政令による（…）を要求して**土一揆**を起こしました（正長の土一揆）。

●84ページ 12行め

また，山城国（京都府）（…）自治を行いました（山城の**国一揆**）。

●84ページ 14行め

さらに，（…）信徒たちによる**一向一揆**が起こりました。

徹底解説

🔍 〔一揆〕

武士や農民が特定の目的のためにまとまることがもともとの意味。地域でまとまり自治を行う惣をもとに，農民たちが守護や荘園の領主に対して起こした反抗を土一揆という。一揆には，その目的や起こした人々の違いによって，土一揆，国一揆，一向一揆などいくつかの種類がある。

▼一揆の種類と代表例

種類	説明	代表例
土一揆	農民や馬借が幕府などに，借金を帳消しにする徳政令を出すことを求めて起こした。	正長の土一揆（滋賀県）
国一揆	国人（土着の武士）が農民を指導して，守護大名の支配に抵抗して起こした。	山城の国一揆（京都府）
一向一揆	一向宗（浄土真宗）の信仰で結びついた武士や農民が，守護大名の支配に抵抗して起こした。	加賀の一向一揆（石川県）

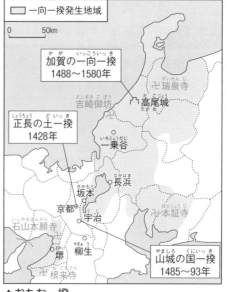

一向一揆発生地域
0　　50km

加賀の一向一揆
1488〜1580年

卍瑞泉寺
吉崎御坊
卍
⛩高尾城
正長の土一揆
1428年
一乗谷
長浜
坂本
京都
宇治
卍本証寺
石山本願寺
堺　柳生
卍根来寺
山城の国一揆
1485〜93年

▲おもな一揆

◉85ページ 2行め
その代表が惣（惣村）
です。

🔍 〔惣（惣村）〕
村の有力な農民を中心とする自治的な組織。経済力をつけた農民は、寄合という会合を開き、用水路の管理や山林の利用、村の行事などについて決めたり、おきてを定めたりして、団結して村を運営した。ときには一揆を起こすこともあった。

┌─────────────────────────┐
│　　　　　村のおきて　　　　　│
│（1489年11月4日　近江今堀郷(滋賀県)のおきて）│
│ 一、よそ者は、身元保証人がなければ村│
│　　内に住まわせてはならない。│
│ 一、村の共有地と私有地の境界の争いは、│
│　　金で解決しなさい。│
│ 一、堀から東には、屋敷を造ってはならない。│
│　　ない。│
│（『今堀日吉神社文書』より、一部要約）│
└─────────────────────────┘

◉85ページ 3行め
村の有力者や年長者が中心になって寄合を開き、（…）しました。

🔍 〔寄合〕
惣で行われた話し合いの場。村の代表が神社・寺などに集まり、村のおきてを作ったり、農耕行事や祭りなどを取りしきったり、罪を犯した者を処罰したりした。また、年貢の納入をひとまとめにして請け負うこともあった。

◉85ページ 13行め
（…）商工業者たちは座（…）認められました。

🔍 〔座〕
商工業者が業種ごとにつくった組合。公家（貴族）や寺社などに税を納める代わりに、仕入れや営業を独占する権利を認められた。

◉85ページ 17行め
（…）町衆とよばれる（…）代表的な存在です。

🔍 〔町衆〕
京都で自治的な組織をつくった富裕な商工業者。応仁の乱で中断されていた祇園祭を町衆が復活させるなど、文化の担い手にもなった。ほかに、堺の会合衆、博多の年行司などがある。これらの都市の商工業者も寄合を開いて、町衆を中心に自治を行った。

教科書の 答え をズバリ！

確認しよう p.85　各地で起こった主な一揆

・正長の土一揆

・山城の国一揆

・加賀の一向一揆

説明しよう p.85　室町時代の人々の行動の考え方

〔「自分たちの力」「利害」「結び付き」を使って〕

例　室町時代になると、人々は一揆などの行動を起こすようになったが、それは、人々が、「自分たちのことは、自分たちの力で解決する」という考え方によって、一人では実現が困難な目的を成し遂げるために、共通の利害を持つ者どうしのヨコの結び付きを強めていったからである。

③ 全国に広がる下剋上

ポイント 足利義政の跡継ぎ問題と守護大名間の対立から，応仁の乱が起こった。その後，下剋上の風潮が広まり，戦国時代となった。戦国大名は，城下町をつくり，分国法という独自の法律を定めて領国の支配をした。

教科書ナビ

●86ページ 2行め

これに幕府の実力者細川氏と山名氏の勢力争いが複雑に結び付き，1467（応仁元）年，多くの守護大名を巻き込んだ戦乱となりました（応仁の乱）。

●86ページ 12行め

このような下剋上の風潮が，（…）全国に広がっていきました。

●86ページ 15行め

各地には，幕府の支配から放れて，領国と領国内の民衆全体を独自に支配し，また領国内の武士を家臣として組織した戦国大名が登場しました。

徹 底 解 説

〔応仁の乱〕

1467年に京都を中心に起こった戦乱。8代将軍足利義政の跡継ぎ問題と管領家の相続争いに，守護大名の細川勝元と山名持豊（宗全）の勢力争いがからんで起こった。諸国の守護大名も巻き込んだ戦乱は11年間に及び，京都は焼け野原となった。戦いは勝敗がつかないまま終わったが，争乱は各地に広がり，幕府は全国を支配する力を失った。守護大名の領国では，一揆や武士たちの反乱が起こった。

▲応仁の乱による京都の被害

〔下剋上〕

地位や身分が下の者が実力で上の者を倒すこと。応仁の乱の後，家臣が主君を倒して新たな支配者になったり，農民や都市の住民が権力に対して一揆を起こしたりすることが多くなった。

〔戦国大名〕

下剋上の風潮のなか，実力で守護大名を倒し，地方武士や農民を従えて領国を支配した大名。戦国大名の出身はさまざまだが，守護大名から戦国大名に成長した者もいた。守護大名が幕府から任命されていたのに対し，戦国大名は自分の力で領国をつくり上げた者が多く，幕府の支配から放れ，独自に領国を支配した。

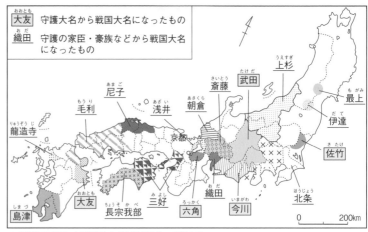

▲各地のおもな戦国大名（1560〜72年）

◯87ページ 3行め
（…）15世紀末からの約100年間を，**戦国時代**といいます。

🔍【戦国時代】

応仁の乱後，豊臣秀吉によって全国統一されるまでの100年を超える戦乱の時代。下剋上の風潮の中で，実力で支配者となった戦国大名が，領内の支配を確立し，領地拡大のための戦いをくり返した。16世紀後半には，全国統一を目指す戦国大名も現れた。

◯87ページ 6行め
戦国大名は強力な軍隊を作り，（…）代表されるような**城下町**をつくり，（…）呼び寄せました。

🔍【戦国大名の政策】

① 政治・経済制度の整備
・独自の家臣団を組織し，各地に城をつくり，軍備の強化をはかった。
・分国法とよばれる領国内でのみ通用する法令を作り，領国支配を確実なものにした。
・商工業者を統制下に置き，家臣とともに城下町に住まわせた。
・城下町を中心に，領国内の交通網を整備した。
② 領国を豊かにする政策
・治水・かんがい工事を行い，洪水を防ぎ，大規模な新田開発を進めた。
・金山や銀山の開発を行った。

◯87ページ 13行め
さらに，律令や御成敗式目とは別に**分国法**とよばれる独自の法律を作り，（…）統制しようとしました。

🔍【分国法】

戦国大名が領国を支配するために制定した法令。政治の方針，家臣や農民の統制をはかるきまりなどがある。家法・壁書とよばれることもある。

●分国法
一，本拠である朝倉館のほか，国の中に城を構えさせてはならない。
（『朝倉孝景条々』より）
一，今川家の家臣が，自分かってに，他国より嫁や婿を取ること，他国へ娘を嫁に出すことを，今後は禁止する。
（『今川仮名目録』より）
一，けんかをした者は，いかなる理由によるものでも，処罰する。
（※『甲州法度之次第』より）
※武田氏の家法。

教科書の答えをズバリ！

確認しよう p.87 **どのような人が戦国大名となったか**

戦国大名の出身は，守護大名やその家来，地方の有力武士であった者など，さまざまであった。

説明しよう p.87 **守護大名と戦国大名の違い〔「領国」「荘園」「分国法」を使って〕**

例　室町幕府は有力な守護大名に支えられていたが，応仁の乱後は幕府の支配からはなれて，**分国法**という独自の法律で**領国**内の武士や農民らを支配する戦国大名が登場した。戦国大名は**荘園**領主の支配を否定し，**領国**内の**荘園**を次々に奪っていった。

④ 庶民に広がる室町文化

ポイント 室町時代には，武家と公家の文化が融合し，禅宗の影響を受けた質素で気品のある文化が生まれた。また，庶民が参加して楽しむ文化も生まれ，年中行事など，現在に引き継がれているものも多く見られる。

教科書ナビ

●89ページ 4行め
足利義満が京都の北山に造らせた金閣は，（…）北山文化といいます。

●89ページ 8行め
（…）猿楽や田楽などの芸能から能が生まれ，能の合間には人々の失敗などを題材にした喜劇が演じられ，狂言となりました。

●90ページ 1行め
（…）京都の東山に（…）銀閣を造りました。このころの文化を東山文化といいます。

●90ページ 2行め
銀閣には寝殿造ではなく，禅僧の住まいをまねた書院造が取り入れられました。

●90ページ 3行め
書院造には床の間があり，そこでは生け花や茶の湯の文化が育まれました。

徹底解説

🔍 **【北山文化】**
金閣に代表される，足利義満のころの文化。14世紀末に義満が京都北山に建てた金閣は，3層の建物で，第1層が公家文化の寝殿造，第3層が武家文化の禅宗様の仏堂で，室町時代の文化が公家と武家の文化がとけ合ったものであることを示している。

🔍 **【猿楽・田楽】**
猿楽はこっけいさを主とした歌や踊りなど，古代からの芸能。田楽は祭礼に基づく芸能で，平安時代から田植えのときに行われた。

🔍 **【能・狂言】**
能は，足利義満の保護を受けた観阿弥・世阿弥父子が，猿楽に田楽などを加えて室町時代に大成させた芸能。笛や鼓，地唄に合わせて舞やしぐさが演じられる。狂言は，能の合間に演じられた喜劇。

▲現在の能

🔍 **【東山文化】**
禅宗の影響が強く，銀閣に代表される足利義政のころの文化。銀閣は，15世紀後半に義政が京都東山に建てた2層の建物で，上層が禅宗様，下層が書院造となっている。また，銀閣に隣接し義政の書斎であった東求堂同仁斎は，書院造の代表とされる。

🔍 **【書院造】**
室町時代に成立した住宅の建築様式。禅宗寺院の書斎の影響を受けた。床の間・違い棚・付書院をそなえ，部屋は畳を敷き詰め，障子・ふすまを多く用いている。また玄関を設けるなど，現代の和風建築のもとになっている。

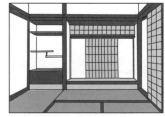
▲東求堂同仁斎の書院造

🔍 **【茶の湯】**
茶を飲む習慣は，鎌倉時代に京都で茶が栽培されるようになって定着し，室町時代には庶民にまで広がり，日本独特の茶の湯が成立した。

○**90ページ 5行め** …………
（…）枯山水の庭園が造られ，（…）しました。

【庭園】
室町時代の禅宗寺院で，石と砂で山や川を表した枯山水とよばれる様式の庭園が造られた。龍安寺の石庭がその代表。

○**90ページ 8行め** …………
（…）墨一色で描かれた水墨画（…）。

【水墨画】
墨の濃淡で自然の美しさなどを描く絵画。鎌倉時代に禅僧によって中国から伝えられ，室町時代に最盛期を迎えた。

○**90ページ 9行め** …………
（…）日本の風景を巧みに描いた雪舟のような（…）現れました。

【雪舟】(1420〜1506)
室町時代の画家で僧。幼いころ京都の相国寺に入り，修行をしながら寺の僧に絵を学んだ。応仁の乱のころ明に渡り，帰国後日本各地を旅して日本的な水墨画を大成させた。

○**90ページ 12行め** …………
（…）次々に読み継ぐ連歌は，（…）

【連歌】
和歌の上の句（5・7・5）と下の句（7・7）を別の人が次々と読み続ける形式の歌。応仁の乱のころに宗祇によって芸術として大成された。その後，連歌は庶民の間にも地方にも広まった。

○**91ページ 1行め** …………
（…）庶民を主人公にしたお伽草子（…）。

【お伽草子】
室町時代に武士や庶民に好まれた，絵入りの短い物語。全般に仏教の影響が強いが，明るい調子で書かれているものが多い。

教科書の\答え/をズバリ!

確認しよう **p.91** **室町時代に生まれた文化や習慣で，現在でも身近なもの**

- 盆踊り
- 正月や節分，端午の節句，七夕などの年中行事
- 保温性や吸湿性に優れ，丈夫で肌触りのよい木綿
- うどんやそうめんなどのめん食
- 『浦島太郎』や『一寸法師』など，庶民を主人公にしたお伽草子
- 畳を敷き詰めた部屋
- 「わび」や「さび」といった日本的な感覚

説明しよう **p.91** **室町時代の文化の特色**

例 室町時代の文化の特色は，武家が文化の担い手となり，幕府が京都に置かれたことで，禅宗や大陸の影響を受けていた。その特色は，素朴さのある武家の文化が京都の公家の華やかな文化と融合しているところにある。

振り返ろう **p.91** **室町時代の社会のしくみ〔「応仁の乱」「戦国大名」「自治」を使って〕**

例 応仁の乱後に誕生した戦国大名が，主従関係によるタテのつながりで領国を統制する一方，民衆は，共通の利害を持つ者どうしのヨコの結び付きにより団結を強め，自治的な組織である惣をつくり，寄合を開いて村のおきてを定めたりした。

CHECK!

確認したら✓を書こう

武家政権の成長と東アジア

❶学んだ事を確かめよう

1）ア　院政　　イ　平清盛　　ウ　源頼朝　　エ　鎌倉仏教　　オ　蒙古襲来（元寇）
　　カ　後醍醐天皇　　キ　勘合貿易　　ク　金閣　　ケ　応仁の乱　　コ　一向一揆

2）あ…E　　い…A　　う…B　　え…C　　お…D　　か…F

●タイムトラベルを眺め直そう！

作業1　タイムトラベル⑤…地頭による荘園や公領の支配
　　　　タイムトラベル⑥…自治による運営

作業2　正長の土一揆・惣（惣村）・自治・山城の国一揆・加賀の一向一揆

作業3　奈良時代　タテ…役人が寺院の建築を指示する（p.34C−3）
　　　　　　　　　　　農民に税を運ばせる（p.35F−3）
　　　　　　　　ヨコ…農民たちが，区画分けされた田で収穫を行っている（p.35F−2）
　　　　平安時代　タテ…農民が貴族に品物を納めている（p.49E−2）
　　　　　　　　ヨコ…文化（文学や行事）を通した結び付きがある
　　　　　　　　　　　（p.48A−3，p.49E〜F−3）

❷歴史的な見方・考え方を働かせて時代の特色を説明しよう

ステップ1

①「武士」と「庶民」の二つのまとまり
　「武士」…将軍・御家人・家来・家臣・守護大名・戦国大名
　「庶民」…町衆・運送業者・商工業者

② 1の二つのまとまり内でのタテとヨコの関係図を作ってみよう

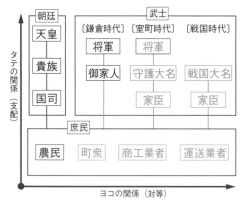

ステップ2

章の問いの答えを理由とともに説明しよう

> 武士は，（例　自分の領地を守り，手柄に応じて新たな領地を得る）ために，（例　タテ）の結び付きを強めていった。庶民は，（例　一人では実現が困難な目的を成し遂げる）ために，（例　ヨコ）の結び付きを強めていった。

ステップ3

　この時代は，（例　武士による支配と庶民による自治が新たに生まれた）時代である。それは，（例　比較や推移）に注目して考えると（例　武士たちが主従関係のようなタテの関係を強めたり，庶民が共通の利益を守るために村や町の自治を進めるヨコの関係を強めたりした）からである。

一問一答ポイントチェック

答え

第1節
p.58〜
武士の世の始まり

❶平清盛が行った貿易は？

❷鎌倉に幕府を開いた人は？

❸将軍が御家人に領地や守護・地頭の職を与え，御家人が将軍のために戦いや警備の義務を負う関係は？

❹源頼朝の死後，幕府の実権を握った北条氏が就いた職は？

❺1221年に後鳥羽上皇が起こした乱は？

❻1232年，北条泰時が定めた武士のきまりは？

❼運慶らが東大寺南大門に作った鎌倉時代を代表する仏像彫刻は？

❽浄土真宗を開いた人は？

❾時宗を開いた人は？

❿栄西や道元が宋から伝えた宗派は？

第2節
p.70〜
武家政権の内と外

⓫生活に困っている御家人たちを救済するために鎌倉幕府が出した命令は？

⓬後醍醐天皇を助けて鎌倉幕府を倒し，のちに後醍醐天皇と対立して兵を挙げ，室町幕府を開いた人は？

⓭後醍醐天皇が始めた新政は？

⓮朝廷が吉野と京都に分かれて争った時代は？

⓯室町幕府における将軍の補佐役は？

⓰14世紀中ごろから中国や朝鮮の沿岸を荒らしまわった人々を何というか？

⓱勘合貿易を始めた人は？

第3節
p.82〜
人々の結び付きが強まる社会

⓲武士と農民が守護大名を国外に追放し，8年間にわたって自治を行ったできごとは？

⓳鎌倉・室町時代に発展した商工業者の同業者団体を何というか？

⓴守護大名の一族やその家臣から，実力で守護大名に取って代わろうというような風潮を何というか？

㉑戦国大名が定めた領内独自の法律を何というか？

㉒足利義満のころの文化は？

㉓足利義満の保護を受けて能を大成した人たちは？

㉔足利義政のころの文化は？

㉕足利義政が造らせた銀閣に取り入れられている建築様式は？

㉖『浦島太郎』や『一寸法師』など庶民に親しまれた絵本は？

答え

❶日宋貿易

❷源頼朝

❸御恩と奉公

❹執権

❺承久の乱

❻御成敗式目（貞永式目）

❼金剛力士像

❽親鸞

❾一遍

❿禅宗

⓫徳政令

⓬足利尊氏

⓭建武の新政

⓮南北朝時代

⓯管領

⓰倭寇

⓱足利義満

⓲山城の国一揆

⓳座

⓴下剋上

㉑分国法

㉒北山文化

㉓観阿弥・世阿弥

㉔東山文化

㉕書院造

㉖お伽草子

① ヨーロッパの変革

CHECK! 確認したら✓を書こう

ポイント ローマ教皇の提唱で十字軍の遠征が行われたが失敗に終わった。その一方,イスラム勢力との接触によりさまざまな学問や技術が伝えられ,ルネサンスが生まれ,教皇や教会の権威を否定する宗教改革が始まった。

教科書ナビ

◉94ページ 3行め

(…) しだいにローマ教皇（法王）を首長とするカトリック教会の勢いが増し,(…) 力をもつようになりました。

◉94ページ 4行め

11世紀末,教皇がイスラム勢力の中にある聖地エルサレムを(…) ヨーロッパ各国の王は十字軍の遠征を行いました。

◉94ページ 13行め

しかし14世紀になると,人間の個性や自由を表現しようとした古代ギリシャ・ローマの文化を理想とするルネサンス（文芸復興）とよばれる新しい風潮が生まれました。

◉95ページ 12行め

(…),ドイツのルターは,教皇や教会の権威を否定し,(…) 宗教改革の口火を切りました。

徹底解説

【ローマ教皇（法王）】

カトリック教会の首長。イエスの弟子であるペテロの後継者として全カトリック教会を統率する。中世のヨーロッパでは,キリスト教が人々の生活や考え方に大きな影響を与えるようになり,11世紀ごろにはカトリック教会の勢いが強まり,ローマ教皇は国王をもしのぐ勢力をもったが,十字軍の遠征失敗でその権威が衰えた。

【十字軍】

11世紀末から13世紀にかけて,イスラム教徒から聖地エルサレムを奪回するために派遣されたキリスト教徒の遠征軍。計7回派遣されたが,最終的には失敗に終わった。この遠征により,地中海におけるイタリア商人とイスラム商人との交易が活発となってイタリア諸都市が繁栄したことや,ヨーロッパの国々が天文学・地理学・医学などのイスラム文化にふれたことが新しい文化を生み出す一因となった。

【ルネサンス（文芸復興）】

14〜16世紀にかけて,イタリアで始まり西ヨーロッパに広まった,キリスト教の教えや封建社会の慣習にとらわれない新しい文化の動き。古代ギリシャ・ローマの文化を理想とし,中世の神や教会を中心とする考え方から人間を解放しようとした。

- 文学:『神曲』（ダンテ）,『ハムレット』（シェークスピア）
- 絵画,彫刻:『モナ・リザ』（レオナルド・ダ・ビンチ）,『ダビデ像』（ミケランジェロ）
- 技術:火薬,羅針盤,活版印刷術→ルネサンスの三大発明
- 科学:地動説（コペルニクス）→ガリレオ＝ガリレイによる証明

【宗教改革】

16世紀初めに,ローマ教皇が免罪符を売り出したことをきっかけにヨーロッパで起こった,ローマ教皇や教会の教えや制度を改めようとする運動。ドイツのルターが,聖書だけが信仰のよりどころであると主張して教皇や教会の権威を否定した。また,スイスでは,カルバンが人は神の救いを信じて職業に励むべきであると主張した。これらの教えはヨーロッパ各地へと広まっていった。

●95ページ 16行め

ルターらの考えを支持したキリスト教徒を**プロテスタント**といいます。

🔍〔プロテスタント〕

新教ともいう。ルターやカルバンらの宗教改革による教えを支持する宗派。プロテスタントは,「抗議する者」という意味で,カトリックに抗議したことからこのようによばれた。主に,ゲルマン系民族の多い北・西ヨーロッパ,北アメリカの国々を中心に信徒が分布している。

●95ページ 17行め

一方,カトリック教会でも(…)その中心となった**イエズス会**は海外布教に力を入れました。

🔍〔イエズス会〕

宗教改革後,スペインのロヨラやフランシスコ=ザビエルらによってカトリック教会内部につくられた,教会立て直しのための団体。カトリックの勢力拡大をめざして,大航海時代に開かれた航路を使い,スペイン・ポルトガルの植民活動と一体となって,アジアや新大陸などに宣教師を積極的に派遣して布教を進めた。

教科書の\答え/をズバリ!

資料確認 p.94 写真の中から探す

A 地球儀　　B 砂時計　　C アストロラーベ

確認しよう p.95 ルネサンスと宗教改革とはどのような出来事か

ルネサンス…人間の個性や自由を表現しようとした古代ギリシャ・ローマの文化を理想とする新しい風潮が生まれた。

宗教改革…教皇がローマの大聖堂修築の資金を,免罪符を販売して集めると,ドイツのルターは,教皇や教会の権威を否定し,「聖書だけが信仰のよりどころである」と説いて宗教改革の口火を切った。

説明しよう p.95 イスラムとの交流が文化や科学・技術に与えた影響

例 イスラム文化の影響を受け,古代ギリシャ・ローマの文化を理想とした人間の個性や自由を表現しようとするルネサンスとよばれる風潮が生まれた。また,天文学などの高水準の学問や技術が伝えられ,火薬・羅針盤の改良や活版印刷術の発明など科学や技術が進歩した。

② 大航海時代の幕開け

確認したら✓を書こう

ポイント ヨーロッパの人々は香辛料などをインドや中国と直接取り引きすることと，キリスト教の布教のための新航路の開拓を進めた。西インド諸島やインドに到達するなど大航海時代をもたらし，貿易が盛んになった。

教科書ナビ

●96ページ 13行め
スペインの援助を受けた**コロンブス**は，（…）西インド諸島に到達しました。

●96ページ 16行め
その後，ポルトガルの**バスコ＝ダ＝ガマ**が（…）開かれました。

●97ページ 3行め
（…），スペインが派遣した**マゼラン**の一行は（…）証明されました。

徹底解説

【コロンブス】 (1451 ? 〜1506)
イタリア出身の航海者。地球が丸いことを信じ，スペイン女王の援助を受けて西回りでアジアを目指した。1492年，大西洋を横断して現在の西インド諸島に到達し，アメリカ大陸発見のきっかけとなる。

【バスコ＝ダ＝ガマ】 (1469 ? 〜1524)
ポルトガル出身の航海者。ポルトガル国王の命令を受けリスボンを出発し，アフリカ南端の喜望峰を回ってインド洋を渡った。1498年にインドのカリカットに到達し，インド航路を発見した。

【マゼラン】 (1480 ? 〜1521)
ポルトガル出身の航海者。スペイン国王の援助を受けて西回りでアジアを目指した。大西洋横断後，南アメリカ南端で水路（マゼラン海峡）を発見した。太平洋を横断し，1521年にフィリピンに到達した。マゼランはそこで死んだが，翌年，部下が世界一周を果たした。

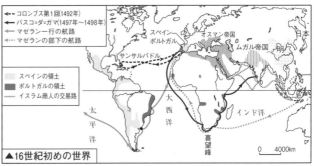

▲16世紀初めの世界

教科書の 答え をズバリ！

やってみよう p.98　（省略）
宣教師のヨーロッパから日本までの航路…貿易船とともに，アフリカ，インド，東南アジアを経て日本に来航した。

確認しよう p.99　**ポルトガルやスペインが，アジアを目指した理由**
- 直接インドや中国と香辛料などの取り引きをするため
- イスラム勢力に対抗してキリスト教を世界に広めるため

説明しよう p.99　**新航路の開拓が，アフリカやアメリカ，アジアに与えた影響**
例　アメリカでは先住民が築いた独自の文明が滅ぼされ，植民地化され過酷な労働を強いられ，アフリカからは大勢の人々が奴隷として連れてこられた。アジアでは，盛んに行われていた中継貿易に参入し，各地にヨーロッパ諸国の拠点が作られた。

❸ 東アジアの貿易と南蛮人

> **ポイント** 鉄砲が伝えられて以降，ポルトガルやスペインの商船が来航するようになり，南蛮貿易が始まった。また，キリスト教も伝えられ，信者となったキリシタン大名の中には，ローマ教皇に使節を送った者もいた。

教科書ナビ

◉100ページ 10行め

　1543年，種子島（鹿児島県）に漂着した倭寇の船に乗っていたポルトガル人によって，日本に鉄砲が伝わりました。

◉100ページ 12行め

　(…)，ポルトガルの船が東南アジアから平戸（長崎県）(…) 貿易が始まりました。

◉100ページ 14行め

　当時の日本では，ポルトガル人やスペイン人を南蛮人とよんでいたため，彼らとの貿易を南蛮貿易といいます。

徹底解説

🔍 **【鉄砲伝来】**

　1543年，ポルトガル人の乗った船が暴風のため種子島に漂着し，日本に初めて鉄砲が伝えられた。戦乱の時代であった日本では，鉄砲はすぐに各地へ伝えられ，堺（大阪府）や国友（滋賀県）などで刀鍛冶によって生産され，後に鉄砲鍛冶も生まれた。また鉄砲は新兵器として戦国大名たちに注目され，短期間で全国に広まっていった。鉄砲の登場によって，合戦の戦法が足軽鉄砲隊を中心とする集団戦法へと変わり，勝敗も短時間で決着がつくようになった。また城の構造も，分厚い壁や高い石垣などをもつ城へと変わっていった。

🔍 **【平戸】**

　長崎県北部の港町。古くは遣唐使船も寄港するなど，海外との重要な交通拠点となっていた。1550年のポルトガル船来航以降は南蛮貿易で栄え，江戸時代初期にはオランダやイギリスの商館がおかれたが，1641年にオランダ商館が出島に移ると繁栄も終わった。

🔍 **【南蛮貿易】**

　16世紀中ごろから，日本とポルトガル・スペインとの間で行われた貿易。当時，ポルトガル人やスペイン人は南蛮人とよばれたことから。平戸（長崎県），長崎などおもに九州北部の港で行われた。九州の大名は，この貿易によって大きな利益を得た。

日本の輸入品	中国(明)の生糸・絹織物，ヨーロッパの鉄砲，火薬，時計，ガラス製品，南方の香料など
日本からの輸出品	銀，刀剣，漆器，海産物など

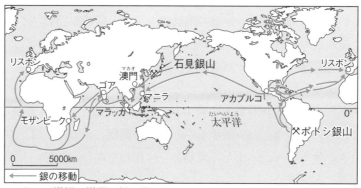

▲16〜17世紀の世界の銀の動き

○**101ページ 7行め**
1549年，イエズス会の宣教師**フランシスコ＝ザビエル**が（…）布教を始めました。

【フランシスコ＝ザビエル】 (1506〜1552)
スペイン人のイエズス会宣教師。1549年，鹿児島に来航し，日本に初めてキリスト教を伝えた。大名の保護を受けて平戸（長崎県），山口，京都，堺（大阪府），豊後（大分県）などで布教活動を行い，2年ほどで日本を去った。

○**101ページ 11行め**
（…），信者（キリシタン）はしだいに増えていきました。

【キリシタン】
キリスト教の信者のこと。キリスト教の信者になった大名をキリシタン大名といい，南蛮貿易を行い，領内のキリシタンを保護し，自らも熱心に信仰した。大村純忠，大友義鎮（宗麟），有馬晴信，黒田孝高，高山右近など西日本の大名に多い。大村・大友・有馬は，1582年，宣教師のすすめで4人の少年を使節としてローマ教皇のもとに送った（天正遣欧少年使節）。

教科書の 答え をズバリ！

資料活用 p.101 南蛮屏風の中から探す

確認しよう p.101 ヨーロッパから日本に伝えられたもの
● 鉄砲，キリスト教，火薬，時計，ガラス製品

説明しよう p.101 ヨーロッパとの貿易や交流が日本の社会に与えた影響（鉄砲を例に）
例　鉄砲の伝来により，足軽の歩兵隊を中心とする集団戦法へと戦術が変化し，鉄砲による攻撃や防御の面から城の備えも変化した。

振り返ろう p.101 ヨーロッパの国々が進出した地域の変化
例　アメリカやカリブ海の島々では，先住民の文化が滅ぼされ植民地となった。鉱山や大農園の開発が行われ，労働力が不足してくるとアフリカから奴隷が送りこまれた。これらの植民地との大西洋を中心とする**貿易**によって，ヨーロッパとアメリカの結び付きが強くなった。また，貿易と一体化した**キリスト教**の布教により，キリスト教が世界に広まった。

タイムトラベル ⑦

安土桃山時代を眺めてみよう
（16世紀ごろのある場面）

CHECK!

確認したら✓を書こう

次の場面を探してみよう！

① **オ**（p.103　E−1）　③ **エ**（p.103　F−3）　⑤ **ウ**（p.102　B〜C−2）
② **ア**（p.102　B−1）　④ **カ**（p.103　F−2）　⑥ **イ**（p.102　C−3）

● 前の時代と比べて特色を考えよう

● 共通点

場面	タイムトラベルでの位置	くわしい説明
経済	❀p.80　B−3	**女性の物売り**　物売りが家々をまわって商売をした。力の弱い女性は，頭に品物をのせて運んだ。
	❀p.103　F−3	
経済	❀p.81　D〜E−1	**牛や馬**　室町時代に普及した，耕作を行うための牛や馬が飼育されている。
	❀p.102　A〜B−3	

● 変化したところ

場面	タイムトラベルでの位置	くわしい説明
政治	❀p.102　C−2	**物差し**　検地で田畑の面積を調べる際，決まった物差し（検地尺）に統一し，全国，同じ基準で調べた。
政治	❀p.102　C−3	**京升**　全国各地で違っていた升を統一し，収穫高を石という単位で表した。
政治	❀p.81　E〜F−1	**刀狩**　秀吉が行った刀狩によって，武士だけが刀を腰に差し，役人は羽織を着用している。また，室町時代には武器を持って一揆をおこしていた百姓からは武器を取り上げた。
	❀p.103　F−2	
政治 経済	❀p.102　B〜C−2	**太閤検地**　物差しや升を統一し，田畑の面積や収穫高を調査して**検地帳**を作成した。これにより，公家や寺社が荘園領主として持っていた土地の権利を失い，荘園制度が崩れた。太閤検地と刀狩により，武士と百姓の身分が区別される**兵農分離**が進んだ。
文化	❀p.103　D〜E−1	**城**　山城から平城に変化し，政治の場にもなった。城には**天守閣**を造り，豪華に築くことで，その権力の大きさを示した。また，天守を支え，崩れることがないようにしっかりと石垣が造られた。
文化	❀p.103　F−3	**キリスト教の布教**　信長がキリスト教を保護したので，バテレン（宣教師）が布教するようになった。

① 信長・秀吉による全国統一

> **ポイント** 勢力を伸ばした織田信長は，室町幕府を滅ぼした。安土城下で楽市・楽座を行うなど商工業の発展をはかったが，本能寺で家臣に攻められ自害した。信長のあとを継いだ豊臣秀吉は，大阪城を築いて本拠地とし，全国を統一した。

教科書ナビ

◉104ページ 1行め

尾張（愛知県）の小さな戦国大名であった**織田信長**は，東海地方を支配する今川義元を桶狭間（愛知県）で破って名を上げ（**桶狭間の戦い**），次いで「**天下布武**」という武力による全国統一の意志を表明しました。

◉104ページ 9行め

1575年，信長は長篠（愛知県）で（…）武田軍の突進を防ぐ柵を設け，大量の鉄砲を効果的に使って勝利しました（**長篠の戦い**）。

◉104ページ 13行め

（…），比叡山延暦寺（滋賀県）を焼き討ちし，（…）降伏させました。

徹底解説

【織田信長】(1534〜1582)

尾張（愛知県）の小大名の子。1560年の桶狭間の戦いで今川義元を破った後，「天下布武」の印章を使って全国統一を進めた。1573年に室町幕府を滅ぼし，1575年の長篠の戦いでは，大量の鉄砲を使って武田氏を破るなど，統一事業を完成しつつあったが，1582年，本能寺の変で自害した。比叡山の焼き討ちや一向一揆の弾圧など，反抗する仏教勢力を厳しく取りしまった。また，安土城下で楽市・楽座を実施するなどの政策も行った。

【桶狭間の戦い】

1560年，尾張の桶狭間で起こった織田信長と今川義元の戦い。信長が義元の本陣を急襲し勝利した。

【天下布武】

織田信長が使用した印章の文字。「天下に武を布く」と読み，武力による天下統一の意志を表した。

織田信長の勢力範囲
- ■ 1560年（桶狭間の戦い）ころ
- ■ 1575年（長篠の戦い）ころ
- ■ 1582年（武田氏旧領を合併）ころ

❶〜⓭は年代順を示す
■ 親信長・信長配下の大名
■ 信長にほろぼされた大名
■ 反信長の勢力

- ❽1573室町幕府滅亡
- ❼1571延暦寺焼き討ち
- ⓫1570姉川の戦い
- ❷1567美濃攻略
- ⓬1582田野（天目山）の戦い
- ❶1570〜80石山戦争
- ❸1560桶狭間の戦い
- ❹1575長篠の戦い

羽柴秀吉　上杉景勝　佐久間盛政　朝倉義景　佐々成政　柴田勝家　明智光秀　毛利輝元　滝川一益　石山本願寺　武田勝頼　羽柴秀吉　北条氏政　長宗我部元親　今川義元　徳川家康　浅井長政

▲織田信長の勢力範囲とおもな戦い

【長篠の戦い】

1575年，織田信長・徳川家康連合軍が長篠（愛知県）で武田勝頼の軍を破った戦い。織田・徳川方は足軽を鉄砲隊として組織し，当時最強といわれた武田の騎馬隊を破った。鉄砲を有効に使った戦いとして知られる。

▲長篠の戦い

【比叡山延暦寺の焼き討ち】

1571年，信長は敵対した比叡山延暦寺を全山焼きはらい，政治に介入する宗教勢力に打撃を与えた。また，信長の統一事業のさまたげとなっていた各地の一向一揆を弾圧し，一向宗の根拠地であった石山本願寺を降伏させた。

○**105ページ 3行め**

また，琵琶湖（滋賀県）のほとりに壮大な安土城を築いて全国統一の拠点とし，次々と**政策**を（…）商人や職人を支配下に置きました。

〔信長の政策〕

信長は，琵琶湖の東岸に壮大な安土城を築き，全国統一を進めながら，新しい政策を実施した。

・関所の廃止…交通の便をよくし，商品の流通を活発にした。
・楽市・楽座…座の特権を廃止し，市での税を免除して自由な営業活動ができるようにした。商工業が盛んになり，城下町が栄えた。
・都市の支配…貿易や鉄砲の生産で栄えた堺の自治を奪い，商人や職人たちを支配下に置いて，畿内の経済力を手に入れた。
・キリスト教の保護…仏教勢力への対抗と貿易の利益の確保のため。

○**105ページ 9行め**

しかし，1582年，（…）信長は自害しました（**本能寺の変**）。

〔本能寺の変〕

1582年，信長は，中国地方の毛利氏を攻めていた豊臣秀吉を助けるために出陣の途中，京都の本能寺で家臣の明智光秀に攻められ，自害した。

○**105ページ 11行め**

信長が果たせなかった全国統一を実現したのが，**豊臣秀吉**です。

〔豊臣秀吉〕（1537〜1598）

尾張中村（名古屋市）の百姓の子。信長に仕え，数々の手柄をたてて出世し，長浜（滋賀県）城主となった。信長が本能寺の変で倒れたあと，光秀を倒し信長の後継者となった。

○**105ページ 16行め**

（…），1590年には関東に勢力を保っていた（…），全国統一を果たしました。

〔秀吉の全国統一〕

秀吉は，石山本願寺の跡地に壮大な大阪城を築き，そこを拠点に全国統一を進めた。1585年に関白に任命されると，朝廷の権威を利用して諸大名に戦いをやめるようによびかけた。1587年に九州を平定し，1590年に小田原（神奈川県）の北条氏を滅ぼして全国を統一した。これにより応仁の乱から100年以上続いた戦国時代が終わった。

教科書の\答え/をズバリ!

資料活用 p.105 戦国大名の勢力範囲の変化

例 尾張一国を治めていた織田信長が，中国地方から近畿，中部地方の大部分に勢力を拡大し，その他の地方も主な戦国大名によって支配されるようになった。

確認しよう p.105 信長が行った経済に関する政策

● 関所を廃止する　● 道路を広げる
● 楽市・楽座　● 堺の自治権を奪う

説明しよう p.105 信長の政策は，日本の社会をどのように変えたか

例 ● 政治面…室町幕府が滅び，信長が政治の実権を握った。
● 社会面…抵抗する仏教勢力を降伏させ，キリスト教を保護した。
● 経済面…関所の廃止によって商品の流通が盛んになり，楽市・楽座の政策によって，商工業が活発になった。

教科書 106〜107ページ

② 秀吉が導いた近世社会

ポイント 秀吉は太閤検地と刀狩を行って兵農分離を進め，武士が世の中を支配する社会の基礎を固めた。また，キリスト教の布教を禁止し，宣教師に海外追放を命じた。さらに，明の征服を目指して2度に渡って出兵した。

教科書ナビ

◉106ページ 4行め
また，**刀狩**を行い，（…）武器を持つことを禁止しました。

◉106ページ 7行め
さらに，秀吉は年貢を（…）検地帳を作成しました（**太閤検地**）。

◉106ページ 16行め
（…）秀吉も初めキリスト教を保護（…）1587年に宣教師の海外追放を命じて**キリスト教を禁止**しました。

◉107ページ 11行め
朝鮮が（…）（**文禄の役**）。（…）出兵しましたが（**慶長の役**），（…）引き揚げられました。

徹底解説

〔刀狩（かたながり）〕
1588年，秀吉は刀狩令を出し，百姓から刀・やりなどの武器を取り上げた。これにより，百姓は一揆（いっき）を起こしにくくなり，農業に専念（せんねん）することになった。また，身分が固定される一因（いちいん）にもなった。

〔太閤検地（たいこうけんち）〕
1582年以降（いこう），秀吉は平定した地方に役人を派遣（はけん）し，村ごとに耕作地の面積・等級・生産量（石高（こくだか）で示す）を定め，これらを検地帳に記した。また，検地帳には耕作地と耕作人を登録し，石高に応じて年貢（ねんぐ）を納めさせた。農民は耕作する土地の権利（けんり）を認められた（みと）が，耕作地にしばられ，年貢などの負担（ふたん）を義務（ぎむ）づけられることになった。

〔キリスト教の禁止（きんし）〕
秀吉は，初めは貿易を奨励（しょうれい）するためキリスト教を保護（ほご）していたが，キリシタン大名（だいみょう）が長崎をイエズス会の教会に寄進（きしん）したことを知ると，キリスト教勢力（せいりょく）がこれ以上大きくなると国内統一（とういつ）のさまたげになると考え，1587年にバテレン追放令を出し，宣教師（せんきょうし）の海外追放を命じた。しかし貿易は続けさせたので，禁教は徹底（てってい）しなかった。

〔文禄・慶長の役（ぶんろく・けいちょう・えき）〕
秀吉は，朝鮮に日本への服従（ふくじゅう）と明（みん）へ出兵するための案内を命じたが拒否（きょひ）された。そこで1592年に朝鮮に攻めこんだが，朝鮮の抵抗（ていこう）と明の援軍（えんぐん）のため休戦し（文禄の役），5年後再び軍を朝鮮に送ったが苦戦し，翌年（よくとし），秀吉の死によって引き揚げた（慶長の役）。

教科書の 答え をズバリ！

確認しよう p.107 秀吉が行った政策（せいさく）
- 重要都市や鉱山（こうざん）の直接支配（しはい）　● 統一した金貨の発行
- 刀狩　● 太閤検地　● キリスト教の禁止
- 文禄の役　● 慶長の役

説明しよう p.107 検地と刀狩による社会の変化〔「兵農分離」を使って〕
例 検地と刀狩によって，武士（ぶし）と百姓・町人との身分を明確（めいかく）に区別する兵農分離（へいのうぶんり）が進み，武士が世の中を支配する社会のしくみが整えられた。

CHECK! 確認したら✓を書こう

❸ 戦国大名と豪商が担った桃山文化

ポイント：この時代には，世界との貿易で潤った戦国大名や豪商らの経済力を背景とした，壮大で豪華な桃山文化が生まれた。天守を持つ城が建てられ，内部の大広間のふすまや屏風には，華やかな色彩の絵が描かれた。

教科書ナビ

◎109ページ 9行め
戦いの拠点であった城は急速に発達し，（…）平山城や，政治の場ともなる平城へと変化しました。

◎109ページ 14行め
（…）ふすまや屏風には，狩野永徳や狩野山楽らによって（…）施されました。

◎110ページ 2行め
また，豪商たちは，茶の湯を通して武将らとも交流を深めました。

◎110ページ 3行め
堺の千利休は，（…）茶の湯を茶道へと高めていきました。

◎110ページ 5行め
この時代の文化を，秀吉が築き，後に桃山城とよばれた伏見城（京都府）にちなんで桃山文化といいます。

◎110ページ 10行め
こうしたヨーロッパの影響を受けた文化を南蛮文化といいます。

徹底解説

〔城〕
戦国時代の城は戦いのときに有利なように山の上につくられた山城が多かったが，安土桃山時代になると，交通の便がよく領国の支配がしやすい小高い丘や平地に城が築かれるようになった。安土城・大阪城・伏見城・姫路城など，大規模な堀に囲まれ，高い石垣の上に雄大な天守と書院造の御殿を持つ壮大な城が各地に築かれた。

〔狩野永徳〕（1543〜1590）
室町時代から続く日本画の一派，狩野派の代表的画家。織田信長・豊臣秀吉に仕え，安土城・大阪城・聚楽第などのふすま絵や屏風絵を描いた。華やか色彩と壮大な構図で花や動物を描いた。

〔茶の湯〕
茶を飲むことは鎌倉時代に寺などで広まり，室町時代には禅の精神を取り入れ，小さな座敷で簡素な道具を使って茶を楽しむわび茶が生まれた。安土桃山時代には，千利休がそれまでの茶の湯を簡素化し，精神性の高い茶道をつくりあげた。

〔千利休〕（1522〜1591）
堺の商人の出身で，織田信長・豊臣秀吉に仕えた。若いころから茶の湯に親しみ，独自の方法でわび茶を茶道として大成させた。

〔桃山文化〕
信長・秀吉に代表される16世紀後半から17世紀初期の文化。新しく支配者となった大名や経済力を持った豪商たちの気風を反映した豪華で雄大な文化で，戦乱がおさまったことによる開放的で新鮮味あふれる文化である。また，仏教の影響が薄れ，さらにヨーロッパの文化が伝わったこともあって，この時代の文化は多彩なものとなり，庶民の間にも新しい文化が生まれた。

〔南蛮文化〕
南蛮貿易を通じて南蛮人によってもたらされたヨーロッパ文化。ヨーロッパの天文学・医学・航海術などの学問や，活版印刷術とそれによって印刷された，日本語をローマ字で表記した「イソップ物語」などの文学が伝えられた。そのほか，衣食住などの品物が伝えられ，ポルトガル語の名称が今日でも日本語として残っている。

◯111ページ 5行め
　いつ戦乱に巻き込まれるか分からない状況のなかで，（…）武士の間では，**将棋・囲碁・すごろく**なども広まりました。

〔庶民の楽しみ〕

・浄瑠璃…三味線の伴奏に合わせて語る語り物。

・人形浄瑠璃…浄瑠璃に合わせて人形を操る芸能。

・かぶき踊り…出雲の阿国が始めた，能・狂言や念仏おどりを取り入れた踊り。のちに現在の歌舞伎へと発展した。

・囲碁，将棋，すごろくなどの遊びも広がった。

▲阿国歌舞伎

教科書の答えをズバリ！

資料活用 p.108　城の壁にあいた三角形の穴
鉄砲や矢で敵を攻撃するために使われた。

資料活用 p.110　写真の中から探す

資料活用 p.111　ローマ字で書かれた日本語
NIFONNO　COTOBA（日本の言葉）

確認しよう p.111　安土桃山時代に海外から伝わった技術や文化

● 技術…天文学，医学，航海術，活版印刷の技術，陶磁器作りの技術

● 文化…南蛮風の服装，カステラ，金平糖

説明しよう p.111　桃山文化の特色〔城のしくみや役割を例に〕

例　戦国大名や豪商の経済力を背景とし，権力の大きさを示すための雄大な天守を持つ城や，城の内部の装飾画などに代表される壮大で豪華な文化。

振り返ろう p.111　信長と秀吉の全国統一政策による社会の変化〔中世の社会の特色と比較して〕

例　信長が行った関所の廃止や楽市・楽座により商工業が活発になり，秀吉の検地と刀狩により，鎌倉・室町時代に全国にあった荘園がなくなり，武士が全国の土地・農民を支配し，武士と農民の身分の区別が明確になった。

① 幕藩体制の始まり

> **ポイント** 徳川家康が江戸幕府を開き，将軍を頂点とする幕府の基礎を築き，幕府と藩で土地と人々を支配する幕藩体制が約260年続いた。幕府は，武家諸法度の制定などによって大名を統制した。

教科書ナビ

○112ページ 1行め

豊臣秀吉の死後，勢力を伸ばしたのは，関東を領地にしていた**徳川家康**でした。

○112ページ 3行め

（…）石田三成らの大名を，**関ヶ原の戦い**（岐阜県）で破り，全国支配を強めていきました。

○112ページ 5行め

（…）1603年に朝廷から征夷大将軍に任命された家康は，江戸（東京都）に幕府を開きました（**江戸幕府**）。**江戸時代**の始まりです。

○112ページ 6行め

家康は1615年に豊臣氏を滅ぼし（**大阪の陣**），徳川氏が約260年間にわたって全国を支配する基礎をつくりました。

徹底解説

【徳川家康】(1542〜1616)

三河（愛知県）の小大名の子。少年期は今川氏の人質として過ごした。桶狭間の戦いの後に領主として独立し，織田信長と同盟して勢力を伸ばした。その後，天下を統一した豊臣秀吉によって関東に移されるが，そこで力を蓄え，秀吉の死後，関ヶ原の戦いに勝利し，1603年，江戸幕府を開いた。

【関ヶ原の戦い】

豊臣秀吉の死後，徳川家康と，豊臣氏の地位を保とうとした石田三成とが対立し，1600年に両者が関ヶ原（岐阜県）で激突した戦い。大名たちも両軍に分かれて戦い，「天下分け目の戦い」といわれた。徳川家康が勝利し，徳川氏による全国支配を強めていった。

【江戸時代】

徳川家康が征夷大将軍になった1603年から江戸幕府が滅ぶ1867年までの約260年間を江戸時代という。将軍職は徳川氏が代々受け継いだ。江戸幕府のしくみは3代将軍家光のころにほぼ整い，将軍のもとで老中が政治を取りまとめ，さらに若年寄や三奉行などが置かれ，それぞれの役割も固まった。

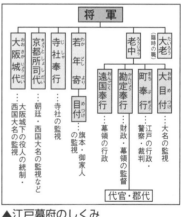

▲江戸幕府のしくみ

【大阪の陣】

関ヶ原の戦い後，豊臣氏と徳川氏の立場は逆転し，豊臣氏は一大名になった。しかし，豊臣秀頼は大阪城にいて経済の中心であった大阪をおさめ，名目上は父の秀吉以来の地位を受け継いでいた。また，秀吉の恩を受けた大名も多かったため，家康は将軍が徳川氏の世襲であることを示すため，1605年に将軍の地位を子の徳川秀忠に譲った。さらに豊臣氏が建立した寺院の修理を命じたとき，寺院の鐘にきざまれた「国家安康」「君臣豊楽」の文字に言いがかりをつけ，これを口実に1614年の大阪冬の陣，1615年の大阪夏の陣で豊臣氏を滅ぼした。

○ **112ページ 9行め** ......
幕府が直接支配する直轄地を幕領といい，（…）収入源としました。

🔍 **【幕領】**

幕府の直轄領のこと。旗本・御家人の領地と併せて，やがて全国総石高の約4分の1にあたる700万石になった。京都・大阪・堺・長崎などの重要都市や，佐渡(新潟県)，石見(島根県)などの鉱山も直轄地とし，貨幣を作る権利を握って支配を強めていった。

○ **112ページ 14行め** ......
将軍は，直属の家来である**旗本・御家人**を中心に（…）ました。

🔍 **【旗本・御家人】**

将軍に直接仕える家臣で，領地が1万石未満の武士を旗本，そうではない者を御家人といった。旗本と御家人をあわせて「旗本八万騎」といわれ，将軍直属の強大な軍事力となっていた。

○ **113ページ 7行め** ......
大名が支配する領域は**藩**といい，藩では独自の統治が認められました。

🔍 **【藩】**

大名が支配する領地のこと。藩では独自の統治が認められており，幕府と藩によって全国の土地と人々を支配する幕藩体制がとられた。大名は徳川一門の親藩，関ヶ原の戦い以前からの家臣である譜代大名，関ヶ原の戦い前後に従った外様大名に分けられ，親藩と譜代大名は関東・近畿の要地に，外様大名は江戸から遠い地域に配置された。

○ **113ページ 10行め** ......
幕府は武家諸法度を（…）設けました。

🔍 **【武家諸法度】**

大名を取りしまるための法律。1615年に初めて出され，大名の心得，城の新築の禁止，大名の婚姻の許可制などが定められた。

○ **113ページ 13行め** ......
3代将軍徳川家光のころには**参勤交代**の制度が整えられ，（…）住まわせられました。

🔍 **【参勤交代】**

1635年，3代将軍家光のときの武家諸法度で制度化された。大名の妻子を江戸に人質として住まわせ，大名は1年ごとに江戸と領地を往復することが決められた。参勤交代の往復の費用や江戸での生活費は，大名にとって大きな経済的負担となった。

教科書の\答え/をズバリ!

資料活用 p.113　親藩・譜代大名・外様大名の配置

親藩と譜代大名を関東・近畿などの要地に，外様大名を江戸から遠い地域に配置した。

確認しよう p.113　江戸幕府が大名や朝廷を統制するために行った政策

● 武家諸法度を定め，築城や大名どうしの結婚などに制限を設け，法度に違反した大名などに対して，国替や藩の取り潰しなどを行った。

● 参勤交代の制度が整えられ，多くの大名は1年ごとに江戸と領地を行き来し，その妻や子は江戸の屋敷に住まわされた。

● 御手伝普請とよばれる河川や江戸城などの土木工事を大名に命じた。

● 禁中並公家諸法度を定めて，天皇や公家も統制しました。(以上の中から三つ)

説明しよう p.113　幕藩体制とはどのような体制か

例　幕府が幕領とよばれる直轄地を支配し，各大名が支配する藩には独自の統治を認め，幕府と藩によって全国の土地と人々を支配する体制。

CHECK!

確認したら✓を書こう

② 朱印船貿易から貿易統制へ

ポイント 幕府は東南アジアなどとの朱印船貿易を奨励し，キリスト教にも寛大であった。しかし，信者が増加してくると，幕府支配の妨げになると考え禁教令を出した。島原・天草一揆後，幕府はキリスト教の取り締まりをさらに強化した。

教科書ナビ

●114ページ 6行め
家康は，（…）収入の一部を幕府へ納めさせました（**朱印船貿易**）。

●114ページ 14行め
朱印船貿易の結果，（…）**日本町**が出来ました。

●115ページ 5行め
（…）全国でキリスト教を禁止し（**禁教**），（…）したりしました。

●115ページ 9行め
（…）**絵踏**を行い，（…）禁じました。

●115ページ 13行め
（…）1637年に人々が一揆を起こしました（**島原・天草一揆**）。

徹底解説

【朱印船貿易】
幕府から海外渡航を認める朱印状を受けた，公認の貿易船（朱印船）による貿易。主に東南アジアで行われた。これによって幕府は貿易の統制をはかり，収入の一部を幕府に納めさせた。

【日本町】
16〜17世紀，朱印船貿易によって東南アジア各地につくられた日本人居住地。人口が数百人から数千人の日本町があり，日本人の頭領のもとで自治を行った。

【禁教】
徳川家康は，貿易奨励のためキリスト教を黙認していた。しかし，キリスト教の布教が外国の侵略を招くおそれと信徒が団結することを考え，1612年に幕領で禁教令を出し，翌年これを全国に広げた。

【絵踏】
キリシタンを見つけ出すために用いられた方法。踏絵とよばれるキリスト像やマリア像を踏めば，信者ではないと判断された。

【島原・天草一揆】
1637年，重い年貢の取り立てとキリシタンへの厳しい弾圧に対して，島原（長崎県）・天草（熊本県）地方の農民が起こした天草四郎（益田時貞）を大将とする大規模な一揆。幕府は大軍でしずめた。

教科書の\答え/をズバリ！

資料活用 p.114 **1・2 日本からどこへ行くための朱印状か**
安南（ベトナム）

確認しよう p.115 **朱印船貿易についての説明**
外国と貿易する大名や豪商に，海外への渡航を許すという証書（朱印状）を与えて収入の一部を幕府に納めさせた。

説明しよう p.115 **朱印船貿易を停止し，貿易統制を強めた理由**
例 キリスト教は神への信仰を重んじる宗教で，幕藩体制によって人々を支配しようとする幕府の方針と合わないことや，キリスト教の布教に熱心だったスペインやポルトガルによる侵略のきっかけにもなると考えたことから，禁教を徹底するため。

▲17世紀初めの日本と東アジアの貿易

教科書
116
～
117
ページ

第2部 第3章 第3節 武士による全国支配の完成

CHECK!

確認したら✓を書こう

③ 四つに絞られた貿易の窓口

ポイント 幕府はポルトガル船の来航を禁止し，オランダ商館を長崎の出島に移したことで鎖国体制が確立した。一方鎖国下においても，対馬，薩摩，松前が，それぞれ朝鮮，琉球王国，蝦夷地との窓口となっていた。

教科書ナビ

●116ページ 1行め
幕府が貿易を統制し，（…）江戸時代後半に「鎖国」ともよばれるようになりました。

●116ページ 3行め
しかし，その言葉が示すように国が完全に鎖されたわけではなく，四つの窓口が開かれていました。

●116ページ 16行め
（…）1641年に平戸のオランダ商館を長崎の出島に移して，（…）貿易を許しました。

●117ページ 2行め
（…）海外の情報を集めたオランダ風説書などを提出させ，（…）しました。

●117ページ 5行め
（…）中国東北部の女真族による清が成立し，（…）広大な地域を支配しました。

徹底解説

🔍 **【鎖国】**
江戸幕府が行った，外国船の来航の規制と，日本人の海外渡航と帰国を禁止する対外政策。貿易の統制とキリスト教の禁止を目的として行われた。1639年にポルトガル船の来航を禁止し，1641年にオランダ商館を平戸から出島に移して鎖国体制が確立し，1854年の開国まで200年あまり続いた。

🔍 **【四つの窓口】**
江戸時代，長崎，対馬，薩摩，松前の4か所が外国との窓口となっていた。長崎では，キリスト教を布教しないオランダ・中国との貿易を幕府が独占的に行った。それ以外の場所では，それぞれの領地を治める藩が外交や貿易を行うことを認められた。

場所	担当	貿易などの相手
長崎	幕府（長崎奉行）	オランダ，中国
対馬（長崎県）	対馬藩	朝鮮
薩摩（鹿児島県）	薩摩藩	琉球王国
松前（北海道）	松前藩	蝦夷地

🔍 **【出島】**
長崎港内につくられた扇形の人工島。オランダ商館が置かれ，鎖国下におけるオランダ人居留地であった。出入りは厳しく監視され，オランダ人は許可を得た上で役人の警護のもとでしか出ることができず，日本人も役人や指定商人以外は立ち入り禁止であった。

🔍 **【オランダ風説書】**
オランダ船の入港のたびに，オランダ商館長が幕府に提出した海外情報の報告書。幕府がオランダに提出することを義務づけたもので，これにより，海外の貴重な情報を手に入れることができた。

🔍 **【清】**
17世紀前半に成立し，明に代わって中国全土を支配した王朝。日本との正式な国交は開かれなかったが，鎖国後も長崎での貿易を許された。長崎には密貿易などを防ぐために唐人屋敷が置かれ，町中に雑居していた中国人が住まわされた。また，取り引きも館内で行われた。

● 117ページ 9行め

対馬では，幕府と朝鮮との国交回復の仲立ちを務めた宗氏が朝鮮との貿易を担当し，(…) 貿易などを行う倭館が置かれました。

〔宗氏〕

対馬藩の藩主。朝鮮との国交は豊臣秀吉の侵略以降とだえていたが，徳川家康のときに宗氏の仲立ちによって回復し，これにより宗氏は朝鮮外交上の特権的な地位が認められ，朝鮮の釜山に倭館とよばれる商館を置き，外交や貿易を独占した。この貿易により，朝鮮からは朝鮮人参，生糸，絹織物，木綿などが輸入された。また，朝鮮通信使が来日した際には，接待役も務めた。

● 117ページ 14行め

この使節は朝鮮通信使とよばれ，江戸時代には計12回やって来ました。

〔朝鮮通信使〕

江戸時代，朝鮮から日本に派遣された使節団。主に将軍の代がわりの祝いのために来日した。江戸時代を通じて計12回来日したが，最初の3回は，朝鮮出兵で日本に連行された朝鮮人を連れて帰ることも目的であった。一行には学者や医師，役人なども加わって総勢500人近くに及び，各地で文化交流を行いながら江戸に入った。

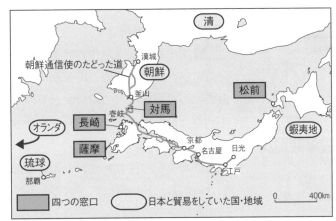

▲四つの窓口と朝鮮通信使のたどった道

教科書の 答え をズバリ！

確認しよう p.117 四つの窓口と，その窓口の主な貿易相手

- 長崎…オランダ・中国（清）
- 対馬…朝鮮
- 薩摩…琉球王国
- 松前…蝦夷地

説明しよう p.117 幕府が世界とつながる窓口を限定したことによる利点

例 キリスト教を布教する国との交流がなくなり，貿易による利益や海外からの情報を幕府が独占できた。また，外国との争いがなくなり，平和な時代が長期間続いた。

CHECK!
確認したら✓を書こう

④ 琉球王国とアイヌの人々への支配

ポイント 薩摩藩は琉球王国を服属させ，貿易を続けさせてその利益を得た。また，将軍や琉球国王の代がわりごとに琉球使節が派遣された。蝦夷地では，松前藩がアイヌの人々との交易を独占し，その反乱を鎮圧した。

教科書ナビ

●118ページ 1行め
薩摩藩（鹿児島県）は，（…）琉球王国（沖縄県）を（…）しました。

●118ページ 13行め
琉球からは，（…）慶賀使（…）謝恩使とよばれる（…）ました。

●119ページ 7行め
松前藩は，（…）幕府から与えられました。

●119ページ 13行め
アイヌの人々は，（…）シャクシャインを中心に立ち上がって戦いました。

徹底解説

🔍 **【琉球王国】**
15世紀前半に，尚氏が沖縄島を統一して建国した王国。明との中継貿易で栄えていたが，1609年，薩摩藩が征服し，支配下に置いた。薩摩藩は検地を行って年貢を納めさせるなど厳しく支配したが，一方で中国との貿易を続けさせ，その利益を得た。

🔍 **【慶賀使・謝恩使】**
慶賀使は，幕府の将軍の代がわりごとに，琉球から江戸に派遣されたお祝いの使節。謝恩使は，琉球王の代がわりごとに江戸に派遣された王就任を感謝する使節。

🔍 **【松前藩】**
アイヌの人々が住む蝦夷地（北海道）との独占的な交易が認められていた藩。蝦夷地の南西部に領地を持っていた。わずかな米を大量のにしん，鮭などの海産物と交換するなど，アイヌの人々にとって不利益な取り引きを行い，大きな利益を得ていた。

👤 **【シャクシャイン】**
蝦夷地に住むアイヌの人々の総首長。松前藩との不平等な取り引きに対し，1669年にアイヌの人々を率いて立ち上がる。松前藩は幕府の支援を得てこれをしずめ，アイヌの人々に対する支配をより強めた。

教科書の 答え をズバリ！

確認しよう p.119 琉球王国と薩摩藩，アイヌの人々と松前藩の交易品

- 琉球王国が薩摩藩から入手した交易品…馬，硫黄，昆布，ふかひれ，なまこ
- 琉球王国が薩摩藩を通して売った交易品…黒砂糖，漢方薬・染料に使われるウコン
- アイヌの人々の交易品…にしん，鮭，昆布，毛皮
- 松前藩の交易品…米，木綿，鉄製品

説明しよう p.119 薩摩藩と琉球王国，松前藩とアイヌの人々の関係

例 薩摩藩は琉球王国を支配する一方，明や清への朝貢を認めていた。また，松前藩は，年貢米のかわりに，アイヌの人々との交易で利益を得る権利を幕府から認められていた。

振り返ろう p.119 江戸幕府が安定した全国支配ができた理由〔統治のしくみを関係させて〕

例 鎖国体制をとることで外国の干渉を受けず，幕藩体制で土地と人々を支配するとともに，大名を厳しく統制したため。

琉球とアイヌの人々の暮らし
～大陸との交流と独自の生活・文化～

●琉球やアイヌの人々は，アジアの国々やロシアとの交流を通じてさまざまな文化にふれながら，独自の文化を発展させてきた。そのような文化の一部は，日本文化にも影響を及ぼした。

1 琉球の人々はどのような生活をしていたのかな？

衣服　高温多湿なため，通風性のよい芭蕉布（芭蕉の繊維で織った布地）でつくられた。

紅型　伝統的な染色技法。紅型染めの着物は，王家や王族，士族のみ着用が許され，身分により，色や図柄，模様の大きさの規制があった。

髪　冠の色や金属製のかんざしの種類で区別し，身分の違いが示された。成人男子は，「かたかしら」とよばれるマゲを結っていた。（12世紀末の琉球国王，舜天王は，頭の右上にこぶがあり，このこぶを隠すために右上にマゲを結ったことから，「かたかしら」とよばれる。）

日本風の禁止　薩摩藩は，琉球の人々が名字や髪型，衣服などを日本風にすることを禁じた。これは，薩摩藩が琉球王国を支配したことを，明や清に知られないようにするためであった。

琉歌　8・8・8・6の30音からなる独自の短歌。音楽や舞踊と深く結びついて発達した。

シーサー　獅子の像のこと。明治時代以降，家の屋根や門などに置かれるようになり，魔除けの意味を持つ。

中国との関係　琉球の人々は頻繁に中国へ朝貢を行い，交流を持っていた。三線という琉球独特の楽器は，中国から伝えられた三弦が変化したもので，琉球から日本に伝えられて三味線となり，歌舞伎や浄瑠璃などに欠かせない楽器となった。

2 アイヌの人々はどのような生活をしていたのかな？

生活　狩り・漁・採集を中心とする生活を営んできたアイヌの人々は，あらゆるものに神が存在すると考え，自然の恵みや食料などに感謝して，必要な量だけとって生活していた。

衣服　熊や鹿など動物の毛皮でつくった衣服，鮭など魚のなめし皮をつぎ合わせてつくった衣服，木の皮で織った衣服などがあり，うずまき文や括弧文とよばれるアイヌ文様がある。

アイヌの言葉　北海道や東北地方の地名に今も残るポロ（大きい），ナイ（川）などのほか，ラッコ，トナカイなどがある。

ユカゥ（ユカラ）　神話や冒険物語を独特なメロディーにのせて口頭で語り伝えられてきたアイヌの文学。物語の中には自然のなかで生きていく知恵などが盛り込まれている。

イオマンテ　熊の霊を神に送り返す儀式のこと。食料になる熊などの動物も，神が姿を変えたものと考えられ，再訪を祈って神に送り届ける儀式を行った。

中国との関係　アイヌの人々が交易によって入手した中国製の絹織物は「蝦夷錦」とよばれ，金糸・銀糸などでみごとな雲竜の文様が施された高級な絹でできていた。この「蝦夷錦」は松前藩を通じて江戸や上方にもたらされた。

江戸時代を眺めてみよう
（17～18世紀ごろのある場面）

CHECK!
確認したら✓を書こう

次の場面を探してみよう！

① **イ**（p.122　C－1）　　③ **ア**（p.122　A～C－3）　　⑤ **エ**（p.123　D－3）

② **カ**（p.123　F－2～3）　④ **ウ**（p.123　D～F－1）　⑥ **オ**（p.123　E－3）

● 前の時代と比べて特色を考えよう

● 共通点

場面	タイムトラベルでの位置	くわしい説明
政治	安 p.103　C－3 / 江 p.122　F－3	**年貢**　統一された升を使い，決められた量の米を納めた。
政治	安 p.102　C－3 / 江 p.123　F－2	**帯刀**　刀を持つことは武士の特権だった。
経済	安 p.103　A－1 / 江 p.122　A－1	**城下町**　城の周囲に町が発達している。

● 変化したところ

場面	タイムトラベルでの位置	くわしい説明
政治	江 p.122　B－1	**街道・宿場**　江戸時代には**五街道**をはじめとする街道が発達し，街道の途中には宿場が置かれた。
政治	江 p.122　B～C－1	**参勤交代**　大名には1年おきに江戸と領地を往復する参勤交代が義務づけられた。
政治	江 p.123　E～F－1	**新田開発**　幕府や藩は河川・用水路の整備，海・沼地の干拓をし，農民たちはあれ地を切り開くなどして新田開発を進め，米の生産量を増やした。
経済	安 p.103　F－2 / p.103　E－3 / 江 p.122　A～C－3 / p.123　D－3	**農業技術の発達**　江戸時代には，**備中鍬**や**千歯こき**などの農具の改良が進み，効率的に農作業ができるようなった。
経済	江 p.122　C－2	**飛脚**　手紙や小荷物を運ぶ飛脚による通信が発達した。
経済	江 p.123　D～F－1	**商品作物の栽培**　農民に肥料などを買う現金が必要になったことなどから，綿花や，紅花，藍などの商品作物の栽培が全国に広まった。
経済	江 p.123　E～F－1	**塩田**　潮の干満の差を利用した塩田が作られ，塩の生産が盛んになった。

① 身分制の下での暮らし

CHECK!
確認したら✓を書こう

ポイント 江戸幕府は，少数の武士が多数の百姓を支配するしくみを固めていくために，身分の違いを明確に定めた。また，幕府や藩は安定して年貢を徴収するために，五人組を作らせて連帯責任を負わせた。

教科書ナビ

●124ページ 1行め

（…）豊臣秀吉のときに行われた兵農分離をさらに進め，17～18世紀にかけて，**武士**と**百姓・町人**の身分を区別するしくみを固めていきました。

●125ページ 3行め

さらに，**五人組**を作り，（…）しました。

●125ページ 13行め

（…）**徳川綱吉**は，武力ではなく学問や礼節を重んじる政治（**文治政治**）（…）**朱子学**を重視して，（…）目指しました。

徹底解説

〔武士〕〔百姓〕〔町人〕

江戸幕府は，秀吉のときに行われた兵農分離をさらに進め，武士・百姓・町人の身分を固定化し，支配体制を固めた。

・武士…政治や軍事を行う支配者身分。名字（姓）・帯刀などの特権を持った。

・百姓…全人口の約80％以上を占め，農業を中心に漁業・林業を営んだ。百姓の納める年貢が武士の生活を支えていたため，百姓は厳しく統制された。農民は，農地を持ち年貢を納める<u>本百姓</u>と，農地を持たず小作や日やとい仕事をする<u>水呑百姓</u>に分かれた。名主（庄屋）・組頭・百姓代の村方三役が村の自治を行った。

・町人…商業や金融・流通などを担う商人と手工業に従事する職人。主に城下町に住み，地主や家持から選ばれた町役人が，町の自治を行った。税の負担が軽く，農民に比べると自由だった。経済が発達するにつれ，豊かな商人が現れた。

〔五人組〕

幕府は農民統制のために，農家5戸前後を一組にして，犯罪の取り締まりや年貢の納入に共同で<u>連帯責任</u>を負わせた。

〔朱子学〕

中国の宋の時代に大成された儒学の一つで，君臣や父子など，身分の上下の別や秩序を重んじる学問。5代将軍徳川綱吉は，文治政治への転換をはかり，身分制度や幕藩体制を正当化する理論として<u>朱子学</u>を重視した。

教科書の 答え をズバリ!

確認しよう p.125 **自治に携わった百姓と町人の役職**

● 百姓…名主（庄屋）・組頭・百姓代

● 町人…町役人

説明しよう p.125 **幕府が百姓から年貢を納入させるためにつくったしくみ**

例 村を通して農民に細かい指示を出し，土地の売買を制限した。また，五人組を作り，犯罪の防止や年貢の納入に対して連帯責任を負わせた。

② 安定する社会と諸産業の発達

CHECK!
確認したら✓を書こう

ポイント 干拓や新田開発，農具の改良などが進み，耕地面積・米の生産量が飛躍的に増えた。また，貿易統制によって不足してきた日用品の生産や加工が発達し，各地で特産物が生まれ，その他漁業などの諸産業も発達した。

教科書ナビ

●126ページ 3行め
幕府や大名は，（…）新田開発に力を注いで米の生産量を増やすことに努めました。

●126ページ 7行め
一方，農民たちも，（…）などの農具を使用したり，（…）安定していきました。

●127ページ 6行め
漁業の技術も発達し，海産物も特産物として各地で取り引きされました。

●127ページ 13行め
鉱業では，採掘や精錬技術が（…）輸出品にもなりました。

徹底解説

🔍【新田開発】
平和な世になって社会が安定した17世紀には，農民はあれ地を開拓し，町人などの出資で用水路などを造って開発が行われた。一方，幕府や藩は，川の改修や干潟・沼地の干拓などを行い，新田開発を進めた。その結果，全国の耕地面積は16世紀末の約2倍に増えた。

🔍【農業技術の進歩】
農民は，農作業や技術の改良に努力し，生産性を高めた。
・農具…備中鍬（土を深く耕す）・千歯こき（脱穀する）・唐箕（米粒ともみがらなどを選別）・千石どおし（米粒の選別）などの発明。
・肥料…干鰯（いわしを干したもの）・油かす（菜種や大豆などから油を搾ったあとのかす）などの肥料の使用。

🔍【漁業】
畿内の網を使った漁が各地で行われ，漁獲量が増えた。
・九十九里浜（千葉県）…地びき網によるいわし漁が盛ん。肥料となる干鰯に加工され，近畿・東海地方の綿作地に売られた。
・紀伊（和歌山県），土佐（高知県）…捕鯨やかつお漁。

🔍【鉱業】
佐渡金山（新潟県）・石見銀山（島根県）などの開発が進み，産出した金や銀をもとに貨幣が作られた。幕府は江戸に金座・銀座を設け，金貨，銀貨，銭（銅）貨を発行して全国に流通させた。

教科書の 答え をズバリ！

資料活用 p.126　千歯こきが普及する前と後の農作業の変化
例　2本の棒ではさんでもみをこき落としていた作業が，稲をまとめて楽に脱穀できるようになり，能率が格段に向上した。

確認しよう p.127　幕府・大名や農民が米の生産量を増やすために行ったこと
幕府や大名…用水路を造ったり，干潟や沼地を干拓したりするなど新田開発に力を注いだ
農民…備中鍬や，楽に脱穀ができる千歯こきなどの農具を使用したり，干鰯や油かすなどのより栄養価の高い肥料を使った

説明しよう p.127　江戸時代に各地で特産物の生産が盛んになった理由〔貿易統制と関連づけて〕
例　貿易統制によって国内に入ってこなくなった日用品の生産や加工を進める動きが近畿地方から各地に広がり，それぞれの風土に合った作物が特産物として生産され始めたため。

CHECK!

確認したら ✓ を書こう

③ 各地を結ぶ陸の道・海の道

ポイント 商品の流通が盛んになると，五街道,西廻り航路や東廻り航路などの交通網も整備され，三都が発達した。大阪は商業の中心として発展し，蔵屋敷が置かれた。また，都市部の商工業者は株仲間を作って営業を独占した。

教科書ナビ

◎128ページ 2行め
陸上交通では，大名が参勤交代をすることなどから，江戸の日本橋を起点に五街道が定められ，（…）発達しました。

◎128ページ 8行め
（…）大阪へ運ぶ西廻り航路，（…）江戸へ運ぶ東廻り航路が開かれました。

◎129ページ 6行め
大阪には，諸藩の蔵屋敷が置かれ，（…）取り引きが行われました。

◎129ページ 17行め
商人は，同業者の組織（株仲間）を（…）。

徹底解説

🔍 **【五街道】**
江戸の日本橋を起点とした五つの主要な街道。
・東海道…江戸と京都を結ぶ表街道。
・中山道…江戸から上野・信濃・美濃を経て近江の草津で東海道と合流。
・日光道中…江戸と日光を結ぶ街道。
・奥州道中…江戸と白河を結ぶ街道。宇都宮までは日光道中と重複。
・甲州道中…江戸から甲府を経て中山道の下諏訪を結ぶ街道。

🔍 **【西廻り航路・東廻り航路】**
西廻り航路は，東北・北陸地方の日本海側から下関，瀬戸内海を通って大阪に至る航路。東廻り航路は，東北・北陸地方の米や特産物を運ぶために，津軽海峡を通って太平洋沿岸を回って江戸に至る航路。いずれも17世紀後半に開かれた。

🔍 **【蔵屋敷】**
諸藩や旗本が年貢米や特産物を販売するため大阪や江戸などに置いた倉庫兼取引所。ここに集められた品物は商人によって売られ，藩の財政をまかなった。「天下の台所」といわれた大阪に多くつくられた。

🔍 **【株仲間】**
都市の商人や手工業者が作った同業者の組合。幕府や藩に税金を納め，営業の独占権を得て，品物の値段などを統制した。

教科書の 答え をズバリ!

資料活用 p.129 「現金かけねなし」の意味
例 現金での即日支払いで商品を購入し，価格に かけね（利子）が上乗せされていないこと。当時は代金の後払いが一般的で，その分商品の価格を高くしていた。

確認しよう p.129 江戸時代の主な街道と，主な航路
● 主な街道…東海道，中山道，日光道中，甲州道中，奥州道中
● 主な航路…西廻り航路，東廻り航路，菱垣廻船・樽廻船の航路

説明しよう p.129 大阪が商業の中心として発達した理由〔交通網の整備にふれて〕
例 東北地方の米などを運ぶ西廻り航路や，江戸へ日用品などを運ぶ菱垣廻船・樽廻船が整備されたことで，大阪には全国から米や特産物が運び込まれ，取り引きが盛んに行われたため。

昆布ロードと北前船
〜北と南をつなぐ新たな交通路〜

●関西や沖縄などで食材として使われた昆布は，蝦夷地（北海道）から西廻り航路を利用した北前船で大阪まで運ばれ，さらに，九州，琉球へ運ばれ，そして清へも輸出された。北前船の寄港地であった富山市は，現在も１世帯あたりの昆布の消費量が多い市となっている。

１ 北前船はどのような船だったのかな？

大きさ　小型で，20〜500石積み。武家諸法度による規制があった。

使用された時代　江戸時代半ば〜明治時代

ルート　蝦夷地（北海道）から日本海側を通って大阪を結ぶ西廻り航路を利用。
（太平洋側を航海する東廻り航路は，難破することが多く危険なため）

運搬物　昆布，俵物（俵につめられた中華料理の高級食材。いりこ，干しあわび，ふかひれなど），薬の原料。

活躍した商人　富山・山形・大阪など各地にいた。

２ 昆布ロードっていったい何かな？

昆布ロード　蝦夷地から日本海側を通り長崎・琉球を経て清に至る海の道のこと。
昆布などを運んだ。

高田屋嘉兵衛

● 淡路（兵庫県）の海運業者・商人で，昆布ロードで成功した。

● 兵庫で酒・塩・木綿，酒田（山形県）で米を仕入れ，それらを蝦夷地で売り，蝦夷地では魚や昆布などを仕入れた。

３ 薩摩藩と富山藩はどのような関係があったのかな？

● 薩摩藩は借金が増えて財政が苦しかったため，琉球を通して清に昆布や俵物を売ることで，借金を減らそうとした。

● 薩摩藩は，富山の薬売りに昆布や俵物を運び込ませ，富山の薬売りは，昆布の見返りとして清から輸入した貴重な漢方薬の材料を薩摩藩から手に入れた。

４ 昆布ロードでどのような結び付きが生まれたのかな？

● 富山の薬売りが北前船で運んだ食材を用いた食文化が，日本各地や中国において生まれた。また，富山の薬売りが，琉球を通して清から入ってきた薬種を薩摩藩から手に入れたことから，富山では昆布の食文化や製薬業など独自の文化が発達した。これらの背景には，昆布ロードが東アジアの交通網の一部となっていたことが大きく関係している。

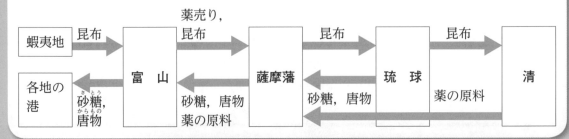

CHECK! 😊
確認したら ✓ を書こう

④ 上方で栄えた町人の元禄文化

ポイント 京都・大阪など上方を中心とし，経済的に豊かな町人を担い手とする元禄文化が発達した。文学では，井原西鶴，近松門左衛門，松尾芭蕉，絵画では，浮世絵を始めた菱川師宣や俵屋宗達などが活躍した。

教科書ナビ

◎132ページ 4行め
（…）経済力や技術力を持つ上方の町人が生み出した文化を，当時の元号を踏まえて元禄文化といいます。

◎132ページ 7行め
大阪の町人であった**井原西鶴**は，（…）浮世草子とよばれる小説に描きました。

◎132ページ 9行め
（…）その財力で人形浄瑠璃や，（…）義理と人情の板ばさみになる男女の姿を描いた**近松門左衛門**の台本は評判となりました。

◎132ページ 12行め
俳諧は，**松尾芭蕉**によって芸術性が高められ，町人や裕福な百姓の間で親しまれていきました。

徹底解説

🔍 **〔元禄文化〕**
17世紀末から18世紀初めにかけて，大阪や京都（上方）を中心に生まれた文化。豊かな町人が担い手となり，人間的で華やかな文化をつくりあげた。

・文学…井原西鶴（浮世草子），近松門左衛門（人形浄瑠璃，歌舞伎の脚本），松尾芭蕉（俳諧）
・絵画…菱川師宣（浮世絵），俵屋宗達，尾形光琳（装飾画）

👤 **〔井原西鶴〕**（1642〜1693）
大阪の裕福な商人の出身。はじめ俳諧を学んだが，のちに浮世草子（現実の社会に生きる人々の様子を書いた小説）作家として活躍した。『日本永代蔵』『世間胸算用』『好色一代男』などで，町人の生活や欲望をありのままに描いた。

👤 **〔近松門左衛門〕**（1653〜1724）
人形浄瑠璃や歌舞伎の脚本作者。初めは浄瑠璃を書いていたが，竹本義太夫と組んで浄瑠璃（物語）・三味線・人形あやつりが結びついた人形浄瑠璃を育てあげた。義理と人情にしばられた世の中で人々が味わった苦しみや悲しみ，愛情の深さを描き，人気を得た。代表作に，『曽根崎心中』などがある。

▲人形浄瑠璃

👤 **〔松尾芭蕉〕**（1644〜1694）
伊賀上野（三重県）の武士の出身。江戸に出て俳諧を学んだ。おもしろみを求める俳諧から，自然や人間をみつめ，「わび」「さび」「軽み」など余情を重んじる新しい美意識に基づく俳諧を生み出し，俳諧を芸術性の高いものにつくりあげた。東北・北陸地方を旅してあらわした紀行文『おくのほそ道』が有名。

「おくのほそ道」の旅で芭蕉が歩いた道

平泉
月山
立石寺
江戸（1689年 3月27日）
大垣（8月下旬）

▲ 「おくのほそ道」の経路

◉133ページ 1行め

江戸で活躍した菱川師宣は、役者絵や美人画などの町人の姿を描いて、**浮世絵**の祖といわれ、(…)した。

◉133ページ 11行め

正月や節句などの**年中行事**は、稲作に関する行事と、中国から伝わった行事とが影響し合って生まれました。

🔍 〔浮世絵〕

庶民の風俗を描いた絵。菱川師宣が美人画・役者絵など美しい彩りの浮世絵を完成させた。浮世絵には筆で描いた肉筆画と版画があり、江戸時代後半になると安価で入手できる版画の普及が浮世絵を広めた。

🔍 〔年中行事〕

毎年決まって行われる行事。日本の年中行事は、稲作を基盤とした行事を中心に、中国の暦にもとづいた行事、中世の武家の行事が結びついて独自の形に変化し、生活に定着した。

月 (旧暦の月)	行事
1月	正月・初詣・年賀・左義長（どんど焼き）・小正月・七草
2月	節分
3月	桃の節句（ひな祭）・春祭（豊作の祈願）・春の彼岸
4月	灌仏会（シャカの生誕をまつる）
5月	端午の節句・田植祭
6月	
7月	七夕・お盆
8月	八朔・中秋の名月・秋の彼岸
9月	菊の節句
10月	秋祭（豊作の感謝）
11月	七五三・新嘗祭（天皇が行う収穫祭）
12月	煤払い・除夜の鐘

教科書の 答え をズバリ！

確認しよう p.133 江戸時代前期の庶民が親しんだもの
・浮世草子　・人形浄瑠璃　・歌舞伎　・俳諧　・浮世絵　・和算

説明しよう p.133 上方の町人が文化の担い手になった理由

例　商業の発達と都市の繁栄で、武士よりも町人たちが経済的なゆとりを持つようになり、町人が社会の担い手となったから。

振り返ろう p.133 社会の安定に伴う人々の生活や産業の変化

例　社会が安定し、身分制社会も定着していったなか、農業の生産力が上がり、鎖国の影響もあってより多くの特産物が作られるようになった。また交通網が整備されたことで産物が各地に送られるようになり商業も盛んになり、経済的なゆとりを持つようになった町人を担い手とする元禄文化が生まれた。

① 貨幣経済の広まり

ポイント 徳川吉宗は，上げ米の制や公事方御定書を定め，目安箱を設置するなどの政策を行った。各地で商品作物の栽培が盛んになり，問屋制家内工業が始まった。一方，農村でも貨幣経済が広まり，農民間に格差が生まれた。

教科書ナビ

◉134ページ 3行め
（…）徳川吉宗は，幕府の財政の立て直しに（…）支出を抑えました。

◉134ページ 8行め
こうした吉宗の政策は，享保の改革とよばれ，この改革で幕府の収入は増えました。

◉135ページ 9行め
これを問屋制家内工業といいます。

徹底解説

〔徳川吉宗〕（1684〜1751）
江戸幕府8代将軍。御三家の一つである紀伊（和歌山県）藩主として藩政改革を行った。将軍家に跡継ぎがいなかったため将軍となり享保の改革を行った。特に米の価格の安定に力を注いだことから「米将軍」とよばれた。

〔享保の改革〕
徳川吉宗が行った改革。家康の政治にかえることをめざし，質素・倹約を奨励し，幕府財政の立て直しを図ろうとした。
・新田開発の奨励…年貢を増やすため。
・上米の制…参勤交代で江戸にいる期間を半分に短縮する代わりに，大名から1万石につき100石の米を幕府へ献上させる。
・公事方御定書…裁判や刑の基準を定める。
・目安箱の設置…人々の意見を直接聞いて政治に反映させる。
・実学の奨励…日常生活に役立つ実用的な学問を奨励し，キリスト教に関係のない漢訳洋書の輸入規制をゆるめた。

〔問屋制家内工業〕
問屋商人が，農家に原料や道具を貸して製品を作らせ，加工賃を払って，できた製品をすべて引き取るしくみ。江戸時代中ごろから，絹織物業や綿織物業などで広まった。

教科書の 答え をズバリ！

資料活用 p.135　問屋制家内工業の絵

㋐ Ⓑ　㋑ Ⓐ　㋒ Ⓒ

確認しよう p.135　徳川吉宗が幕府の財政立て直しのために行った政策

● 質素・倹約を掲げて支出を抑えた。
● 新田開発を進めて豊作や不作に関係なく一定の年貢を取り立て，一時は大名からも参勤交代を軽減する代わりに米を献上させた（上米の制）。

説明しよう p.135　農村における変化〔「商品作物」「貨幣」を使って〕

例　農村では，**商品作物**の生産者が問屋と結んで商品を作る問屋制家内工業が生まれ，農具や干鰯などを買ったり，作物を売ることで**貨幣**を使う機会が増え，地主になる豊かな農民と小作人や出稼ぎに行ったりする農民の間に格差が生まれた。

② 繰り返される要求と改革

ポイント 農民らの百姓一揆や，都市部の貧しい人々による打ちこわしが増加し，幕府は厳しい姿勢で臨んだ。一方，幕府は財政立て直しのために，老中田沼意次による改革や松平定信の寛政の改革を行った。

教科書ナビ

◯136ページ 5行め
（…）百姓は一揆を起こし（百姓一揆）（…）。

◯136ページ 7行め
都市でも，米を買い占めた商人に対して，貧しい人々が打ちこわしを行いました。

◯136ページ 11行め
18世紀後半に老中となった田沼意次は，（…）図りました。

◯137ページ 6行め
田沼のあとに老中となった松平定信は，（…）ました。

徹底解説

🔍 **【百姓一揆】**
百姓が集団で支配者に対して起こした反抗のこと。年貢を減らすことや不正を行う役人を辞めさせることなどを領主に求めた。

🔍 **【打ちこわし】**
都市の貧しい町人や農民が集団で起こした暴動のこと。飢きんや米の価格の値上がりなどによって生活が苦しくなった人々が，豪商や金融業者・米商人を襲い，家や建物などを破壊した。

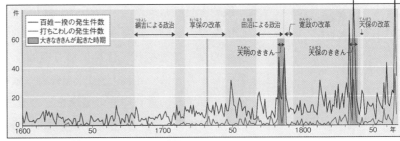

▲百姓一揆と打ちこわしの発生件数

【田沼意次】（1719〜1788）
江戸幕府の老中。商人と結び積極的な経済政策をとったが，わいろ政治と批判され，天明の飢きんなどもおこり老中を退いた。

【松平定信】（1758〜1829）
8代将軍徳川吉宗の孫。白河藩での実績から，田沼意次のあとに老中となり寛政の改革を行ったが，その内容が厳しすぎたことで人々の反発を招き，6年あまりで老中を退いた。

教科書の 答え をズバリ！

確認しよう p.137 　百姓が領主に対して要求したこと

● 天災などで年貢が納められないとき，年貢を減らしてくれるように領主に要求した。

● 不正を行う役人を辞めさせるように要求することもあった。

説明しよう p.137 　幕府が改革を繰り返し行わなければならなかった理由
〔田沼意次と松平定信の政策方針の違いから〕

例 　田沼意次は，商工業を発展させて財政の立て直しを図ろうとしたのに対し，松平定信は，質素・倹約をかかげ，農業を重視した改革を行ったが，どちらの改革も失敗に終わってしまったため。

第2部 第3章 第5節 社会の変化と幕府の対策

CHECK! ☺
確認したら ✓ を書こう

教科書
138
〜
141
ページ

❸ 江戸の庶民が担った化政文化

ポイント 江戸を中心に，町人を担い手とする化政文化が発達した。川柳や狂歌，絵画では多色刷りの錦絵が人気を集めた。また，国学を本居宣長が大成し，ヨーロッパの学問や文化を学ぶ蘭学も盛んになった。

教科書ナビ

◎ 139ページ 7行め
（…）江戸の庶民による文化を化政文化（…）。

◎ 139ページ 9行め
また，幕府の政治や庶民の生活を風刺してよむ川柳や狂歌が（…）。

◎ 139ページ 12行め
錦絵とよばれる（…）が活躍しました。

◎ 140ページ 2行め
（…）葛飾北斎や歌川（安藤）広重は街道などの風景画を描いて人々の旅心をかきたてました。

◎ 140ページ 10行め
（…）日本古来の精神に学ぼうとする国学がおこり，本居宣長が『古事記伝』を書いて国学を大成させました。

徹 底 解 説

🔍【化政文化】
19世紀初めの文化・文政期に江戸を中心に栄えた文化。裕福な町人だけではなく庶民もが担い手となり，皮肉やしゃれ，粋を好む円熟した文化が発達した。

🔍【川柳・狂歌】
川柳は5・7・5の俳句形式，狂歌は5・7・5・7・7の短歌形式で，政治を批判したり世の中を風刺・皮肉ったりするもの。

🔍【錦絵】
江戸時代中ごろから盛んになった多色刷りの版画による浮世絵。美人画や役者絵，風景画などで多くの作品が生まれ，大量に刷られたことから江戸を中心に流行し，人気をよんだ。

👤【葛飾北斎】（1760〜1849）
江戸時代後期の浮世絵師。浮世絵に狩野派や洋画などの技法を取り入れ，個性の強い画風を確立した。風景画にすぐれ，四季おりおりの富士山の姿を描いた『富嶽三十六景』が代表作。

▲『富嶽三十六景』

👤【歌川（安藤）広重】（1797〜1858）
江戸時代後期の浮世絵師。歌川派に浮世絵を学び，浪漫的な日本的風景画を描いた。東海道の宿場町を題材に風景や風俗を描いた『東海道五十三次』が代表作。

🔍【国学】
日本の古典を研究し，仏教や儒教などが伝わる以前の，日本古来の思想を研究しようとする学問。江戸時代前半の荷田春満や賀茂真淵らの研究を経て，本居宣長が『古事記伝』を著し，国学を大成した。その後，国学に宗教的な意味を持たせる考えが主張され，幕末の尊王攘夷運動を支える考え方となった。

👤【本居宣長】（1730〜1801）
松阪（三重県）の商家の生まれ。京都で医学と国学を学び，松阪で医者を開業しながら国学の研究を続けた。三十数年にわたる『古事記』の研究の成果を，注釈書である『古事記伝』に著した。

◎**140ページ 14行め** ……
　一方，徳川吉宗が（…）西洋の学問を研究する**蘭学**が盛んになりました。

🔍【**蘭学**】
　江戸時代，オランダ語を通じて学ばれた，自然科学を中心とした西洋学術などの総称。8代将軍・吉宗がキリスト教関連書以外の洋書輸入を許したことから発展し，『解体新書』などの成果を生んだ。19世紀に入り，民間に多くの蘭学塾が生まれた。

◎**140ページ 15行め** ……
　江戸では医師の**杉田玄白**や前野良沢らがオランダ語の（…）。

👤【**杉田玄白**】(1733〜1817)
　若狭（福井県）小浜藩の藩医。江戸で行われた人体解剖に刺激され，前野良沢らとともにオランダ語の人体解剖書を翻訳し，『解体新書』を出版した。そのときの苦心談が『蘭学事始』である。

◎**141ページ 3行め** ……
　（…）**伊能忠敬**はその技術を基に正確な日本地図を作成しました。

👤【**伊能忠敬**】(1745〜1818)
　下総国（千葉県）の酒造家。51歳で江戸に出て測量術や天文学を学び，幕府に願い出て蝦夷地などの測量を行った。その後17年にわたって全国の沿岸を測量し，正確な日本地図を初めて作成した。

◎**141ページ 7行め** ……
　18世紀ごろから，町人や百姓の間で教育が盛んになり，**寺子屋**が増えました。

🔍【**寺子屋**】
　江戸時代，町人や百姓の子どもたちに「読み・書き・そろばん」などを教えた教育施設。浪人や僧侶，医師などが教師となった。全国各地につくられたことから庶民の教育が進み，当時の識字率（字が読める人の割合）は世界で高い水準にあった。

教科書の 答え をズバリ！

資料活用 p.140 **伊勢神宮に参詣に来ている人々**

　町人の男女や子ども，老人などの庶民。

確認しよう p.141 **印刷技術が人々に与えた影響**

　印刷技術の発達により数多く印刷できるようになった錦絵や風景画，旅の案内書，長編小説などを通して，江戸の文化が地方にも伝わっていった。

説明しよう p.141 **国学や蘭学など，新しい学問の発達が社会に与えた影響**

　例　国学は天皇を尊ぶ尊王の考えと結び付き，幕末の尊王攘夷運動に影響を与えた。蘭学が盛んになったことで，医学や測量術，天文学が急速に進歩した。

振り返ろう p.141 **幕政の諸改革の結果〔社会の変化と関連づけて〕**

　例　●享保の改革（徳川吉宗）…新田開発を進め，幕府の収入を増加させたが，飢きんの発生や米価の高騰により江戸で打ちこわしが起こった。

　●田沼意次の改革…株仲間を奨励するなど，商工業の発展をはかって幕府の収入を増やそうとしたが，賄賂の横行への批判が高まり，飢きんや百姓一揆が多発して政治が不安定になった。

　●寛政の改革（松平定信）…質素・倹約を掲げ，農村の立て直しを図り，厳しすぎる政治に幕府への不信感を高めたが，飢きんへの備えは幕末まで有効に働いた。

CHECK!
確認したら✓を書こう

世界有数の百万都市　江戸
〜人口集中が生み出した再生可能な都市生活〜

江戸は幕府が置かれた政治の中心地で，「将軍のおひざもと」とよばれる最大の城下町として発展し，18世紀初めには人口100万人を超える世界有数の都市となった。道路や水道が整備され，さまざまなものをリサイクルして利用するなど，人々は再生可能な都市生活を送っていた。

1 江戸はどのように発展したのかな？

1457年に太田道灌が江戸城を築き，江戸は城下町として発達した。1590年に徳川家康が江戸城に入り，1603年に江戸に幕府を開くと，「将軍のおひざもと」として栄え，日本の政治・経済の中心地となった。18世紀初めには人口が100万人を超える世界有数の大都市となった。

長屋の暮らし

- 長屋とは共同住宅のことで，一つの家屋を壁でしきったもの。
- 長屋は表通りに面する店の裏にあり，町人の多くは自分の家を持たず，長屋を借りていた。
- 1家族が住む広さは，畳敷きの4畳半に，流しとかまどのある土間というせまいものだった。
- 厠（トイレ），ごみ置き場，上水井戸は共同で使用していた。
- 路地の中央には下水用の溝がほられ，板でおおわれていた。

水道が整備された都市

- 飲み水や生活のために使う水が不可欠であったことから，家康の時代には神田上水，家綱の時代には玉川上水など，多くの水道がつくられた。
- 町中では木樋（配水管）を地中に埋め，そこから各上水井戸に水が送られた。
- 長屋の人々たちは，上水井戸へつるべをおろし，水をくみ上げて使った。

2 江戸の生活環境は，どうなっていたのかな？

江戸の人々は，物を大切にし，リサイクルを行うことでごみを出さないよう工夫していた。

- **紙くず買い**…不用になった帳簿などの紙類を買い入れて歩く業者。集めた古紙は古紙問屋が買い取り，古紙問屋はそれを仕分けして，再生紙にすきなおす業者におろしていた。
- **灰買い**…灰を買い集める業者。集められた灰は肥料として農家に売られた。
- **修理**…そろばんやはき物などは修理して使った。
- **糞尿（下肥）**…農家に売られ，肥料として使われた。

▲灰買い

江戸時代の三都

江戸・大阪・京都の三つの都市。江戸は「将軍のおひざもと」とよばれ，政治の中心地で100万人の大都市だった。大阪は「天下の台所」といわれ，商業・金融の中心地として栄えた。京都は「千年の都」として文化や宗教が栄え，高級な織物や工芸品がつくられた。

CHECK!

確認したら✓を書こう

赤穂事件を考察する
－旧赤穂藩の浪士たちの処罰の行方

整理しよう①

	主な意見	その根拠
助命	しばらくは大名預けとして何年か後に判決を下すのがよい。	赤穂浪士の討ち入りは，主君の遺志を継ぎ，忠義に基づいたしかたのない手段であったため。
厳罰	忠義とはいえず，法を破った行為である。	赤穂浪士の討ち入りは，主君の間違った思いを継いだもので忠義ではなく，武家諸法度を破ったことは明白であるため。

考えよう②

わたしが赤穂浪士をたたえた理由は，（例　私的な争いについては喧嘩両成敗で両者ともに処罰されるのが武士の慣例であったのに，吉良だけは切腹させられることがなかったことに対して主君の無念を晴らそうとした赤穂浪士の行動は，武士道の精神にかなったものであった）からです。

説明しよう③

例　厳罰
例　赤穂浪士たちの処分は，厳罰が相当。
例　その根拠　吉良は切りつけられたほうで，切りつけた浅野の仇討ちにはならず，忠義にもあたらないので，仲間を集めて行動を起こすことを禁じた武家諸法度に反するため。

話し合って深めよう

④　打ち首という厳罰にならず，切腹という処罰になった。

⑤　幕府が浪士たちに全員「切腹」という処罰を下した理由

　　赤穂浪士の行動は，主君に対する忠義という見方が多いので助命することも考えられる一方，武家諸法度に反する行為なので処分にしなくてはならない。そのため，幕府は，処分はするが，赤穂浪士たちの武士としての体面を保てるよう，打ち首ではなく，武士の礼にかなった切腹という形で処分を下した。

技能をみがく

資料を基に，当時の人々の考え方を理解する

　歴史上の出来事に対する当時の人々の考え方は，現在の私たちと同じとは限らない。当時の人々の考え方を理解する際には，当時の人々の言葉などの資料を基に，当時の人々になったつもりで考えることが大切である。

武家政権の展開と世界の動き

1 学んだ事を確かめよう

1）ア 豊臣秀吉　イ キリスト教　ウ 徳川家康　エ 五街道　オ 浮世絵
　　カ 享保の改革　キ 商品作物　ク 朝鮮通信使　ケ 打ちこわし　コ 寛政の改革

2）あ…F　い…B　う…D　え…C　お…E　か…A

●タイムトラベルを眺め直そう！

作業1　タイムトラベル⑦…検地　　タイムトラベル⑧…綿花

作業2　タイムトラベル⑦…豊臣秀吉が全国統一（検地・刀狩）

　　　　タイムトラベル⑧…商品作物の生産（綿花・紅花など）

作業3　鎌倉時代…F−3（年貢を納めている）　　室町時代…E〜F−1（一揆を起こしている）

2 歴史的な見方・考え方を働かせて時代の特色を説明しよう

ステップ1 ① 例 ・身分制度の確立　・強力な軍事力と大名の統制　・禁教と貿易の統制

　　　　　 ②

タイトル：身分制度の確立	**タイトル**：強力な軍事力と大名の統制	**タイトル**：禁教と貿易の統制
安定した政権が成立するために必要なこと 例 兵農分離による身分制の確立	**安定した政権が成立するために必要なこと** 例 武家諸法度による大名の統制	**安定した政権が成立するために必要なこと** 例 禁教令と鎖国体制の確立
働かせた見方・考え方 推移	**働かせた見方・考え方** 比較	**働かせた見方・考え方** 相互の関連
理由 武士を頂点とする支配体制を確立したから。	**理由** 幕府が圧倒的な軍事力を持つと同時に，武家諸法度で厳しく大名を統制したから。	**理由** 幕府支配の妨げとなるキリスト教の布教と一体化した貿易を統制したから。
根拠 ・112ページの14〜15行目 ・124ページの1〜10行目	**根拠** ・113ページの10〜18行目	**根拠** ・115ページの3〜10行目

ステップ2 ①・②・③ 省略

④

全国を統一する安定した政権を成立させるために必要なことは，（例　軍事力と大名の統制）である。なぜなら（例　幕府の軍事力が圧倒的なため大名が抵抗することができず，武家諸法度で大名を厳しく統制し，参勤交代の制度によって経済力も抑えられた）からである。

ステップ3

　この時代は，（例　社会が安定し，戦乱のない平和な時期が続いた天下泰平）の時代である。それは，（例　比較）に注目して考えると（例　幕府が支配する幕領からの莫大な収入と，旗本や御家人による圧倒的な軍事力に対し，大名が抵抗することができなかった）からである。

一問一答ポイントチェック

答え

第1節
p.94〜
大航海によって結び付く世界

❶14〜16世紀ごろ，イタリアの都市で生まれた，人間の個性や自由を表現しようとする文化運動は？

❷アフリカ大陸南端の喜望峰を回って，インド航路を開いた人は？

❸スペインの援助を受け，西インド諸島に到達した人は？

❹1543年に種子島に漂着したポルトガル人が伝えたものは？

❺ポルトガル人やスペイン人との貿易を何といったか？

❻日本でキリスト教の布教を始めたイエズス会の宣教師は？

❶ルネサンス

❷バスコ=ダ=ガマ

❸コロンブス

❹鉄砲

❺南蛮貿易

❻フランシスコ=ザビエル

第2節
p.104〜
戦乱から全国統一へ

❼織田信長が行った商工業を活発にする政策は？

❽豊臣秀吉が行った，農民から武器を取り上げた政策は？

❾豊臣秀吉が行った，田畑の広さ・収穫高を調べた政策は？

❿豊臣秀吉が進めた，武士と百姓の身分を明確にすることは？

⓫堺の商人でわび茶を茶道として大成したのは？

❼楽市・楽座

❽刀狩

❾太閤検地

❿兵農分離

⓫千利休

第3節
p.112〜
武士による全国支配の完成

⓬1600年に起こった徳川家康と石田三成の戦いは？

⓭大名を統制するために江戸幕府が制定した法律は？

⓮大名が1年ごとに江戸と領地を行き来することは？

⓯1637年に起こったキリシタン中心の一揆は？

⓰幕府が貿易を統制した政策は？

⓱将軍が代わるごとに朝鮮から訪れた使節は？

⓬関ヶ原の戦い

⓭武家諸法度

⓮参勤交代

⓯島原・天草一揆

⓰鎖国

⓱朝鮮通信使

第4節
p.124〜
天下泰平の世の中

⓲幕府が農民を統制するために農家5戸前後ごとにつくらせた組織は？

⓳文治政治への転換を行い，朱子学を重視した将軍は？

⓴諸藩が年貢米や特産物を取り引きするために大阪などにつくったものは？

㉑17世紀後半に大阪や京都で栄えた町人が担い手の文化は？

㉒東北・北陸地方を旅して『おくのほそ道』をあらわした人は？

⓲五人組

⓳徳川綱吉

⓴蔵屋敷

㉑元禄文化

㉒松尾芭蕉

第5節
p.134〜
社会の変化と幕府の対策

㉓享保の改革を行った将軍は？

㉔18世紀後半に株仲間の奨励など商業重視の政策で幕府の財政を立て直そうとした老中は？

㉕質素・倹約を目標に寛政の改革を行った老中は？

㉖18世紀末から19世紀初めにかけて栄えた江戸の町人文化は？

㉗『古事記伝』を著し，国学を大成した人は？

㉘町人や百姓の子どもの教育機関は？

㉓徳川吉宗

㉔田沼意次

㉕松平定信

㉖化政文化

㉗本居宣長

㉘寺子屋

① 市民革命の始まり

CHECK!
確認したら✓を書こう

ポイント 市民たちが主権者となり，議会を通じて国家を運営しようとする市民革命が起こった。イギリスでは，ピューリタン革命，名誉革命を経て立憲君主政と議会政治が確立し，アメリカではアメリカ合衆国が誕生した。

教科書ナビ

●148ページ 5行め
（…）これまで国王と支配身分だけが（…）国家を運営することもありました（市民革命）。

●148ページ 16行め
（…）王政を廃止して共和政を実現しました。

●149ページ 1行め
これをピューリタン革命とよびます。

●149ページ 5行め
この革命は戦乱なく成功したので，名誉革命とよばれます。

●149ページ 6行め
そして議会は権利の章典を制定し，国王は議会の承認がなければ（…）と議会政治が確立しました。

●149ページ 8行め
（…）イギリスの立憲君主政と議会政治が確立しました。

徹底解説

🔍【市民革命】
商工業者などの市民階級が中心となり，個人の自由を保障する社会の実現を目指して，身分制度など封建的な政治や社会のしくみを打倒した革命。イギリスの名誉革命，アメリカの独立戦争，フランス革命などが代表例で，近代民主主義の出発点となった。

🔍【共和政】
国王ではなく，国民の意思に基づいて政治が行われる体制。国民を中心とし，自由・平等な社会の実現を目指す。古代ローマの共和政に始まり，イギリスやアメリカ，フランスでは市民革命後に成立した。

🔍【ピューリタン革命】
1642年にイギリスで起きたクロムウェルらの指導による市民革命で，王政が廃止された。革命の中心となった人々にピューリタン（カルバン派のプロテスタント）が多かったので，このようによばれる。

🔍【名誉革命】
1688年にイギリスで起きた市民革命。絶対王政が復活した中，議会は国王を追放し，新国王をオランダから迎えた。この革命は流血や大きな混乱もなく成功したため名誉革命とよばれる。この革命以後，王権が制限され，議会が政治の中心となる立憲政治（憲法などのきまりに基づく政治）が確立した。

🔍【権利の章典】
名誉革命の翌年の1689年に，イギリス議会が制定した宣言を国王が認めて出されたもの。国王は，議会の承認なしに法律を停止したり課税したりすることはできないなど，国王に対する議会の優位を明らかにし，イギリス立憲政治の原点となった。

▼権利の章典　1689年

> 1．国王は，議会の承認なく法律を停止することはできない。
> 4．国王は，議会の承認なく課税することはできない。
> 9．議会における言論の自由は，守られなくてはならない。
> 13．議会はしばしば開かれなくてはならない。

🔍【立憲君主政】
君主（国王）はいるものの，憲法にしたがって国民が国を治めている政治のしくみ。君主の権力が法によって制限されるので，制限君主制ともいわれる。

○**149ページ 18行め**
　（…）植民地の人々は（…）**アメリカ独立戦争**を起こし，1776年には**独立宣言**を発表しました。

🔍 **【アメリカ独立戦争】**
1775年，アメリカの東部13州の植民地が，イギリス本国からの独立を求めて起こした戦い。イギリスが本国の産業を守るため植民地の産業や貿易を統制し，財政難から植民地への課税を強めると，植民地の人々はこれに抗議し，ワシントンを総司令官として戦いを始めた。当初，植民地側は苦戦を強いられたが，フランスなどの支援もあって勝利をおさめ，1783年に独立を勝ち取った。

🔍 **【独立宣言】**
独立戦争中の1776年，アメリカの東部13州の人々がイギリスからの独立を宣言したもの。独立に向けて立ちあがった理由や，人間の平等，生命・自由・幸福の追求権などを明らかにしている。この宣言が出された7月4日は，アメリカの独立記念日となっている。

▼独立宣言　1776年

> われわれは，自明の真理として次のことを信ずる。すなわち，すべての人は平等につくられ，一定のおかすことのできない神から与えられた権利をもち，その中には，生命・自由および幸福を追求することが含まれていること。…

君主政治		民主政治
専制君主政	**立憲君主政**	**共和政**
国王や皇帝に統治の権利があり，思うままに政治を行う	国王や皇帝は存在するが，法によって制限され，国民が政治を行う	国民に統治の権利があり，法にもとづいて政治を行う

▲近代の政治体制

教科書の 答え をズバリ！

確認しよう p.149　**イギリスとアメリカに成立した政治体制**

イギリス
（本文より）国王は議会の承認がなければ法律の停止や新しい課税ができないことなどを定め，イギリスの立憲君主政と議会政治が確立した。
（資料「権利の章典」より）議会の承認なく法律を停止することはできない

アメリカ
（本文より）代表制に基づく共和政と三権分立を定めた合衆国憲法が作られた。
（資料「アメリカ独立宣言」より）人間の間に政府が組織されるのであり，その正当な権力は人々の同意に由来する

説明しよう p.149　**「近代化」とはどのような変化か〔政治の面から〕**

例　国王と支配身分だけで政治を行うのではなく，法の支配の下で自由で平等な市民が主権者である国民となって，議会を通じて国家を運営するようになるという変化。

CHECK!

確認したら✓を書こう

② 人権思想からフランス革命へ

> **ポイント** フランス社会は，三つの身分で構成され，第三身分は税の負担に苦しんでいた。1789年，フランス革命が起こり，基本的人権の尊重と人民主権の考えに基づく人権宣言が発表され，共和政が生まれた。

教科書ナビ

◉150ページ 18行め
1789年，国王や大貴族中心の政治に対する不満が爆発し，（…）フランス革命が起こりました。

◉151ページ 3行め
（…）基本的人権の尊重と人民主権の考えに基づく人権宣言を発表しました。

◉151ページ 8行め
軍人のナポレオンは，（…）市民の自由・平等や所有権などの人権を保障した法律を定めました。

徹底解説

🔍【フランス革命】

1789年にフランスで起こった革命。悪化した国家財政を立て直すため，ルイ16世が三部会（聖職者・貴族・平民の代表者からなる身分制会議）を招集したことがきっかけ。平民（市民や農民）の代表は三部会から分離して国民議会をつくったが，国王がこれを武力でおさえようとしたため，パリ市民がバスチーユ牢獄を襲撃，その直後，国民議会は人権宣言を採択した。革命の波は全国に広がり，さまざまな混乱が続く中，1792年には王政廃止と共和政の成立が宣言された。

🔍【人権宣言】

フランス革命が始まった1789年に，国民議会が発表した人権に関する宣言。人間が生まれながらに持っている自由・平等などの権利，私有財産の不可侵，国民主権，言論の自由などについて主張したものであり，アメリカ独立宣言とルソーの影響が見られる。

🔍【ナポレオン】

フランス革命の後に皇帝となった軍人。フランス革命の精神に基づき，国民の自由・平等，私有財産の不可侵を保障したナポレオン法典を制定した。一時はヨーロッパの大部分を支配したが，ロシア遠征の失敗をきっかけに没落した。

教科書の\答え/をズバリ！

資料活用 p.150 フランス革命の前と後の風刺画の変化

税を負担する人々が，革命前は平民身分の人々だけであったが，革命後は，聖職者・貴族・平民が平等に負担するようになった。

確認しよう p.151 フランス人権宣言で主張されたこと

（本文より）基本的人権の尊重　人民主権

（資料「人権宣言（1789年）」より）

- 人間は，生まれながらにして自由かつ平等な権利を持っている。
- すべて主権は，本来人民（国民）にある。

説明しよう p.151 フランス革命がその後のヨーロッパ社会に与えた影響

例 法も習慣も異なった地域に議会が定めた法律が及ぶようになり，法律に従って人々の生活が変わった。また，ナポレオンがヨーロッパ諸国を征服するなかで，各地に自由・平等の考えが広まると同時に，人々の民族意識が高まった。

第2部　第4章　第1節　欧米諸国における「近代化」

CHECK!
確認したら✓を書こう

③ 産業革命と資本主義の成立

ポイント　イギリスでは蒸気機関の利用により、社会の様子が大きく変化する産業革命が始まった。産業革命の進展にともない、資本家が労働者を雇って利益を目指す資本主義が成立する一方、社会主義の考えも生まれた。

教科書ナビ

●152ページ 5行め
18世紀の終わりには、蒸気機関が（…）一層増大しました。

●152ページ 13行め
この変化を産業革命といいます。

●152ページ 15行め
（…）労働者を雇って利益を目指して生産活動をする資本主義が成立しました。

●153ページ 14行め
（…）労働者を中心に平等な社会を目指そうとする社会主義の考えが、マルクスらによって唱えられました。

徹底解説

【蒸気機関】
水蒸気を利用して、熱エネルギーを動力に変える機関。ワットが蒸気機関の改良に成功すると、紡績機をはじめ、蒸気船、蒸気機関車などの動力として利用されるようになり、産業革命の進展を支えた。

【産業革命】
18世紀後半にイギリスで起こった、産業や社会のしくみの大きな変化。市民革命に成功し、自由な経済活動が活発になっていたイギリスでは、機械の発明と木綿工業の技術革新による機械の利用により、それまでの手工業から機械を使った大量生産（工場制機械工業）へと変化し、生産力が大幅に増えた。また、交通機関や輸送技術も進歩したことから、人・モノの交流が盛んになり、都市が発達した。19世紀になると、産業革命は世界に広がっていった。

【資本主義】
多くの資本を持つ資本家が利益の追求を目的として、工場・機械・原料などの生産手段を整え、労働者を雇って商品を生産する経済のしくみ。産業革命によって確立したもので、資本家と労働者という二つの階級の区別が進み、両者間に対立や貧富の差が生まれた。

【社会主義】
工場や土地などの生産手段を社会の共有とし、経済上の平等を求めようとする考えや運動。資本主義が発達するにつれて労働問題が発生するようになったことから、資本主義のしくみを変える運動として登場した。マルクスらによって唱えられ、世界中に影響を与えた。

教科書の答えをズバリ！

確認しよう p.153　資本主義と社会主義

● **資本主義**…工場や機械を持つ資本家が、労働者を雇って利益を目指して生産活動をする

● **社会主義**…自分たちの生活と権利を守るために労働組合を作って団結し、さらに、労働者を中心に平等な社会を目指そうとする

説明しよう p.153　社会主義の考え方が生まれた理由〔資本主義の問題点を踏まえて〕

例　資本家と労働者の間に大きな貧富の差が生まれ、低賃金での長時間労働や生活環境の悪化など、労働者が厳しい環境に置かれたため。

❹ 欧米諸国の近代国家建設

確認したら✓を書こう

ポイント アメリカでは，保護貿易と奴隷制反対を主張する北部の州と，自由貿易と奴隷制維持を主張する南部の州の対立から南北戦争が起こり，奴隷解放を宣言したリンカン大統領が支持を得て北部を勝利に導いた。

教科書ナビ

◉154ページ 15行め

このような対立から，1861年から約4年に渡る激しい内戦（南北戦争）が始まりました。

◉154ページ 16行め

リンカン大統領は，奴隷解放宣言を出し，合衆国の統一と（…），北部を勝利に導きました。

◉155ページ 7行め

（…）プロイセン王国が首相のビスマルクの下で（…），1871年にドイツ帝国が誕生しました。

徹底解説

🔍【南北戦争】

アメリカの南部と北部との間で1861年に起こった戦争。アメリカでは奴隷制や貿易をめぐり北部（奴隷制反対，保護貿易を望む，商工業中心）と南部（奴隷制賛成，自由貿易を望む，農業中心）が対立していた。北部出身のリンカンが大統領となったのをきっかけに南部が独立を宣言したため，戦争が始まった。戦争中の1863年，リンカン大統領が奴隷解放宣言を発表して支持を集め，北部が勝利した。その後，アメリカは領土を拡大し，工業化が急速に進んだ。

👤【リンカン】(1809〜1865)

アメリカ第16代大統領。奴隷制に反対し，南北戦争では北部を指揮し，奴隷解放宣言を発表して勝利に導いたが，直後に暗殺された。南北戦争の激戦地であるゲティスバーグでの式典で述べた「人民の，人民による，人民のための政治」という演説が有名。

🔍【ドイツ帝国】

小国に分立していたドイツでは，プロイセン王国の首相ビスマルクが富国強兵政策を進めて諸国を統一し，1871年，ヴィルヘルム1世を初代皇帝とするドイツ帝国を成立させた。ドイツ帝国は立憲君主政の下，ビスマルクが帝国宰相として実権を握り，重化学工業を中心に工業化を進めた。

教科書の\答え/をズバリ！

確認しよう p.155 南北戦争期のアメリカの南部と北部の産業

● 南部…黒人奴隷によるイギリス向けの安価な綿花栽培が盛ん

● 北部…綿工業を中心に商工業が成長し始めた

説明しよう p.155 アメリカやドイツ，ロシアの近代国家建設において残された課題

例　アメリカ…急速な工業化を移民の労働力にたより，黒人の貧困や人種差別が続いた。

ドイツ……男子普通選挙に基づく帝国議会が整えられたが，議会は重要な政策の決定権を持たなかった。

ロシア……工業化を進める一方，憲法や議会は無く，農民や労働者の生活は苦しいままであった。

CHECK!
確認したら✓を書こう

⑤ 世界進出を目指す欧米諸国

ポイント 産業革命によって安く大量に工業製品を生産することができるようになった欧米諸国は、製品の原料供給地と市場を求めてアジアやアフリカに進出した。インドでは、イギリスに対する反発から<u>インド大反乱</u>が起きた。

教科書ナビ

徹底解説

○158ページ 5行め
1857年にイギリスの支配に不満を持つ人々が立ち上がり、**インド大反乱**を起こしました。

🔍 〔インド大反乱〕

イギリスの支配に対し、1857年にインドで起こった反乱。インドでは、産業革命に成功したイギリス産の綿織物が大量に流入し、国内産業は大きな打撃を受けた。このため、東インド会社に雇われていたインド兵が反乱を起こすと、幅広い階層の人々が加わって大規模な反乱となった。最初の民族運動ともよばれる。イギリスは2年がかりで反乱を鎮圧し、インドを植民地支配の拠点とした。

○158ページ 13行め
（…）主に欧米諸国向けとなる農産品の栽培への集中（モノカルチャー）を強制し、（…）。

🔍 〔モノカルチャー〕

欧米諸国が植民地としたアジアやアフリカの国々で、欧米諸国向けの輸出品として、ゴムやさとうきび、コーヒー豆など特定の農産物の栽培を集中的に行わせたこと。こうした特定の農産物や鉱産物の輸出に大きく依存している経済をモノカルチャー経済という。

教科書の 答え をズバリ!

やってみよう p.156

1　Ⓐ A−2　　Ⓑ C−1　　Ⓒ B−2，C−2　　Ⓓ D−1

2　C（イギリスとフランス）はアフリカ大陸　D（ロシア）は東アジア

3　ペリーの経路…大西洋→アフリカ→インド→中国→琉球→日本

資料活用 p.158 **インドの綿織物の輸出よりも、イギリスの輸出が増えた理由**

例　イギリスは、産業革命により大量生産が可能となった安価な綿織物をインドに輸出し、打撃を受けたインドでは、綿織物から綿花や茶などの輸出へと変化したため。

確認しよう p.159 **欧米諸国の植民地となった国や地域**

・インド　　・マレー半島　　・ジャワ島

説明しよう p.159 **欧米諸国がつくった経済のしくみが、アジア・アフリカに与えた影響**

例　伝統的な産業を衰えさせ、富を奪い取ってゆく不平等な経済のしくみによって、自国の経済や産業を発展させられない状態となった。

振り返ろう p.159 **「近代化」の展開〔イギリス・フランス・アメリカ〕**

イギリス…名誉革命により権利の章典が制定され立憲君主政と議会政治を確立させた。産業革命により工業化が進み、資本主義社会を成立させた。

フランス…フランス革命で人権宣言が発表され、身分制社会がなくなった。

アメリカ…独立戦争後、共和政と三権分立を定めた合衆国憲法が作られた。南北戦争後、西部開発が進み、重工業が発展した。

① 日本を取り巻く世界情勢の変化

CHECK!
確認したら✓を書こう

ポイント イギリスは，インドへ綿織物などを輸出し，清へアヘンを密輸する三角貿易で利益を得たが，清がアヘンの売買を禁止したことからアヘン戦争が起こった。これに敗れた清は不平等な南京条約を結んだ。

教科書ナビ

●160ページ 7行め
また，幕府は1825年に異国船打払令を出して（…）処罰しました（蛮社の獄）。

●160ページ 15行め
（…）イギリスは（…），インド産のアヘンを清へ密輸して，（…）なりました（三角貿易）。

●161ページ 2行め
これに対してイギリスは，1840年，自由貿易の実現を口実にして清に艦隊を派遣し，攻撃しました（アヘン戦争）。

徹底解説

🔍 **〔異国船打払令〕**
1825年に江戸幕府が出した，日本に近づく清とオランダ以外の外国船に対し，ためらうことなく撃退することを命じた法令。無二念打払令ともいう。1837年には，浦賀沖に現れたアメリカ船に砲撃を加えて撃退する事件（モリソン号事件）が起こった。

🔍 **〔三角貿易〕**
18世紀末から19世紀にかけてイギリス本国，インド，清の間で行われた貿易。喫茶の習慣が流行したイギリスでは，清からの茶の輸入量が増え，代価としての銀が一方的に清へ流出した。そこで，イギリス産の綿織物をインドへ，インド産のアヘンを清へ輸出する三角貿易を確立させ，大きな利益をあげた。

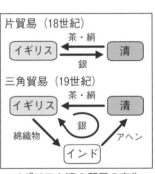
▲イギリスと清の貿易の変化

🔍 **〔アヘン戦争〕**
1840年，アヘンの密輸をめぐり，イギリスと清との間で起こった戦争。清では，三角貿易によりアヘンが大量に流入し，アヘン中毒患者が増加し，代金の銀も不足するようになった。そこで，清は，イギリス商人のアヘンを廃棄し，貿易の停止と商館の閉鎖を行った。これに対し，イギリスが武力で貿易問題を解決しようとして戦争となった。イギリス側が勝利し，1842年に南京条約が結ばれた。

教科書の答えをズバリ！

確認しよう p.161　南京条約で決められたこと
- イギリスが，香港島やばく大な賠償金を手に入れること
- 広州のほか上海など5港の開港
- イギリス人の自由な商業活動を認めさせ，開港地のイギリス人への裁判権を確保

説明しよう p.161　アヘン戦争が，幕府の政策に与えた影響

例 清がイギリスに敗北したことに衝撃を受けた幕府は，諸外国に武力では対抗できないことを認識し，異国船打払令を緩め，薪や水などを与えて外国船を日本から退去させるようにした。

② 諸藩の改革と幕府の衰退

ポイント 飢きんが続くと百姓一揆や打ちこわしが増加し，大塩平八郎の乱は幕府に衝撃を与えた。財政難に苦しむ諸藩は改革を行い，長州藩や薩摩藩は特産物の専売制などで改革に成功した。一方，幕府も天保の改革を行った。

教科書ナビ

◯162ページ 3行め
（…）農村から来た働き手を（…）。これを**工場制手工業**といいます。

◯162ページ 6行め
たび重なる飢きんで年貢の収入が減少し，財政の悪化に苦しむ諸藩も，（…）改革に努めました。

◯163ページ 2行め
天保の飢きんによる（…），各地で一揆や打ちこわしが続発しました。

徹底解説

🔍【工場制手工業】

働き手を作業所（工場）に集め，分業に基づく協業で手工業生産を行うしくみ。マニュファクチュアともよばれる。17世紀に灘などの酒造業で見られ，19世紀には大阪周辺や尾張（愛知県）の綿織物業や，桐生・足利などの絹織物業でも見られるようになった。

🔍【諸藩の改革】

江戸時代，深刻な財政難におちいった諸藩のなかには，人材の登用や特産物・商品作物の専売制（特定の商品の販売を独占する制度）の導入などで，政治や経済の立て直しを図ろうとする藩も現れた。薩摩藩や長州藩など19世紀に改革に成功した藩は，幕末の政治に強い発言力を持つようになった。

米沢藩 （山形県） 18世紀末	・大規模な開墾 ・桑や漆などの商品作物の栽培 ・養蚕・絹織物などの専売 ・鯉の養殖
薩摩藩 （鹿児島県） 19世紀前半	・有能な下級武士の登用 ・琉球を中継地とし昆布を中国へ輸出 ・黒砂糖の専売 ・綿織物（薩摩かすり）の生産 ・ガラス（薩摩切子）の生産・輸出
長州藩 （山口県） 19世紀前半	・有能な下級武士の登用 ・紙・ろうの専売 ・下関で他国船の荷を買い取り委託販売
肥前藩 （佐賀県） 19世紀前半	・農村を立て直し年貢収入増加 ・陶磁器（鍋島焼）・石炭の専売 ・反射炉を建設し大砲を製造

🔍【天保の飢きん】

1830年代に発生した大飢きん。天候不順や冷害，洪水などにより凶作が続いたため全国的な飢きんとなり，多くの農民・町人が飢えに苦しんだ。農村は荒廃し，米の価格も上がったことから，各地で百姓一揆や打ちこわしが激増した。

●163ページ 4行め

（…）元役人であった**大塩平八郎**は，（…）乱を起こしました（大塩平八郎の乱）。

【大塩平八郎】（1793〜1837）

大阪町奉行所の元役人で陽明学者。天保の飢きんで苦しむ人々の救済を奉行所に訴えたが聞き入れられなかったことから，同志の人々とともに乱を起こした。幕府は，直轄地で元役人が乱を起こしたことに大きな衝撃を受けた。

●163ページ 8行め

1841（天保12）年，老中の**水野忠邦**は，こうした社会の動揺と外国船の来航に対応するため，（…）改革を始めました（天保の改革）。

【水野忠邦】（1794〜1851）

浜松（静岡県）藩主。老中となり天保の改革を行った。ぜいたくを禁止するなど厳しい改革に着手したが，強引な方法にさまざまな階層の人々から激しい反発をかい，老中をやめさせられた。

【天保の改革】

老中水野忠邦が行った改革。

・株仲間の解散…物価の高騰は株仲間が商品の流通を独占しているためと考え，解散させた。→流通経路が混乱して物価は下がらず，商人たちが反対した。

・政治の引き締め…出版や風俗を取り締まり，質素と倹約を奨励。

・人返し令…江戸への出かせぎを禁じ，江戸に出ている農民を強制的に村に帰らせた。→帰っても生活できる見込みがないため農民が反発し，もどった農民は少なかった。

・上知（地）令…江戸・大阪周辺の大名・旗本領を幕領（幕府の直轄地）にする。→大名・旗本の反対により撤回。

第2部 第4章 第2節

教科書の\答え/をズバリ！

資料活用 p.162 佐賀（肥前）藩の反射炉で作られているもの

大砲

資料活用 p.162 工場制手工業と問屋制家内工業を比べたときの働く人と場所の変化

例　問屋制家内工業は，農民たちが家の中で製品を作っていたが，工場制手工業では，農村から来た働き手が工場で，分業による製品づくりを行うようになった。

確認しよう p.163 改革に成功した主な藩の名称とこのころの幕府の改革の名称

●薩摩藩　長州藩　佐賀（肥前）藩

●天保の改革

説明しよう p.163 改革に成功した藩に共通した政策と幕府の改革が失敗した理由

例　●改革に成功した藩に共通した政策

専売制と借金棚上げ　　有能な下級武士の登用

●幕府の改革が失敗した理由

株仲間の解散や江戸や大阪周辺の大名領などを幕領にしようとしたことが，力を付けてきた大名や商人などから反発を受けたため。

③ 黒船来航の衝撃と開国

ポイント ペリーは浦賀（神奈川県）に来航し開国をせまった。幕府は日米和親条約を結んで開国し，1858年には大老井伊直弼が日米修好通商条約を結んで鎖国が終わった。開国後，尊王攘夷運動が高まり，井伊直弼は暗殺された。

教科書ナビ

◉164ページ 4行め
1853年，アメリカの東インド艦隊司令長官ペリーは浦賀（神奈川県）に（…）国書を差し出しました。

◉164ページ 12行め
（…）ペリーと日米和親条約を結び，下田（静岡県）と函館（北海道）の2港を順次開くことにしました。

◉164ページ 15行め
その結果，幕府の大老井伊直弼は1858（安政5）年に日米修好通商条約を結び，（…）外国人居留地での自由な商業活動を認めました。

徹底解説

🔍【ペリー来航】

大西洋岸の東部13州から西へ領土を拡大し，1848年に太平洋岸に到達したアメリカは，北太平洋を航行する自国の貿易船や捕鯨船に水や食料などを補給するための寄港地として日本の開国を望んでいた。1853年，アメリカ東インド艦隊司令長官ペリーは4隻の軍艦（黒船）を率いて浦賀に来航し，大統領の国書を差し出し，幕府に開国を要求した。幕府はペリーの強い態度と軍艦の威力におされて国書を受け取り，翌年返事をすることを約束して日本を去らせた。

🔍【日米和親条約】

1854年，7隻の軍艦で再び来航したペリーが開国要求の回答をせまり，幕府とペリーとの間で結ばれた条約。神奈川条約ともいう。アメリカ船への燃料や水の供給，漂流民の救助，下田・函館の開港と領事の駐在などを取り決めた。幕府はオランダ・イギリス・ロシアとも同様の条約を結び，約200年ぶりの開国となった。

👤【井伊直弼】（1815〜1860）

彦根藩主。1858年に大老となると反対派をおさえ，朝廷の許可を得ないまま日米修好通商条約を結び貿易を始めた。その後，朝廷の許可を得ないことなどを非難する人々に対し強硬な態度でこれを処罰した（安政の大獄）。

🔍【日米修好通商条約】

1858年，アメリカの総領事ハリスと，大老の井伊直弼との間で，朝廷の許しを待たずに結ばれた条約。
・函館・神奈川（横浜）・長崎・新潟・兵庫（神戸）の5港を開港。
・通商は自由貿易とすること。
・開港地に居留地を設けること。
・アメリカに領事裁判権（治外法権）を認めること。
・日本に関税自主権が無く，互いに協定して決めること。

その後，オランダ・ロシア・イギリス・フランスともほぼ同様の条約を結んだ（安政の5か国条約）。この条約は，領事裁判権を認め，関税自主権が無いという，日本にとって不平等なものであった。

○165ページ 14行め
（…）尊王論と，外国人を追い払おうとする（…）尊王攘夷の考えが広がりました。

🔍【尊王攘夷】
尊王論は天皇を尊ぶ思想，攘夷論は外国人を追い払う思想。2つの思想が幕藩体制のゆらぎと外国の圧迫という事態に際して結び付き，尊王攘夷運動が展開された。のちに長州藩の下級武士を中心とした尊攘派は，尊王攘夷運動を倒幕運動に発展させた。

○165ページ 17行め
（…）幕府に反対した大名や公家など多くの人々を処罰し，吉田松陰らを処刑しました（安政の大獄）。

👤【吉田松陰】（1830〜1859）
長州藩士。1854年のペリー来航のとき，アメリカの軍艦での密航をくわだてて失敗。郷里で不自由な生活をしているときに松下村塾を開いて藩士の教育にあたり，高杉晋作・伊藤博文ら幕末から明治維新に活躍した多くの人々を育てた。1859年，ペリー来航以来の幕府の政策を批判したため，安政の大獄で死刑となった。

🔍【安政の大獄】
1858〜59年，大老の井伊直弼が将軍の跡継ぎ問題や日米修好通商条約に反対する人々を弾圧した事件。徳川斉昭（水戸藩主）や松平慶永（越前福井藩主）ら大名や公家を処罰し，吉田松陰・橋本左内（福井藩）らを処刑した。

○165ページ 19行め
（…）1860年，直弼を江戸城の桜田門外で暗殺しました（桜田門外の変）。

🔍【桜田門外の変】
1860年，安政の大獄に反発した水戸藩などの元藩士らが，江戸城の桜田門外で大老井伊直弼を暗殺した事件。

教科書の答えをズバリ！

確認しよう p.165 日本とアメリカの間で結ばれた条約とその内容

日米和親条約

下田（静岡県）と函館（北海道）の2港を順次開く。

日米修好通商条約

- 函館・神奈川（横浜）・長崎・新潟・兵庫（神戸）の5港を貿易港として順次開くことや，外国人居留地での自由な商業活動を認める。
- 関税自主権が無く，領事裁判権を認める。

説明しよう p.165 外国との貿易が日本の経済や社会に与えた影響

例 経済の面では，安い綿糸や綿織物が輸入されたため，国内の生産地は打撃を受けた。また，生糸・蚕種や茶の輸出が増えたため，国内で品不足になり，生活必需品が値上がりして人々の生活が苦しくなった。社会面では，幕府の外交姿勢に反対する大名や武士，公家の間に尊王攘夷の考えが広まった。

④ 江戸幕府の滅亡

CHECK!

確認したら ✓ を書こう

> **ポイント** 薩摩藩と長州藩は，薩長同盟を結んで倒幕を目指した。将軍徳川慶喜は大政奉還により政権を朝廷に返上したが，倒幕派は王政復古の大号令を出し，天皇を中心とする新政府の成立を宣言して江戸幕府は滅亡した。

教科書ナビ

○166ページ 2行め ……
（…）**公武合体策**を取り，（…）ました。

○166ページ 14行め ……
（…）ひそかに同盟を結び（**薩長同盟**），（…）動き出しました。

○167ページ 2行め ……
（…）政権の返上を申し出ました（**大政奉還**）。

○167ページ 4行め ……
（…）新政府の成立を宣言しました（**王政復古の大号令**）。

○167ページ 10行め ……
（…）勝利を収めました（**戊辰戦争**）。

徹底解説

🔍 **〔公武合体策〕**
朝廷（公）と幕府（武）が連携して政治を安定させるという政策で，天皇の妹を14代将軍徳川家茂の夫人とした。

🔍 **〔薩長同盟〕**
公武合体と尊王攘夷で対立していた薩摩藩と長州藩は，ともに外国と戦って攘夷の不可能をさとった。1866年，坂本龍馬の仲立ちで両藩が互いに協力して幕府を倒す約束をし，薩長同盟を結んだ。

🔍 **〔大政奉還〕**
江戸幕府15代将軍の徳川慶喜が政権を返上したこと。新たな政府でも主導権を持とうと考えた慶喜は，政権を朝廷に返上した。

🔍 **〔王政復古の大号令〕**
天皇中心の新政府を目指して1867年12月に出された，政治の形を変えるという命令書。薩長両藩が計画し，王政復古や将軍の廃絶などが宣言され，260年あまり続いた江戸幕府は滅亡した。

🔍 **〔戊辰戦争〕**
1868（戊辰の年）〜69年に行われた新政府軍と旧幕府軍の戦い。鳥羽・伏見の戦いから，江戸城明けわたし，会津藩など東北諸藩との戦いを経て，函館五稜郭の戦いで旧幕府軍が降伏した。

教科書の 答え をズバリ！

確認しよう p.167 倒幕を進めた勢力と，その中心となった人物

● 長州藩…木戸孝允　　● 薩摩藩…西郷隆盛，大久保利通

説明しよう p.167 幕府が倒れていった動き

例 徳川慶喜は，大政奉還後の新政府で主導権を握ろうと考えていたが，西郷隆盛や大久保利通，岩倉具視らは，王政復古の大号令を出して徳川氏を新政府から除外した。

振り返ろう p.167 江戸幕府が倒れた理由〔社会の変化，諸藩の動き，対外関係から〕

例 社会の変化…開国後の物価の上昇で生活が苦しくなった人々は一揆や打ちこわしをおこし，幕府への不満が高まったから。

諸藩の動き…財政改革に成功した諸藩は，西洋の軍事技術の研究などを行い，幕府に対抗できるだけの力をつけていたから。

対外関係…四国艦隊に砲台を占領された長州藩や薩英戦争で鹿児島を砲撃された薩摩藩が，欧米諸国の軍事力を知り，攘夷から倒幕へと考えを変えたから。

タイムトラベル ⑨

CHECK! ⌣
確認したら✓を書こう

明治時代を眺めてみよう
（1880〜90年代のある場面）

次の場面を探してみよう！

① **エ**（p.169　D−3）　③ **イ**（p.168　A〜B−2）　⑤ **カ**（p.169　F−3）

② **オ**（p.169　F−1）　④ **ア**（p.168　B−1）　⑥ **ウ**（p.168　B−3）

● 前の時代と比べて特色を考えよう

● 共通点

場面	タイムトラベルでの位置	くわしい説明
文化	㋒ p.122　ABC−3	**女性の服装**　ほとんどが着物で，長い髪を結い上げている。
	㋙ p.168〜169　全体	

● 変化したところ

場面	タイムトラベルでの位置	くわしい説明
政治	㋒ p.122　B〜C−1	**軍隊**　江戸時代までの武士中心の軍隊に替わる西洋式の軍隊をつくるため，1873年に**徴兵令**が出され，満20歳以上の男子が徴兵された。
	㋙ p.168　A〜B−2	
政治	㋒ p.122　C−2	**郵便局**　江戸時代の飛脚に替わり，全国均一の料金で利用できる郵便制度が作られた。
	㋙ p.169　E−2	
政治 経済	㋙ p.168　A−1〜2	**製糸工場**　近代産業を育てるための**殖産興業**の一環として，**富岡製糸場**などの官営工場が各地に建てられた。
経済	㋙ p.168　A−3	**鉄道**　1872年に，**新橋—横浜**間に最初の鉄道が開通した。鉄道によって多くの人や物資が運ばれた。
文化	㋙ p.168　B−1	**学校**　1872年に**学制**が発布され，6歳以上の子どもに教育を受けさせるため，各地に小学校が作られた。
文化	㋙ p.168　B−2	**ガス灯・電信柱**　ガス灯は，明治初期の**文明開化**を象徴するものであった。
文化	㋒ p.122　C−1	**人力車**　江戸時代には駕籠が使われていたが，明治時代では人力車が使われるようになった。
	㋙ p.168　B−2	
文化	㋒ 全体	**断髪**　江戸時代の男性はちょんまげを結っていたが，明治時代には，ほとんどが断髪している。
	㋙ p.168　C−2	
文化	㋒ 全体	**西洋建築**　れんがづくりの建物やキリスト教の教会など西洋建築で造られるようになった。
	㋙ p.168　C−2	
	p.169　F−1	
文化	㋙ p.169　F−2	**牛鍋**　牛鍋など牛肉を使った西洋料理が流行した。

① 新政府による改革

ポイント 明治新政府は，五箇条の御誓文を出して新しい政治の方針を示した。廃藩置県により中央集権国家の基礎を確立するとともに，古い身分制度を廃止した。こうした改革やそれに伴う社会の動きを明治維新という。

教科書ナビ

●170ページ 7行め
1868（慶応4）年3月，新政府は，天皇が神々に誓う形で五箇条の御誓文を出して，（…）しました。

●170ページ 9行め
（…）古代の政治のしくみにならって太政官制を採用しました。

●170ページ 11行め
こうした幕末からの一連の改革や社会の変化を明治維新といいます。

●170ページ 17行め
（…）薩摩・長州・土佐・佐賀（肥前）の4藩の出身者で占められました（藩閥政治）。

徹底解説

🔍【五箇条の御誓文】
1868年3月に出された明治新政府の政治の基本方針を示したもの。明治天皇が神々に誓う形で出された。大切なことがらは多くの人々の意見で決定することと，攘夷をやめ世界共通の正しい道理に基づくことという進歩的な内容だった。また，五箇条の御誓文発布の翌日，政府は，庶民に対する基本方針を五つの立て札（五榜の掲示）で示した。その内容は，儒教の道徳を守ること，一揆やキリスト教の禁止，外国人への暴行の禁止など，従来通りのものだった。

▼五箇条の御誓文

> 1868（慶応4）年3月14日
> 一．広ク会議ヲ興シ，万機公論ニ決スベシ。
> 一．上下心ヲ一ニシテ，盛ニ経綸ヲ行フベシ。
> 一．官武一途庶民ニ至ル迄各其志ヲ遂ケ，人心ヲシテ倦マサラシメン事ヲ要ス。
> 一．旧来ノ陋習ヲ破リ，天地ノ公道ニ基クベシ。
> 一．智識ヲ世界ニ求メ，大ニ皇基ヲ振起スベシ。

🔍【太政官制】
1868年から内閣制度が成立する1885年までの中央政府のしくみ。古代の政治組織を復活させ，太政官に政治の権力が集められ，中央集権化が進められた。

🔍【明治維新】
薩摩藩や長州藩の下級武士を中心に，江戸幕府を倒して行われた，幕末からの一連の政治改革のこと。御一新または維新とよぶ。江戸を東京と改称して，政府を京都から東京に移した後，新政府は版籍奉還，廃藩置県，地租改正，古い身分制度の廃止など次々と新たな改革をうち出し，富国強兵，殖産興業をスローガンに近代化政策をおし進めた。この後，1889年に明治憲法による国のしくみをつくり上げた。

🔍【藩閥政治】
特定の藩の出身者が政府の重要な職を独占して行う政治。1871年の廃藩置県の後の新しいしくみで，新政府の重要な役職は，倒幕運動の中心となった薩摩・長州の2藩を中心に土佐・肥前の2藩を加えた4藩の出身者で占められた。このため，「薩長土肥」の専制政権となり，のちに藩閥政治とよばれるようになった。

◉171ページ 4行め

そのため新政府は,
1869（明治2）年, 土
地や人民を天皇に返さ
せ（**版籍奉還**），（…）。

🔍 〔版籍奉還〕

藩主が土地（版図）と人民（戸籍）を天皇に返上した改革。新
政府ができたあとも地方には藩が残り, 藩主が治めるという江戸時代
のままの状態だった。このため, 新政府は国家の統一を強める必要か
ら, 1869年, 版籍奉還を行った。しかし, 旧藩主を知藩事に任命して
そのまま土地と人民を治めさせたので, 地方の政治の実態はかわらな
かった。

◉171ページ 5行め

（…）1871年には, 藩
を廃止し, 代わりに府・
県を置く**廃藩置県**を行
いました。

🔍 〔廃藩置県〕

1871年に藩を廃止して府・県を置いた改革。版籍奉還後も知藩
事として地方で力を持っていた旧藩主を辞めさせて, 政府が任命した
府知事と県令（のちの県知事）を府・県に派遣した。新政府の力を地
方まで行き渡らせるための政策で, 中央政府が全国を直接支配する中
央集権化を実現した。

◉171ページ 9行め

新政府はまた, 江戸
時代までの身分制度を
廃止し,（…）しました。

🔍 〔古い身分制度の廃止〕

版籍奉還の直後, 天皇一族を皇族, 公家・大名を華族, 武士を
士族, 百姓・町人を平民とし, 華族・士族・平民相互間の結婚の自由
や, 移住・職業選択の自由が認められ, 形式上はいわゆる四民平等の
世の中となった。

◉171ページ 13行め

また, 1871年の布告
（いわゆる「解放令」）
によって,（…）身分・
職業も平民と同じとさ
れました。

🔍 〔解放令〕

えた・ひにんの身分を廃止するとした法令。えた・ひにんの呼
び名が廃止され, 身分・職業とも平民と同じであるとされたが, 十分
な対策はとられず, 結婚や就職などでの差別は続いた。またこれまで
彼らに認められていた皮革業などの独占権がなくなり, 新たに租税・
兵役の義務が加わったので, 生活はかえって苦しくなった。

教科書の\答え/をズバリ!

資料活用 p.170　古代の政治のしくみと同じ部分

太政官に政治の権力が集中していること。太政大臣, 右大臣, 左大臣の役職があること,
宮内省, 兵部省, 大蔵省という同じ名称の省があること。

確認しよう p.171　版籍奉還と廃藩置県についての説明

・版籍奉還…新政府は, 1869（明治2）年, 土地や人民を天皇に返させた

・廃藩置県…1871年には, 藩を廃止し, 代わりに府・県を置く

説明しよう p.171　新政府はなぜ廃藩置県や古い身分制度の廃止を必要としたか

例　政府が全国を統治する中央集権国家を築くため。

② 富国強兵を目指して

確認したら✓を書こう

ポイント 明治政府は，欧米諸国に対抗できる近代国家をつくるための富国強兵策を進めた。殖産興業により近代工業を育成し，徴兵令で軍隊を整備した。また，安定した財源を確保するために，地租改正を実施した。

教科書ナビ

●172ページ 2行め
（…）国を豊かにして力をつけ，強い軍隊をもつ必要があると考え，富国強兵の政策を進めました。

●172ページ 9行め
欧米の進んだ技術や機械を取り入れ，各地に製糸・紡績などの官営工場や軍需工場を造り，（…）としたのです（殖産興業）。

●172ページ 13行め
1871年には前島密によって郵便制度が作られ，（…）利用できるようになりました。

徹底解説

🔍 **【富国強兵】**
欧米諸国に追いつき近代国家を建設するために，産業をおこし経済を発展させて国力をつけ，軍事力を強化して近代的な国をつくるという，明治政府がスローガンとして掲げた国家目標。この目標を達成するために行われた政策が殖産興業，徴兵令，地租改正，学制であり，これらは日本の近代化の基礎となった。

🔍 **【官営工場】**
殖産興業の一環として，近代産業育成のために政府が建設した工場。欧米の技術や機械を導入して政府が経営した。各地に製糸・紡績工場などを建設したほか，幕府や藩が経営していた鉱山・炭坑，兵器工場・造船所を官営とした。富岡製糸場（群馬県），長崎造船所，三池炭鉱（福岡県）などがその代表例。1880年代に多くが民間に払い下げられ，民間の産業が発達した。

▲官営工場として建てられた富岡製糸場

🔍 **【殖産興業】**
「富国」を目指す明治政府が掲げた，近代産業を育成するためのスローガン。生産を増やし（殖産），産業をおこす（興業）という意味である。具体的には，官営工場を建設し，外国人技術者を招いて欧米の技術や機械を取り入れたほか，貨幣の単位の統一（円・銭・厘），日本銀行の設立，鉄道・郵便・通信の整備など経済基盤を整えた。

🔍 **【郵便制度】**
殖産興業の一環として，イギリスの制度にならい前島密によって整備された。1871年に東京・京都・大阪間で開始され，郵便切手も発行された。1873年には市内1銭，全国2銭という全国均一の郵便料金制度が導入され，1875年からは外国郵便も扱うようになった。

○173ページ 3行め

1873年に徴兵令を出し，満20歳になった男子から徴兵を行いました。

🔍【徴兵令】

1873年に公布された，満20歳以上の男子に3年間の兵役を義務づけた法令。これによって国民による近代的な軍隊が誕生した。しかし，働き手を軍隊にとられることに反発した農民が徴兵令反対一揆を起こした。当初はさまざまな兵役免除規定があったため，これを利用して徴兵逃れをする者も多かった。免除規定が徐々に廃止され，国民皆兵となったのは1889年であった。

○173ページ 12行め

そのため新政府は，まず土地の面積を調査して地価（土地の値段）を定め，（…）所有者に地券を与えました。

🔍【地券】

地租改正の際に，明治政府が土地の所有者に交付した土地所有権の確認書。土地の所在地や面積，所有者名，土地の種類，地価，地租などが記入されている。土地を売買したり譲渡したりするときには，裏面にその旨を記入することになっていた。

▲新潟県の地券

○173ページ 16行め

1873年から行われたこの改革を地租改正といいます。

🔍【地租改正】

1873年から実施された土地・税制の改革。それまでは収穫高に応じて米を納めていたが，田畑の売買を認め，全国の土地の面積を調査して土地の価格（地価）を決め，土地の所有者に地券を交付し，地価の3％の税（地租）を現金で納めることとした。これによって政府の収入は安定し，財政の基礎が固まった。一方，全国統一の税率で徴収したため，農民の税負担はそれまでとほとんど変わらなかったことや，山林・原野などの共有地がなくなったことから，各地で反対の一揆が続発した。このため，地租は1877年に2.5％に引き下げられた。

教科書の 答え をズバリ！

確認しよう p.173　「富国」のための政策と，「強兵」のための政策

「富国」のために行われた政策…お雇い外国人とよばれた外国人技術者や学者を招き，欧米の進んだ技術や機械を取り入れ，各地に製糸・紡績などの官営工場や軍需工場を造り，近代的な産業を育てようとした（殖産興業）。

「強兵」のために行われた政策…それまでの武士中心の軍隊ではなく，国民による西洋式の軍隊をつくる必要があると考え，1873年に徴兵令を出し，満20歳になった男子から徴兵を行った。

説明しよう p.173　富国強兵の政策が社会に与えた影響

例　徴兵令…満20歳になった男子から徴兵したが，その多くが農家の働き手であった次男・三男であったため，働き手をとられる農民のなかから，徴兵令に反対する人もでてきた。

③ 文明化開化と新政府の政策

ポイント 教育の普及が必要と考えた政府は学制を発布して学校制度を整えた。また，欧米の文化が取り入れられ，生活が大きく変化した。これを文明開化といい，西洋風の生活スタイルはしだいに全国へ広まっていった。

教科書ナビ

◯174ページ 3行め
1872（明治5）年，学制を発布して，（…）全国各地に小学校を作りました。

◯174ページ 11行め
（…）外国と貿易する港や大都市を中心に「文明開化」が進みました。

◯174ページ 19行め
思想の分野では，福沢諭吉や中江兆民らが，（…）日本に紹介しました。

徹底解説

🔍 **〔学制〕**
近代国家建設には教育の普及が必要との考えから，1872年に定められた近代的な学校制度。学校を大学・中学・小学校の3段階とし，6歳以上のすべての子どもが小学校教育を受けられるようにした。しかし，農村では子どもは貴重な労働力であったことや授業料を払う必要があったことから，学校に通わせない親が多く，さらに学制反対一揆も起こった。はじめ就学率（学校に通っている子どもの割合）は低かったが，明治時代末には100%近くに達した。

🔍 **〔文明開化〕**
明治時代初期に見られた，衣食住など人々の生活様式が西洋風に大きく変化した風潮。近代化政策に伴い，明治政府が欧米文化を積極的に取り入れたことから，都市を中心に広がった。

👤 **〔福沢諭吉〕**（1834〜1901）
明治時代の思想家・教育者。中津藩（大分県）の藩士の出身。大阪の適塾で蘭学を学び，のちに幕府の使節に加わって欧米に3回渡り，帰国後に著した『西洋事情』で欧米諸国の実情を紹介した。また，『学問のすゝ（す）め』では人間の平等と尊さ，学問の大切さなどを説き，多くの人に読まれた。1868年，慶応義塾（現在の慶応義塾大学）を創設し，青年の教育にあたった。

教科書の\答え/をズバリ！

資料活用 p.174 日本の物と争っている外来の物
A西洋酒　Bいす　Cせっけん　Dランプ　Eれんが　Fこうもりがさ　G帽子　H人力車

確認しよう p.175 日本に取り入れられた欧米の文化
●断髪し，洋服を着て靴を履く　●牛鍋などの西洋料理　●ランプ　●れんが造りの建物

説明しよう p.175 「文明開化」や政府の政策に対する人々の反応
例　「文明開化」の生活スタイルは学校や工場を通じてしだいに受け入れられ全国へ広まったが，徴兵令，地租改正，学制など政府の新しい政策に対しては強い抵抗があった。

振り返ろう p.175 「近代国家」の建設に向けて明治政府が行った政策〔欧米の「近代化」の推移を踏まえて〕
例　市民革命によって近代的国家を確立し国力を強めた欧米諸国に対抗するため，徴兵制や地租改正，学制の発布，殖産興業による近代産業の育成などの富国強兵策を進めた。

CHECK!

確認したら✓を書こう

世界に開かれた港　横浜
〜開港とともに広がった文明開化〜

● 　一漁村にすぎなかった横浜は，開港によって外国への日本の窓口となった。横浜に移り住んできた外国人により，欧米からさまざまな新しい文化がもたらされ，日本人の間にも広まっていった。

資料活用 p.177上　右図○付近から→の向きに撮られた。

資料活用 p.177下　主要な輸入品目は，17世紀前半は生糸，輸出品目は銀であったが，横浜港の主要な輸入品目は毛織物と綿織物，輸出品目は生糸へと変化している。

▲横浜（1870年）

1 どうして横浜が港になったのかな？

　日米修好通商条約締結でアメリカと開港を約束した場所は「神奈川」とだけ記されていたため，その場所の特定をめぐり幕府側とアメリカ側との間で争いがあった。アメリカ総領事ハリスらは，東海道沿いで最も栄えていた「神奈川宿」を開港させようとしたが，幕府側は日本人と外国人との接触を避けようとして，小さな漁村であった「横浜」を開港するとして押し切った。

　こうして，横浜に商店が集まり取り引きが始まると，外国人が居住するようになり，さまざまな食文化や優れた技術が横浜で取り入れられ，徐々に日本人の間でも普及していった。

食文化　牛鍋，アイスクリームやビールなどが伝えられた。

ガス灯　1872年に，横浜の豪商などがフランス人技師を招き，馬車道・本町通りあたりに設置・点灯したのが最初である。

電信　電信とは，文章を電気の信号に変えて電線で送る通信（電報）のこと。郵便・通信事業を統括していた逓信省（後の郵政省）が，1869年に横浜電信局と東京電信局との間で官用通信の取り扱いを開始したのが最初である。

鉄道　1872年に，横浜・新橋（東京）間で敷かれた鉄道が最初である。イギリス人の指導のもとで建設され，開通当初の運転士もイギリス人であった。片道53分で，1日9往復が運行された。

新聞　外国人居留地では，情報交換の手段として幕末から新聞が発行されていた。これに対抗して，1870年に日本初の日本語版の日刊新聞である『横浜毎日新聞』が創刊された。1部が1匁(100厘)（米1.4kgで5厘程度）と高値だったにもかかわらず，発行部数はのび続けた。

2 居留地はどのような所だったのかな？

　居留地とは，条約を結んだ国が外国人に居住などを許可する限られた一定地域のこと。当時は，外国人に対する殺傷事件が多発していたため，幕府は開港場を海と川に囲まれた出島のようにして，ここに外国商館や外国人居留地ができた。ただし，外国人が外出できる範囲は，江戸方面は多摩川まで，その他は約40kmまでとされた。外国人居留地には，れんがづくりや石づくりの洋風建築をはじめ，教会やホテル，レストラン，新聞社などが立ち並び，劇場やテニスコート，競馬場までつくられた。また，中国人貿易商も来住して今の中華街となる街ができた。

教科書
178
〜
179
ページ

第2部 第4章 第4節 近代国家への歩み

CHECK!

確認したら✓を書こう

① 新たな外交と国境画定

ポイント 岩倉使節団を派遣して不平等条約の改正に努め，清と対等な日清修好条規を結ぶ一方，朝鮮とは不平等な日朝修好条規を結んだ。樺太・千島交換条約により北方の国境を画定し，小笠原諸島も日本領と認められた。

教科書ナビ

○178ページ 1行め
欧米諸国と対等の立場となりたい新政府は，（…）アメリカ合衆国とヨーロッパ諸国に送りました（岩倉使節団）。

○178ページ 12行め
新政府は，1871年，清と対等な条約である日清修好条規を結んで（…）認めました。

○179ページ 4行め
政府内には，武力に訴えてでも朝鮮に開国を迫ろうとする主張（征韓論）が高まりました。

○179ページ 10行め
（…）翌76年，この事件を口実に，日本は朝鮮と日朝修好条規を結び，開港させました。

徹底解説

【岩倉使節団】
不平等条約改正の交渉を主な目的として，1871年に明治政府が欧米に派遣した岩倉具視を全権大使とする使節団。岩倉具視，木戸孝允，大久保利通，伊藤博文などの政府の有力者など約50名が参加し，津田梅子などの女子留学生も同行した。不平等条約の改正交渉を行う目的は達成できなかったが，欧米諸国の政治や産業，文化を見聞し，早急に日本の近代化を進め，国力を充実させることの必要性を感じ帰国した。

【日清修好条規】
1871年に清と結んだ条約。領事裁判権を互いに認め合うなど，対等な立場で結ばれた条約で，これにより正式に国交が開かれた。

▼日清修好条規（1871年）

第1条	日本と清とは友好関係を強め，互いの領土を侵略せず，永久に安全なものとする。
第8条	日本と清の両国にある貿易港には，互いに役人を派遣し，自国の商人の取り締まりを行う。財産や産業などに関係する事件が起こった場合は，裁判を行い，自国の法律で裁くこととする。

〈一部要約・抜粋〉

【征韓論】
武力を行使してでも朝鮮を開国させようという考え。政府は朝鮮との国交回復を求めていたが，朝鮮は鎖国を理由にこれに応じなかった。当時，特権をうばわれた士族たちの不満をそらす必要もあり，西郷隆盛・板垣退助らが征韓論を主張した。しかし，欧米視察から帰国した岩倉・大久保らは国内の整備が先だとして征韓論に反対したため，西郷ら征韓論者は辞職して政府を去った。

【日朝修好条規】
1875年，日本の軍艦が，朝鮮沿海を無断で測量するなど圧力を加えたことから，朝鮮側が江華島に接近した日本の軍艦を砲撃した江華島事件が起こった。翌1876年，日本はこの事件を口実に，朝鮮に特使を派遣し，日朝修好条規を結んで開港させた。この条約は，朝鮮を独立国として認める一方，日本のみが一方的に領事裁判権を持つなど，朝鮮にとって不平等な内容の条約であった。

▼日朝修好条規（1876年）

第1款	朝鮮は自立した国で，日本と平等の権利をもつ。
第8款	朝鮮にある貿易港（釜山ほか2港）は，日本の商人や国民を管理する役人を置く。
第10款	日本人が朝鮮の貿易港で罪を犯し，朝鮮人に交渉が必要な事件が起こった場合は，日本の領事が裁判を行う。

〈一部要約・抜粋〉

●179ページ 17行め

（…）1875年に樺太・千島交換条約 を結び，（…）日本領としました。

〔樺太・千島交換条約〕

幕末にロシアと結んだ日露和親条約で，樺太は日本人とロシア人の雑居地，千島は択捉島以南が日本，得撫島以北がロシア領と決められた。1875年に樺太・千島交換条約を結び，樺太島全域をロシア領とする代わりに，占守島以南・得撫島以北の千島列島を日本領とし，日本とロシアの国境が確定した。

●179ページ 19行め

小笠原諸島については，（…）国際的に認められました。（…）また，1905年には，竹島も現在の島根県に編入されました。

〔小笠原諸島・竹島〕

1876年，日本は国際法に基づき，小笠原諸島が日本領であることを宣言し，国際的に認められた。1905年には，竹島を現在の島根県に編入した。

①ロシア
1855年 日露通好（和親）条約
1875年 樺太・千島交換条約
②清
1871年 日清修好条規
1874年 台湾出兵
③朝鮮
1875年 江華島事件
1876年 日朝修好条規
④琉球諸島
1872年 琉球藩設置
1879年 沖縄県設置
1895年 尖閣諸島を沖縄県に編入
⑤小笠原諸島
1876年 英・米が日本の領有を承認
⑥竹島
1905年 島根県に編入

▲明治初期の日本の国境と外交

教科書の 答え をズバリ！

確認しよう p.179　新政府が1870年代に結んだ条約

● 日清修好条規（1871年）

● 樺太・千島交換条約（1875年）

● 日朝修好条規（1876年）

説明しよう p.179　新政府が中国・朝鮮と結んだ条約の違い〔「領事裁判権」を使って〕

例　中国と結んだ日清修好条規は，正式に国交を開き，**領事裁判権**を互いに認めた対等な条約であったが，朝鮮と結んだ日朝修好条規は，日本が一方的に領事裁判権をもつなど，朝鮮にとって不平等な条約であった。

② 沖縄・北海道と「近代化」の波

ポイント 琉球を日本領に組み入れるため，琉球藩とし，さらに沖縄県とした。北海道では開拓使を置き，屯田兵を移住させて開拓と防備にあたらせた。一方，アイヌの人々には「日本国民」になるための政策を行った。

教科書ナビ

◎180ページ 8行め
さらに1879年，軍隊や警察の力を背景に新政府は琉球藩を廃止して沖縄県を設置しました。

◎181ページ 7行め
（…）北海道の開拓と防備にあたる屯田兵として移住させました。

徹底解説

🔍 **【沖縄県】**

琉球は，幕末まで薩摩藩と清の両国に属する形をとりながら，王国として各国と貿易を行っていた。明治時代になって琉球の帰属をめぐって清と対立したことから，政府は1872年に琉球藩を置き，さらに1879年には軍隊を送って琉球藩を廃止し，沖縄県として日本に統合させた。これにより，1429年に成立した琉球王国は消滅した。しかし，琉球の古くからの制度も残したため，沖縄県で地租改正が行われたのは1903年，衆議院議員選挙が実施されたのは1912年と，さまざまな改革が遅れた。

🔍 **【屯田兵】**

新政府は，蝦夷地を北海道と改称し，開拓使を置いて統治と開拓を進めた。そして，俸禄を失って生活に困窮した士族などを屯田兵として移住させ，開拓と防備にあたらせた。

教科書の答えをズバリ！

資料活用 p.181 アイヌ語由来の都市と移住者由来の地名を探す

礼文：レプンシリ（沖の島）

紋別：モペッ（静かな川）

苫小牧：トマクオマナイ（沼の奥にある川）

室蘭：モルエラニ（小さい坂）

江差：エサウシイ（頭を浜に出しているもの）

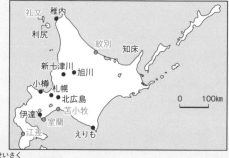

確認しよう p.181 新政府が琉球と北海道で行った政策

琉球…1872（明治5）年に琉球藩を設置した。1879年，軍隊や警察の力を背景に新政府は琉球藩を廃止して沖縄県を設置した。

北海道…開拓使を設け，農地の開墾，鉄道・道路の建設，都市づくりなどを行った。そして，生活に困っていた士族などを，北海道の開拓と防備にあたる屯田兵を移住させた。

説明しよう p.181 新政府が行った政策による琉球とアイヌの人々の生活の変化

例 琉球…王国時代と同じ税制に苦しみ，税制の改正や参政権を求める運動も起こした。

アイヌ…土地を取り上げられ，強制移住などによって，狩りや漁の場を奪われた。また，「日本国民」にするための政策が進められ，先祖から伝わる生活や民族独自の文化を保つことが難しくなった。

移住と開拓が進む北海道
〜近代化を目指した国家の一大プロジェクト〜

● 明治政府は，サハリン（樺太）での争いがたえなかったロシアへの備えと北海道の豊かな資源や未開拓の原野への期待から，北海道の開拓に力を入れた。開拓の拠点となった札幌には開拓使が置かれ，近代的な都市づくりが急速に進められた。

1 札幌はどのように発展したのかな？

　札幌は，開拓使が設置されるなど，北海道の開拓の中心となった。1869（明治2）年，碁盤目状の都市づくりが始まり，1875年には，東北などの士族が入植してきた。また，日本海側の港と近いことから，北海道全域と港をつなぐ道路網の拠点としても整備されていった。

　明治以降も札幌は急速に発展し，1887年に約1万3000人だった人口が，現在は約200万人の大都市になっている。

開拓使　1869年，北海道を開発するために，政府機関として置かれた役所。開拓がさかんだったアメリカから技術者を招いて，西洋農法を取り入れた農業開発，工場の建設，炭鉱の開発などを進めた。官営工場を札幌に集中させ工業団地を形成し，開拓を行う人材を育てるために札幌農学校を開校した。1882年に廃止され，のち北海道庁に統合された。

黒田清隆（1840〜1900）　薩摩藩士，陸軍軍人，政治家。1870年から11年間にわたり開拓使の次官・長官を務めた。みずからアメリカに渡り，アメリカの農務長官のケプロンやマサチューセッツ農科大学のクラークらアメリカ人を多数日本に招いた。また，戊辰戦争最後の戦いである五稜郭の戦いで投降した将軍直属の家臣たちを開拓使に登用した。

クラーク（1826〜1886）　アメリカの教育家。1876年に開拓使の招きで来日し，札幌農学校（現在の北海道大学）の初代教頭となった。キリスト教の精神に基づいた教育は，学生たちに大きな影響を与え，のちに国際連盟事務局次長となった新渡戸稲造や日露戦争に反対した内村鑑三など多くの優秀な人材を育てた。帰国時に残した「少年よ，大志を抱け」という言葉が有名である。

2 開拓によってどのような産業が発展したのかな？

・しょうゆ・みそ・れんが…開拓民の日用品
・製粉・生糸・缶詰・材木…輸出品
・麦酒（ビール）…官営工場の麦酒醸造所が1876年に創業。
・石炭…炭鉱のある幌内まで鉄道が延長された。

屯田兵　ふだんは家族とともに開墾と農業を行い，非常時には兵として北海道の防衛にあたった。1874年に屯田兵制度がつくられ，明治維新後の改革で生活に困った士族たちが屯田兵として多数北海道に渡った。屯田兵には一家族に一つの家が与えられ，食料，農具なども政府から給付されたが，生活は厳しかった。屯田兵の募集は1899年まで続いた。

③ 自由と民権を求めて

ポイント 板垣退助らが，1874年に民撰議院設立建白書を政府に提出したころから自由民権運動が始まった。1881年に政府が国会を開くことを約束し，板垣退助が自由党，大隈重信が立憲改進党を結成し，国会開設に備えた。

教科書ナビ

●184ページ 6行め
自由民権運動の始まりです。

●184ページ 9行め
（…）政府に不満を持つ士族ら約4万人が1877年，西南戦争を起こしました。

●184ページ 16行め
（…）大阪に集まって国会期成同盟を（…）提出しました。

●185ページ 17行め
秩父地方（埼玉県）では，（…）騒動が起こりました（秩父事件）。

徹底解説

🔍 **[自由民権運動]**
1870年代から高まった，国会開設と憲法制定を目的に，国民の政治参加を要求する運動。政府の専制政治を批判した板垣退助らが，1874（明治7）年に民撰議院設立建白書を政府に提出したことから始まった。この運動の背景には，植木枝盛・中江兆民らの「人間は生まれながらに自由・平等の権利を持つ」という考えがある。初めは士族が中心だったが，商工業者や豪農も加わり，全国的な運動となった。

🔍 **[西南戦争]**
1877年，鹿児島で士族たちが中心となり，西郷隆盛をおしたてて起こした反乱。士族の反乱のなかでは最大規模の反乱で，明治政府は徴兵令により組織された軍隊で鎮圧した。これ以降，士族の抵抗運動は言論を中心に行われるようになった。

🔍 **[国会期成同盟]**
1880年，国会開設を求めて結成された全国的な組織で，多くの署名を集めて政府に国会開設をせまった。翌1881年の北海道開拓使官有物払い下げ事件をきっかけに，政府は国会を10年後に開くという約束をした。その後，板垣退助が自由党，大隈重信が立憲改進党を結成した。

🔍 **[秩父事件]**
1884年，埼玉県秩父地方の農民や自由党員が起こした騒動。米・まゆなどの価格が下がり，生活の苦しくなった農民たちが，地租の軽減や借金返済の延期などを求めて役場や高利貸しなどを襲ったが，軍隊によって鎮圧された。

教科書の答えをズバリ！

確認しよう p.185　自由民権運動で要求されたこと

人々の意見を政治に反映させるために，国民が選んだ議員が作る国会の早期開設を要求した。

説明しよう p.185　自由民権運動の活動家たちが，国会開設の過程においてとった行動

例　1874年に板垣退助らが民撰議院設立建白書を政府に提出した。その後は政治結社を組織して演説会などを行って運動を進めた。1880年には，国会開設を求めて国会期成同盟を結成し，さまざまな憲法草案を作成した。1881年に国会開設の勅諭が出されると，国会開設に備えて政党をつくった。

CHECK!
確認したら✓を書こう

④ 帝国憲法の成果と課題

ポイント：政府は憲法制定の準備のために，伊藤博文をヨーロッパに派遣した。君主権の強いドイツの憲法を手本として憲法草案を作成し，1889年に大日本帝国憲法として発布され，翌年，第1回衆議院議員選挙が行われた。

教科書ナビ

●186ページ 2行め
伊藤博文はヨーロッパへ留学して，君主の権力が強いドイツ（プロイセン）の憲法を（…）作成を始めました。

●186ページ 5行め
太政官制を廃止して内閣制度を作り，伊藤が初代の（…）になりました。

●186ページ 6行め
そして，伊藤らが作成した憲法案は枢密院での審議を経て，1889年，天皇が国民に与えるという形で大日本帝国憲法として発布されました。

徹底解説

〔伊藤博文〕(1841〜1909)

長州藩（山口県）出身の政治家。大久保利通の死後，明治政府の中心的人物となった。1882年に憲法調査のためヨーロッパに渡り，帰国後は内閣制度の創設，大日本帝国憲法の制定などに大きな役割を果たした。内閣制度創設とともに初代内閣総理大臣に就任し，日露戦争後は初代韓国統監を務めたが，1909年にハルビンで暗殺された。

〔ドイツ（プロイセン）の憲法〕

1871年に制定されたドイツ帝国の憲法。議会の権限が弱い一方，君主である皇帝に強大な権力を持たせた憲法であった。このため，大日本帝国憲法の制定にあたり，天皇中心の政治を目指す明治政府が手本とした。

〔内閣制度〕

太政官制にかわって1885年に創設された，内閣を国家の最高行政機関とする制度。天皇が任命した内閣総理大臣と各省を担当する大臣によって構成され，各大臣は天皇を助け，天皇に対して責任を負うこととされた。

〔大日本帝国憲法〕

1889年2月11日に発布された日本初の憲法。天皇が国民（臣民）に授けるという形で発布された。

〈天皇の地位・権限〉

・天皇は国の元首（国の代表者で国を率いる者）。

・天皇は，外国と条約を結ぶ権限や戦争を始める権限など，強い権限を持つ。

・帝国議会・内閣・裁判所は天皇の統治下にあるとされた。

〈国民の地位・権利〉

・国民は天皇の臣民であり，人権は天皇から与えられたもの。

・言論・出版・集会・結社・信教の自由など一定の権利が認められた。

・国民の権利は，法律によって制限できるとされた。

▲大日本帝国憲法の下での国のしくみ

（図：天皇 — 枢密院 — 元老（憲法に規定のない機関／天皇に内閣総理大臣を推薦）／立法：帝国議会（衆議院・貴族院）／行政：内閣・各省・道府県／司法：大審院／軍部：陸軍・海軍／選挙／徴兵／国民）

○**186ページ 11行め**
帝国議会・内閣・裁判所のいずれもが，天皇の統治を助けるものとされ，（…）ました。

🔍 **【帝国議会】**
大日本帝国憲法に基づいて開かれた議会。貴族院と衆議院からなる二院制で，両院は対等とされた。法律の制定，予算の審議・承認などを行った。天皇の権限の方が強く，議会の権限はきわめて限られていたが，政党の力が認められる基礎ともなった。

○**186ページ 17行め**
（…）天皇と国への「忠君愛国」および親への「孝」を基本とする**教育勅語**が発布されました。

🔍 **【教育勅語】**
1890年に明治天皇の名によって出された，国民教育の基本方針を示した勅語（天皇の言葉）。忠や孝を中心とする儒教の道徳を基本として，天皇に忠誠を誓い，国を愛するという忠君愛国の精神が学校教育の基本であることが強調された。全国の学校に天皇の写真とともに配布され，式典などでの拝礼・奉読が義務づけられた。

○**187ページ 7行め**
1890年に行われた第1回衆議院議員総選挙では，自由民権運動の（…）政府に対抗しました。

🔍 **【第1回衆議院議員総選挙】**
1890年に行われた最初の衆議院議員選挙。選挙権が与えられたのは，直接国税15円以上を納める満25歳以上の男性に限られ，日本の総人口の約1.1％に過ぎなかった。選挙の結果，立憲自由党と立憲改進党など民権派の政党（民党）が過半数を占め，地租の軽減などで政府と対立し，議会は混乱した。

教科書の 答え をズバリ！

資料活用 p.187　明治時代と現在の選挙の変化

警察官の監視のもと男性だけが投票していたのに対し，現在は，女性も投票できるように変化し，投票用紙に名前と住所を書くこともなくなり，秘密が守られている。

確認しよう p.187　大日本帝国憲法における天皇・国民についての説明

● 主権は天皇にあると定められ，軍隊を率いる権限や，条約の締結などの外交権，戦争の開始・終結の権限なども天皇にあった。

● 国民は天皇の「臣民」とされた。一方，国民の言論・出版・集会・結社・信教の自由は，法律の範囲内という厳しい制限が付きながらも認められた。

説明しよう p.187　大日本帝国憲法の制定により国民にもたらされた成果と課題点

例　国民が政治に参加する道が開かれ，立憲政治・議会政治が行われるようになった。しかし，有権者は裕福な地主などに限られていた。また，女性には選挙権が与えられず，政治活動も禁止されるなど，女性の権利は制限を受けた。

振り返ろう p.187　明治政府が，国境を画定し，憲法を作った理由
〔欧米の近代国家の建設の過程も踏まえて〕

例　欧米諸国では，憲法を基にした政治制度を整備し，国境と領土を定め，そこに住む人々を「国民」として一つにまとめる近代国家の建設が進められてきた。そのため，日本も，同じ近代国家として認められるように，それまであいまいだった国境を画定し，憲法を作った。

『三酔人経綸問答』を考察する
―三人の人物が日本の行く末を徹底討論！

考えよう① 三人の意見の立場

整理しよう②

	立場	主張	その根拠
紳士君	ⓘ	軍隊をなくし，共和政を先んじて実践すれば，侵略されることはない。	後に，世界中の国が共和政を取るようになる。
豪傑君	ⓤ	ヨーロッパ諸国と同じ大国になるためには他国を侵略してでも資源を確保するべきだ。	欧米諸国の軍拡競争が，アジアに及ぶおそれがある。
南海先生	ⓐ	アジア諸国は同盟し，互いに侵略の危機から逃れるようにするべきだ。	国際法によって，弱小国も守られている。

説明しよう③

	批判
紳士君	例 理想論であって，どうやって共和政を実現するのか，共和政が実現するまでの独立と安全をどうやって守るのかということが明確ではない。
豪傑君	例 軍事力をどんどん増強して海外に出るという方向性には多くの危険性がともない，侵略される側の感情を考える必要がある。また，国際的な批判を受け，孤立する危険性も出てくる。
南海先生	例 ロシアとイギリスはアジアに進出して優位を争っている状況で，もし国際法が頼りにならなければ，自国を守ることができない。

話し合って深めよう④

例 私は南海先生を支持します。列強諸国の勢力が均衡しているなか，日本は必要な軍備で自衛し，決して他国への侵略などしないでアジア諸国と友好関係を築いていく努力をすることが重要だと考えます。

技能をみがく 当時の立場になって選択し，判断する

　その後の歴史の経過については当時の人々には分からないため，歴史を考える際には，その結果がすでに分かっている現在の立場からは考えず，当時の人々の立場を踏まえて選択し，判断することが大切である。

CHECK!
確認したら✓を書こう

① アジアの列強を目指して

ポイント 欧米諸国は軍事力を背景に，経済進出したアジアやアフリカの地域を植民地として支配する帝国主義の動きが活発になった。条約改正を目指していた日本は，陸奥宗光によって領事裁判権の撤廃に成功した。

教科書ナビ

◎190ページ 7行め
このような動きや考え方を帝国主義といいます。

◎190ページ 15行め
政府は，（…）欧化政策を行いましたが，（…）。

◎191ページ 2行め
1886年に起こったノルマントン号事件では，（…）高まりました。

◎191ページ 6行め
（…）陸奥宗光外務大臣（…）成功しました。

徹底解説

〔帝国主義〕
19世紀後半から始まった，資本主義諸国が軍事力を背景に植民地支配を広げていった動き。資本主義がいちじるしく発展した欧米諸国（列強）は，原料の仕入れ先と商品の販売先を求めて海外に進出した。
武力を背景に進出した地を植民地とし，政治的にも経済的にも支配した。欧米諸国は植民地を求めて競ってアジア・アフリカに進出し，互いに対立するようになった。

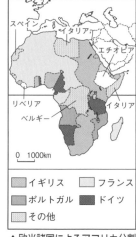

▲欧米諸国によるアフリカ分割

凡例：イギリス／フランス／ポルトガル／ドイツ／その他

〔欧化政策〕
政府が条約改正の取り組みの一環として行った政策。東京の日比谷に造られた鹿鳴館は，欧米人を招いての舞踏会が開かれるなど，日本の近代化をアピールする欧化政策の象徴といわれた。

〔ノルマントン号事件〕
1886年，沈没したイギリス船に乗っていた日本人乗客が全員水死した事件。裁判はイギリス領事裁判所で行われ，船長は軽い刑ですんだことから，国民の間に領事裁判権の撤廃を求める声が高まった。

〔陸奥宗光〕（1844〜1897）
紀伊藩（和歌山県）出身の政治家。1894年，外務大臣として条約改正の交渉にあたり，日英通商航海条約を結んで領事裁判権の撤廃に成功した。

教科書の\答え/をズバリ！

確認しよう p.191 帝国主義についての説明
資源を得たり，商品を売ったりするための市場を求めて海外へ進出し，軍事力を行使して植民地支配を行うような動きを進める考え方のこと。

説明しよう p.191 この時期に領事裁判権の撤廃に成功した理由
例 憲法の制定など，法や国家のしくみが整ってきたことを背景に，ロシアの南下を恐れるイギリスが日本と良好な関係を築こうとしたために，日英通商航海条約を結ぶことができたから。

② 朝鮮をめぐる対立　日清戦争

CHECK! (••)
確認したら✓を書こう

ポイント 甲午農民戦争をきっかけに，日本と清が対立し，日清戦争が始まった。日本が勝利し，翌年下関条約が結ばれたが，三国干渉により遼東半島を清に返還した。その後，欧米列強は競って清に進出した。

教科書ナビ

◉192ページ 5行め

朝鮮の政治改革を目指す反乱が（…）勢力を広げました（**甲午農民戦争**）。

◉192ページ 12行め

1894年7月，豊島沖で日本と清の海軍が衝突し，**日清戦争**が始まりました。

◉192ページ 15行め

（…）翌95年4月，下関（山口県）で日清講和条約（**下関条約**）が結ばれました。

徹底解説

🔍 〔甲午農民戦争〕

　1894年に朝鮮半島南部で起こった，東学を信仰する団体を中心とした農民の大規模な反乱。東学とは，キリスト教（西学）に対抗しようとする宗教の意味で，朝鮮の民間信仰に儒教や仏教などをまじえた新宗教。朝鮮では，1876年の日朝修好条規によって開国して以来，国内の政治で対立が続き，外国の安い商品が大量に流入して経済が混乱した。さらに政府が増税を行ったため，人々の生活は苦しくなった。そこで，東学を信仰する人々が農民を指導して，政治改革と外国勢力の追放を唱えて反乱を起こした。朝鮮政府がこれをおさえるために清に援軍を求めると，日本も清に対抗するため朝鮮に出兵し，日清戦争へと発展していった。

🔍 〔日清戦争〕

　1894年，朝鮮の支配をめぐって日本と清との間に起こった戦争。甲午農民戦争で朝鮮に出兵した日本と清は，反乱がしずまったあとも朝鮮にとどまり，朝鮮の政治改革をめぐって対立した。その後，日本が清に宣戦布告して戦争が始まったが，近代的な軍備の整った日本軍が朝鮮から満州にかけて進出し，8か月で日本が勝利した。

〈日清戦争前の国際関係〉

　①（朝鮮）をめぐって②（日本）と③（清）が対立しており，橋の上では④（ロシア）がそのようすをうかがって横取りしようとたくらんでいる。

▲東アジアの国際関係の風刺画

🔍 〔下関条約〕

　1895年に下関（山口県）で結ばれた日清戦争の講和条約。

・清は，朝鮮を独立国と認める。

・清は，遼東半島・台湾などを日本に譲る。

・清は，賠償金2億両を日本に支払う。

などを内容とする。賠償金の多くは軍備の増強に使われた。清と日本との対等な通商条約は不平等なものに改められた。

○**193ページ 2行め**

下関条約によって（…），遼東半島を清に返すよう日本に迫りました（三国干渉）。

🔍 〔三国干渉〕

1895年，ロシアがドイツ，フランスとともに，日本に対して，下関条約で獲得した遼東半島を清に返還するように要求したできごと。東アジアへの南下を進めようとしていたロシアは，下関条約で日本が遼東半島を獲得すると，朝鮮の独立がおびやかされるとして，日本に対し遼東半島を清に返すように勧告した。3国の圧力には対抗できないと判断した日本は，清の賠償金の増額を条件に勧告を受け入れ，遼東半島を清に返還した。それと同時に，日本国内では，ロシアへの反感が高まった。

○**193ページ 7行め**

日清戦争後，清の国力が衰えたことを知った欧米諸国は，競って清に進出しました。

🔍 〔欧米諸国の清への進出〕

日清戦争によって，それまで「眠れる獅子」とおそれられていた清の弱体ぶりを知った欧米諸国（列強）は競って利権の拡大を目指し，あいついで勢力範囲を設定していった（中国分割）。ロシア・イギリス・フランス・ドイツがそれぞれ租借（外国の領地を借り受けて支配すること）する地域を各地に得るなどして分割を進めた結果，清は欧米諸国の植民地と変わらない状態になった。

▲列強による中国進出

教科書の 答え をズバリ！

確認しよう p.193　下関条約で決まったこと

日本は清に朝鮮の独立を認めさせ，遼東半島・台湾・澎湖列島と2億両（当時の日本の国家予算の約3.6倍）の賠償金を得た。

説明しよう p.193　日清戦争による，日本・中国・朝鮮のアジアでの立場の変化

例　**日本**…植民地（台湾）と賠償金を得たことで，清（中国）にかわって影響力が強まった。

　　中国…国力の衰えを知った欧米列強による進出が加速し，租借が進んだ。

　　朝鮮…清から独立して国名を大韓帝国とし，日本への警戒からロシアに近づいていった。

③ 世界が注目した日露戦争

ポイント

1904年，日露戦争が始まった。戦いを有利に進めた日本は，アメリカの仲介でポーツマス条約を結んだ。日露戦争後，日本は国際的な地位を高めたが，国内では増税などで，政府に対する国民の不満が高まった。

教科書ナビ

●194ページ 3行め

しかし，日本軍を中心とした列強8か国の出兵によって敗れました（義和団事件）。

●194ページ 9行め

（…）それを阻止しようとする日本とイギリスの利害が一致し，1902年，日英同盟が結ばれました。

●194ページ 14行め

（…）1904年，日露戦争が始まりました。

徹底解説

🔍【義和団事件】

1899〜1900年に清で起こった民衆反乱。欧米諸国の侵略が強まっていたことに対して，1899年に外国勢力の追放を唱える義和団という宗教団体を中心とした民衆が山東省で立ち上がり，翌年北京の外国公使館を襲った。清の政府も義和団に同調して外国に宣戦を布告した。日本を含む各国が連合軍を派遣し，北京を占領して清を降伏させた。事件後，ロシアは大軍を満州にとどめたので，日本はイギリスとともにロシアに対抗するため，日英同盟を結んだ。

🔍【日英同盟】

1902年に日本とイギリスが結んだ軍事同盟。イギリスは早くから清に進出し，他国より有利な立場を築いていた。インドや西アジアで対立していたロシアが東アジアでもイギリスの利権をおびやかそうとすると，朝鮮支配を目指しロシアの南下政策を警戒していた日本と利害が一致したため，同盟を結び，ロシアに対抗した。

🔍【日露戦争】

1904年，朝鮮・満州をめぐる対立から日本とロシアとの間で起こった戦争。日英同盟が結ばれたあともロシアは満州に兵をとどめていた。満州と朝鮮に関する交渉も決裂し，日本とロシアの対立は深まった。戦争は日本の旅順攻撃で始まり，日本陸軍は旅順・奉天の戦いでロシア軍を破り，海軍は日本海海戦でロシアのバルチック艦隊を破った。しかし，日本は国力が消耗して兵力・物資が不足し，ロシアは国内で革命運動が起こったため，両国とも戦争を続けることが困難になった。そして両国はアメリカ大統領セオドア＝ローズベルトの仲介で講和に踏み切った。

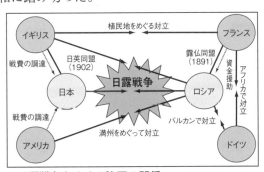

▲日露戦争をめぐる強国の関係

○195ページ 3行め
　これを機に，アメリカの仲介によってアメリカで日露講和条約（ポーツマス条約）が結ばれました。

🔍 【ポーツマス条約】
　1905年，アメリカの仲介によりアメリカのポーツマスで結ばれた日露戦争の講和条約。その内容は，次のとおりである。
・ロシアは朝鮮での日本の優越権を認める。
・ロシアは旅順・大連の租借権と長春以南の鉄道を日本に譲る。
・ロシアは南樺太を日本に譲る。
・ロシアは沿海州・カムチャツカの漁業権を日本に譲る。
　しかし，国民は賠償金のない条約に不満を爆発させた。

○195ページ 8行め
　（…）ロシアから（…）日比谷焼き打ち事件などの暴動が起こりました。

🔍 【日比谷焼き打ち事件】
　1905年，ポーツマス条約の内容に不満を持った人々は，講和条約調印の日に東京の日比谷公園で集会を開き，条約破棄を叫んで暴動を起こし，新聞社や交番などを焼き打ちにした。

○195ページ 12行め
　1911年，小村寿太郎外相の下，（…）欧米諸国との条約改正がすべて達成されました。

👤 【小村寿太郎】(1855〜1911)
　宮崎県出身の政治家。外務大臣として活躍した。日英同盟を結び，さらに日露戦争後に行われた講和会議に日本全権として出席し，ポーツマス条約を結んだ。また，1911年には日米通商航海条約を結び，関税自主権の完全回復に成功した。

🔍 【条約改正の達成】
　幕末に諸外国と結んだ不平等条約の改正は，明治政府にとって大きな課題であった。1871年の交渉開始後，大日本帝国憲法や議会を整え，日清戦争・日露戦争に勝利して国力を高めた日本は，欧米諸国から「一等国」とみなされるようになった。領事裁判権撤廃は1894年に陸奥宗光が，関税自主権の回復は1911年に小村寿太郎が成功させ，これにより，条約改正は交渉開始から約40年かかって達成された。

教科書の \答え/ をズバリ！

資料活用 p.195　1900年の税額は1895年と比べて何倍になったか

　1895年は約7500万円，1900年は約1億4000万円で，およそ2倍になっている。

確認しよう p.195　ポーツマス条約で決まったこと

　韓国における日本の優越権が承認され，日本は長春・旅順間の鉄道の利権と，旅順・大連を中心とする遼東半島の租借権，南樺太などをロシアから得た。

説明しよう p.195　日露戦争による日本と外国との関係の変化

　例　日本は，その力を外国に認められるようになり，関税自主権の回復につながり，条約改正が実現した。また，満州をめぐって，アメリカとの関係が崩れ始め，ロシアと協力するようになった。

④ 塗り替えられたアジアの地図

CHECK!
確認したら✓を書こう

ポイント 日本は南満州鉄道株式会社を発足させ，また，韓国の外交権を奪って保護国とし，1910年には植民地とした。中国では，清が人々の信頼を失い，孫文を中心とする辛亥革命によって中華民国が成立した。

教科書ナビ

◉196ページ 13行め
翌10年，日本は韓国を併合し，植民地としました（**韓国併合**）。

◉197ページ 3行め
一方，下関条約で日本の植民地となった**台湾**では，（…）取りしきるようになりました。

◉197ページ 5行め
満州では，（…）**南満州鉄道株式会社**（満鉄）が発足しました。

◉197ページ 10行め
（…）**孫文**は，亡命先の東京で清を倒すための運動を進め，（…）三民主義を唱えました。

徹底解説

🔍【韓国併合】

ポーツマス条約で韓国に対する日本の指導的立場が認められると，1905（明治38）年に韓国を保護国とし，漢城に統監府を置き，伊藤博文が初代統監に就任した。1910年には韓国を併合し，植民地とした。日本は韓国を朝鮮と改め，朝鮮総督府を置いた。学校では日本語や日本の歴史・地理を教えさせ，日本への同化政策を進めた。このような支配は日本が第二次世界大戦に敗れる1945年8月まで続き，こうした中で，朝鮮人に対する差別意識がしだいに日本人の中に植えつけられていった。

▼朝鮮開国から植民地化されるまで

年	おもなできごと
1873	日本に征韓論起こる
1875	江華島事件が起こる
1876	日朝修好条規が結ばれる→朝鮮の開国
1894	甲午農民戦争が起こり，日本が出兵日清戦争が始まる
1897	国号を韓国と変更
1904	日露戦争が起こる
1905	日本が韓国を保護国とする統監府をおき，伊藤博文が初代統監に就任
1909	伊藤博文暗殺
1910	韓国併合国号を朝鮮に改め，朝鮮総督府をおく

🔍【台湾】

1895年の下関条約で清から日本に譲られた台湾では，台北に台湾総督府が置かれ，植民地支配が行われた。土地制度の近代化や産業の振興も図られたが，日本は大量の軍隊を送って台湾の人々の抵抗を武力でおさえ，住民に対して同化・皇民化を強制した。

🔍【南満州鉄道株式会社】

1905年のポーツマス条約でロシアから獲得した長春以南の鉄道を経営するために，1906年に設立された半官半民の鉄道会社。鉄道事業のほか，沿線の鉱山や炭鉱の開発，製鉄業などさまざまな事業を経営し，日本の「満州」支配の中心となった。

👤【孫文】（1866〜1925）

中国革命の指導者。最初医者を志したが，1905年に東京で中国同盟会を結成し，三民主義に基づく革命運動を指導した。1911年の辛亥革命で中華民国を成立させ，革命後は臨時大総統になったが，袁世凱に大総統を譲った後に対立し，日本に亡命した。その後も中国統一運動を進め，1919年に中国国民党を結成した。

◎**197ページ 11行め**

（…）民族の独立，民主政の実現，国民生活の安定を目指す**三民主義**を唱えました。

🔍〔**三民主義**〕
孫文が革命の理念として唱えたスローガン。
・民族の独立…満州人の清を倒し，漢民族の独立を回復する（民族主義）
・民主政の実現…皇帝の専制政治を廃止し，共和政による民主政治を実現する（民権主義）
・国民生活の安定…土地や資本の独占を制限し，国民生活の安定と平等をはかる（民生主義）

◎**197ページ 15行め**

（…）南京でアジア初の共和国である**中華民国**の成立を宣言しました。

🔍〔**中華民国**〕
辛亥革命によって中国で成立したアジア初の共和国。南京を首都とし，臨時大総統に孫文が就任した。その後，大総統となった袁世凱は独裁政治を始めた。1928年，蔣介石によって中国統一を達成した。

◎**197ページ 16行め**

（…）清の皇帝は退位し，約300年続いた清は滅亡しました（**辛亥革命**）。

🔍〔**辛亥革命**〕
1911年，武昌（現在の武漢の一部）での反乱をきっかけにした中国の革命。孫文が中心となり，民族の独立を回復して近代国家をつくることを目指し，中華民国をたてた。清の軍人であった袁世凱と革命軍が手を結び，1912年に皇帝が退位して，約300年続いた清は滅んだ。

教科書の\答え/をズバリ！

資料活用 p.197 ネルーが抱いた，日本の近代化政策に対する感情

例 日露戦争後の日本が帝国主義国としての動きを活発にしたことで，アジアの人々の期待を裏切ったことへの批判的な感情を抱いた。

確認しよう p.197 1905年と1910年に起こった日本と韓国に関係する出来事

● 1905年…日本は韓国から外交権を奪って保護国とし，伊藤博文を韓国統監として派遣した。

● 1910年…日本は韓国を併合し，植民地とした（韓国併合）。韓国を朝鮮と改め，軍人の朝鮮総督を置いて支配し，首都漢城（現在のソウル）も京城と名を変えさせた。

説明しよう p.197 日清・日露戦争後の韓国と中国で起こった出来事

例 韓国は日本に併合され植民地となった。中国では，孫文を中心に辛亥革命が起こり，中華民国が成立し，清は滅亡した。

振り返ろう p.197 日清・日露戦争前後の日本の，中国・朝鮮との関わりの推移と，日本のアジアでの立場の変化

例 朝鮮での支配権を持つ清と勢力を広めたい日本の対立によって日清戦争が起こり，日本が勝利した。この結果，日本は台湾を獲得し，朝鮮は独立し韓国となった。日露戦争に勝利した日本は，近代化や独立の希望をアジアの人々に与えたが，韓国を併合して植民地とし，中国では南満州鉄道をつくって大陸への足がかりとするなど，欧米諸国と同様，帝国主義を進める国の一つとなった。

① 近代日本を支えた糸と鉄

CHECK! 確認したら✓を書こう

ポイント　紡績業と製糸業を中心とする軽工業から日本の産業革命が始まった。1890年代には綿糸の生産量が輸入量を上回り，生糸は世界最大の輸出国となった。1900年代からは，八幡製鉄所を中心として重工業が発達した。

教科書ナビ

●198ページ 4行め
軽工業の分野では，（…）綿織物の生産量を一挙に増やしました。

●199ページ 4行め
重工業の分野では，（…）主要な鉄道が国有化されました。

●199ページ 4行め
日清戦争で得た賠償金を使って造られた，官営の八幡製鉄所（福岡県）が中心となりました。

●199ページ 16行め
これらの実業家は，産業経済界を支配（…）財閥とよばれるようになりました。

徹底解説

🔍 **【軽工業の発展】**
1880年代後半から綿糸紡績業や製糸業などの軽工業が発展した。綿糸・生糸とも機械化により国内生産力が高まり，綿糸は清や朝鮮に，生糸はアメリカやフランスに大量に輸出され，それによって得た外貨で，戦艦などの兵器や鉄鋼を輸入した。

🔍 **【重工業の発展】**
日清戦争後，鉄道建設や軍備増強のため鉄鋼の需要が高まり，1901（明治34）年に操業された官営の八幡製鉄所を中心として鉄鋼業が盛んになった。政府が軍需産業に力を入れたことから民間の製鋼所や鉄工所も発展し，造船・車両などの重工業も発達するようになり，それまで輸入に頼っていた戦艦や機関車も国内で生産可能となった。

🔍 **【八幡製鉄所】**
鉄鋼の自給を目指し，北九州（福岡県）につくられた官営の製鉄所。日清戦争で得た賠償金などをもとにして1897年に建設が始まり，ドイツの技術を取り入れて1901年に操業が開始された。国内生産の約80％の鉄鋼が生産され，重工業発展の基礎となった。

🔍 **【財閥】**
金融を中心に貿易・運輸など多くの事業を一族で独占的に経営し，日本経済全体に大きな影響力を持つようになった企業集団。三井・三菱・住友・安田が代表例。殖産興業や官営工場の払い下げなどをきっかけに政府と結び付き，大きな利益を得た。

教科書の 答え をズバリ！

資料活用 p.198　鉄道と工場の位置関係

例　鉄道の沿線に，製鉄所・造船所・紡績所などの工場が集中している。

確認しよう p.199　近代日本の主な工業製品

軽工業…綿糸，生糸，綿織物　　　　重工業…鉄鋼，機関車，戦艦

説明しよう p.199　軽工業と重工業の発展による，日本の経済と産業の変化

例　まず軽工業が発展し，綿糸の生産量が輸入量を上回り輸出も増加し，生糸は世界最大の輸出量となった。また，軍需産業に力を入れて重工業が発展すると，機関車や戦艦なども国内生産ができるようになり，交通・通信網もさらに発達した。また，日本の経済をけん引する財閥が登場した。

歴史を探ろう

「絹の道」と日本の製糸業
〜幕末八王子の生糸産業から近代日本の製糸業へ〜

● 幕末に開港して貿易が始まると，生糸は，日本の重要な輸出品となった。最大の貿易港となった横浜と八王子を結ぶ街道は輸出用の生糸を運ぶルートとなり，八王子は生糸の取り引きで栄えた。この街道は，後に「絹の道」とよばれるようになった。

❶ なぜ八王子は生糸の生産・取り引きで発展したのかな？

桑の都　八王子は扇状地に位置し，水持ちが悪く米作りに適さない土地だったため，古くから桑が栽培され，養蚕が盛んで，桑の都（桑都）とよばれていた。

立地　八王子は，他の生糸生産地（現在の群馬県や長野県，山梨県など）と江戸を結ぶ地点にあり，それらの地域から八王子に生糸が集まってきた。そのため，八王子では江戸時代から生糸の取り引きが盛んで，多くの生糸商人が活躍し，特に八王子の鑓水の商人は有名であった。

「絹の道」　八王子と横浜を結ぶ街道は，輸出用の生糸を運ぶルートとなり，後に「絹の道」とよばれるようになった。

養蚕ブーム　開港以降，生糸の輸出が盛んになったことで，各地で養蚕ブームが起こり，八王子の生糸の生産・取り引きも増え，「絹の道」は生糸を積んだ荷車でにぎわった。生糸商人や養蚕農家は利益を得るだけでなく，欧米の文化や思想に触れる機会も得た。その後，鉄道の開通によって，「絹の道」と共に栄えていた商人は没落したが，生糸の生産は増え続けた。

▲八王子と横浜を結ぶ「絹の道」

現在の八王子　現在，養蚕農家は激減したが，八王子では絹織物を主とした伝統ブランドが受け継がれており，「八王子ネクタイ」などが有名である。

❷ 日本の製糸業はどのように発展したのかな？

製糸場の設立　生糸が日本の主要な輸出品となったため，政府は，官営の富岡製糸場などを模範として，1870年代の後半には群馬・長野・山梨県を中心に，水力や蒸気機関を利用した機械で生産する製糸場が次々に設立された。さらに，日本銀行が設立されると，生産規模を拡大するために必要な資金が供給されるようになり，製糸業界も活性化した。

産業革命　日清戦争前後から，製糸業や紡績業など，軽工業中心の産業革命が進展し，生産能力が拡大された。また，この時期には，民間の鉄道会社が貨物輸送による利益を目指した鉄道を建設し，これらが，さらに各地の産業の機械化を促していった。これによって，作業効率が上がって生産量が増え生糸の品質も向上して国際競争力も高まった。

生糸の輸出　1890年代には，機械生産による生産高が手工業による生産高を上回り，日露戦争後の1909年には，世界最大の生糸輸出国となった。日本の生糸や絹織物の輸出先は主に欧米諸国であったが，アメリカ合衆国の経済発展に伴って，アメリカへの輸出が中心となっていった。

CHECK!
確認したら✓を書こう

② 変わる都市と農村

ポイント 工業化が進展する一方，労働者の劣悪な労働条件や足尾銅山の公害問題など多くの社会問題が発生した。また，軍事費の急増に伴う増税などで，人々の生活はなかなか向上せず，貧富の差が拡大した。

教科書ナビ

◉202ページ 9行め
明治時代には，（…）資本家になる者も現れました。

◉203ページ 16行め
1910年，政府は（…）幸徳秋水ら12人を処刑しました（**大逆事件**）。

◉203ページ 19行め
また**田中正造**は，足尾銅山の鉱毒被害に対して初の公害反対運動を行い，（…）。

徹底解説

🔍 **〔農村の変化〕**
工業化の進行にともない，農村にも商品経済が浸透し，必要な物は自分でつくるという自給自足的経済はくずれた。多くの土地を持つ豪農（大地主）の中には，小作人（地主から土地を借りて農業を営む農民）が納める小作料をもとにして資本家になる者も現れた。

🔍 **〔大逆事件〕**
1910年，多数の社会主義者が大弾圧を受けた事件。明治天皇の暗殺を計画したという疑いで社会主義者が多数逮捕され，秘密裁判の結果，社会主義運動の中心であった幸徳秋水など12名が翌11年に死刑になり，この事件以降，社会主義運動はふるわなくなった。しかし，逮捕者の多くは，事件とは直接関係がなかったとされている。

👤 **〔田中正造〕**(1841〜1913)
栃木県出身の衆議院議員。足尾銅山の鉱毒事件を帝国議会で取り上げて政府の責任を追及。議員辞職後には，天皇に直訴するなど，生涯を通じて農民のために闘い続けた。
〈足尾銅山の鉱毒事件〉明治時代後半，栃木県の渡良瀬川流域で起こった公害問題。足尾銅山から流れこんだ鉱毒により川が汚染され，流域の農民・漁民は深刻な被害を受けた。田中正造を中心に操業停止や被害対策を求めたが要求は通らず，政府は鉱毒を流しこむ遊水池を造ることとし，被害の大きかった村を廃村にした。

教科書の\答え/をズバリ!

資料活用 p.202 「富国強兵」に対する，「貧国強兵」の風刺画
例 絵の左上の漢詩に，「財政不大富裕」と書かれているように，国の財政が逼迫しているのにもかかわらず，政府が軍事費に税金をつぎ込んでいることへの風刺である。

確認しよう p.203 小作人になる農民が増えた理由
地租改正によって農地（耕地）の売買が可能になり，また，不景気で収入が減少しても地租額が変わらなかったため。

説明しよう p.203 工業化の進展による農村の生活の変化〔「光」と「影」の両面から〕
例 地主たちが中心となって，米の品種改良や農作業の効率化，耕地整理など，農業の近代化が進められ，副業として養蚕を行う農家が増えた。一方，小作人の生活は向上せず，小作人の次・三男や娘たちの多くが労働者として工場へ働きに出た。

③ 欧米の影響を受けた近代文化

CHECK!
確認したら✓を書こう

ポイント 政府が欧米文化を受け入れ，教育にも力を注いだことで，欧米の影響を受けた美術や音楽，文学が発達した。一方で，日本の伝統文化を再評価し，欧米文化と結び付いた新たな文化へと発展させる動きも現れた。

教科書ナビ

●205ページ 11行め
（…）横山大観らと日本画の発展に努めました。

●205ページ 12行め
（…）絵画では黒田清輝・高橋由一らが，彫刻では高村光雲・荻原守衛らが，（…）日本に広めました。

●205ページ 14行め
音楽でも（…），滝廉太郎らによって唱歌も作られるようになりました。

●206ページ 1行め
二葉亭四迷は（…）小説を書き，正岡子規らは写生という表現方法を唱えました。

●206ページ 5行め
（…），夏目漱石や森鷗外はそうした人々の姿を小説に描きました。

徹底解説

【横山大観】(1868〜1958)
日本画家。岡倉天心が設立した東京美術学校で学び，日本美術院の創立と再興に参加した。日本画の近代化に大きく貢献し，水墨画の研究でも功績を残す。代表作に『生々流転』『流燈』などがある。

【黒田清輝】(1866〜1924)
洋画家。フランスに留学して，西洋画の明るい色彩を用いる外光表現の手法を学んだ。フェノロサと岡倉天心が設立した東京美術学校に西洋画科をつくり教授もつとめ，日本における西洋画の発展につくした。代表作に『湖畔』『読書図』がある。

【高村光雲】(1852〜1934)
彫刻家。江戸の仏師・高村東雲の門下に入り，高村姓を継いだ。伝統的な木彫の技法に西洋の技法を取り入れて，彫刻の近代化を進めた。代表作に『老猿』などがある。

【滝廉太郎】(1879〜1903)
作曲家。早くから西洋音楽・西洋楽器に親しみ，唱歌や童謡を作曲した。ドイツに留学をするが，帰国後まもなく23歳で病死した。代表作に『荒城の月』『花』『箱根八里』『鳩ぽっぽ』などがある。

【正岡子規】(1867〜1902)
俳人・歌人。愛媛県松山に生まれる。1883年に大学予備門に入学するため上京し，夏目漱石と知り合う。雑誌『ホトトギス』で活動。『歌よみに与ふる書』などで和歌・俳句の革新を主張した。代表作に句集『寒山落木』，歌集『竹の里歌』などがある。

【夏目漱石】(1867〜1916)
小説家。中学・高校の教師をへてロンドンに留学。帰国後，東京帝大の講師となったが職を辞し，作家活動に専念した。初めはロマン的な作品を，のちに知識人の内面や近代日本の矛盾を追求する作品を著した。代表作に『吾輩は猫である』『坊っちゃん』『こころ』などがある。

【森鷗外】(1862〜1922)
軍医で小説家。ドイツに留学し，軍医の最高位までのぼりつめた。初期は叙情的な作品を，のちに歴史小説で組織と個人を描いた。代表作に『舞姫』『高瀬舟』『阿部一族』などがある。

○206ページ 6行め

同様に樋口一葉は近代の都市に生きる（…）表しました。

【樋口一葉】(1872〜1896)

小説家。東京下町の庶民の生活を題材にして，貧しい女性の喜びや悲しみを叙情豊かに描いた。代表作に『たけくらべ』がある。

○206ページ 10行め

学校では教科書が使われ「標準語」が教えられました。

【標準語】

国家統一，富国強兵のためには，統一された言葉が必要と考えた政府は標準語をつくった。書き言葉はそれまでの文語体を言文一致体に改め，話し言葉は東京の山の手ことばを基礎として制定された。

○207ページ 13行め

医学ではペスト菌発見の北里柴三郎，黄熱病研究の野口英世，赤痢菌発見の志賀潔などが活躍し，（…）高い評価を受けました。

【北里柴三郎】(1852〜1931)

細菌学者。1885年にドイツに留学をして，コッホの下で研究。破傷風菌の純粋培養，抗毒素の発見に成功した。帰国後は，北里研究所を設立。香港でのペスト流行のときペスト菌を発見した。

【野口英世】(1876〜1928)

細菌学者。ほとんど独学で医学を修め，伝染病研究所で北里柴三郎の指導を受けた。その後，アメリカに留学し研究員となり，梅毒，狂犬病，痘瘡などの研究ですぐれた業績を残した。アフリカで黄熱病の研究中，自ら感染して病死した。

【志賀潔】(1870〜1957)

細菌学者。伝染病研究所に入所して，北里柴三郎の下で研究。赤痢菌を発見。ドイツに留学して，結核治療ワクチンを世界で初めて発表した。北里研究所の創立に参加。

○207ページ 14行め

（…）物理学では原子模型の研究で長岡半太郎が高い評価を受けました。

【長岡半太郎】(1865〜1950)

物理学者。ドイツ・オーストリアに留学し，ボルツマンの下で研究。1903年に，土星型の原子モデルを発表して原子構造の研究に貢献した。東京帝国大学教授，初代大阪帝国大学総長。

教科書の\答え/をズバリ！

確認しよう p.207　美術の発展において伝統文化に関わった人と欧米文化に関わった人

- 伝統文化に関わった人…フェノロサ，狩野芳崖，岡倉天心，横山大観
- 欧米文化に関わった人…黒田清輝，高橋由一，高村光雲，荻原守衛

説明しよう p.207　「近代化」のために，学校教育が果たした役割

例　学校教育を通じ，標準語の普及とともに，身体能力の向上や生活習慣を身につけさせ，人々を「国民」として一つにまとめる役割。

振り返ろう p.207　産業革命による，日本の産業や社会の変化

〔軽工業の発達と農村の変化を例に〕

例　都市部の人口の増加と鉄道の発達により，農産物が商品として都市に運ばれるようになり，製糸業の発展で養蚕が盛んとなった。このような農村の変化により，地主と小作人の貧富の格差が拡大し，小作人の家族が工場へ働きに出たりするようになった。

近代国家の歩みと国際社会

CHECK!
確認したら✓を書こう

❶ 学んだ事を確かめよう

1）ア　アヘン　　イ　日米和親　　ウ　日米修好通商　　エ　大政奉還　　オ　地租改正
　　カ　自由民権運動　　キ　大日本帝国憲法　　ク　日清　　ケ　日露　　コ　関税自主権

2）あ…E 遼東　　い…B 江華　　う…D 下関　　え…A 樺太　　お…C 八幡製鉄所　　か…F 台湾

●タイムトラベルを眺め直そう！

作業1　　p.168　イ…徴兵令　　　　p.168　ア…学制

作業2　　富国強兵

作業3　　服装…p.168　C−2（洋服や帽子を着用し，靴を履いている）
　　　　　交通機関…p.168　A−3（鉄道が開通），B−2（人力車）
　　　　　建物…p.168　A−1〜2（れんが造りの建物），p169　F−1（西洋建築の教会）

❷ 歴史的な見方・考え方を働かせて時代の特色を説明しよう

ステップ1　　1　日本の「近代化」を四つの観点ごとに，理由とともに評価しよう
　　　　　　　2　1から重視する観点を，理由とともに選び，総合判定を記入しよう

❶日本の「近代化」を観点別に評価

①経済や産業

評価　B

理由
例　産業革命により，工業が発達し輸出も増加したが，一方で，公害や労働環境などの社会問題が起きたから。

②政治や制度

評価　B

理由
例　大日本帝国憲法が制定され，近代国家としての一歩を踏み出したが，国民に対する制限が残されたから。

③文化や生活

評価　B

理由
例　文明開化で西洋の文化を取り入れ，生活は便利になった。一方，貧富の差が広がったから。

④国際社会

評価　C

理由
例　条約改正は達成できたが，日清・日露戦争を起こして韓国や台湾を植民地化して帝国主義の動きを強めたから。

A	十分にできた
B	どちらかといえばできた
C	どちらかといえばできなかった
D	できなかった

❸日本の「近代化」の総合評価

総合判定　B

2　総合判定の理由

私は「近代化」の観点のうち【例　政治や制度】を重視しました。なぜなら，日本の社会の大きな変化は，（例　大日本帝国憲法が発布され，立憲政治が実施されて近代国家の基礎が築かれた）からです。

ステップ2　（省略）

ステップ3

　この時代は，（例　近代国家の基礎が固まった）時代である。それは，（例　推移）に注目して考えると（例　大日本帝国憲法が制定されて立憲政治が行われるようになり，日清・日露戦争後，国際的な地位も向上して条約改正にも成功し，近代国家としての基礎が築かれた）からである。

おさらい！ 第2部 第4章

CHECK! ﹒﹒

確認したら ✓ を書こう

教科書
148
〜
209
ページ

一問一答ポイントチェック

答え

| 第1節 p.148〜 欧米諸国における「近代化」 | ❶イギリスの名誉革命の際に議会が制定したものは？ | ❶権利の章典 |

第1節 p.148〜 欧米諸国における「近代化」

❶イギリスの名誉革命の際に議会が制定したものは？
❷フランス革命のときに出された人権の尊重と国民主権を主張した宣言は？
❸18世紀にイギリスから始まり，工業化により社会が大きく変化したことを何というか？
❹南北戦争中に奴隷解放宣言を出した大統領は？

❶権利の章典
❷人権宣言
❸産業革命
❹リンカン

第2節 p.160〜 開国と幕府の終わり

❺アヘン戦争後に，イギリスが清と結んだ条約は？
❻作業場に働き手を集めて分業で製品をつくるしくみは？
❼1837年に大阪で大阪町奉行所の元役人が民衆の苦しい生活を救おうと起こした乱は？
❽水野忠邦が行った急進的な改革は？
❾1854年に結ばれた日米和親条約で開港したのは？
❿1858年に結ばれた日米修好通商条約における，日本にとっての2つの不平等な点は？

❺南京条約
❻工場制手工業
❼大塩平八郎の乱
❽天保の改革
❾下田と函館
❿領事裁判権を認めたこと・関税自主権が無いこと

第3節 p.170〜 明治政府による近代化の始まり

⓫1867年，幕府が朝廷に政権を返上したことを何というか。
⓬1868年に明治政府が出した政治の基本方針は？
⓭1871年，藩を廃止して府・県を置いた政策は？
⓮1873年に実施された税制と土地制度の改革は？
⓯欧米の文化を取り入れたことで生じた生活の変化は？
⓰『学問のすゝ（す）め』を著し，人間の平等と尊さを説いた人物は？

⓫大政奉還
⓬五箇条の御誓文
⓭廃藩置県
⓮地租改正
⓯文明開化
⓰福沢諭吉

第4節 p.178〜 近代国家への歩み

⓱西郷隆盛らが唱えた鎖国中の朝鮮を武力で開国させようという主張は？
⓲1875年に結んだ，ロシアとの国境が画定した条約は？
⓳北海道の開拓と防衛にあたった人たちは？
⓴1877年に起こった西郷隆盛を中心にした士族の反乱は？
㉑第1回衆議院議員総選挙の有権者の資格は？

⓱征韓論
⓲樺太・千島交換条約
⓳屯田兵
⓴西南戦争
㉑直接国税15円以上を納める25歳以上の男性

第5節 p.190〜

㉒1910年に日本が韓国を植民地としたことを何というか？
㉓三民主義を唱えた中国革命の指導者は？
㉔1911年に起こった清を打倒するための革命は？

㉒韓国併合
㉓孫文
㉔辛亥革命

第6節 p.198〜

㉕日清戦争の賠償金で造られた日本初の製鉄所は？
㉖口語体で書かれた『吾輩は猫である』の作者は？

㉕八幡製鉄所
㉖夏目漱石

① 第一次世界大戦の始まりと総力戦

ポイント

三国同盟と三国協商の陣営がバルカン半島を巡って対立を深め，1914年のサラエボ事件をきっかけに第一次世界大戦が始まった。日本は日英同盟を理由に連合国側で参戦した。この戦争では様々な新兵器が使われた。

教科書ナビ

●210ページ 4行め

ドイツがオーストリア・イタリアと三国同盟を結ぶと，これに対抗してイギリスはフランス・ロシアと三国協商を結びました。

●210ページ 9行め

一方，バルカン半島では，オスマン帝国（トルコ）の支配が弱まったため，（…）。

●210ページ 14行め

そのため，バルカン半島は争いが絶えず，「ヨーロッパの火薬庫」とよばれました。

●211ページ 5行め

（…），セルビア側に付いたロシア・イギリス・フランスなどの連合国の間で，第一次世界大戦が始まりました。

徹底解説

🔍【三国同盟】

ドイツ，オーストリア，イタリアの間で，1882年に結ばれた軍事同盟。フランスを孤立させるために結成された。

🔍【三国協商】

三国同盟に対抗して，イギリス，フランス，ロシアの間で結ばれた提携関係。双方とも帝国主義政策によって結び付いており，その対立が激しくなった。

🔍【オスマン帝国（トルコ）】

トルコ系民族によって建国され，13世紀末から20世紀まで続いたイスラム国家。1453年にビザンツ帝国を滅ぼし，最盛期には北アフリカ・バルカン半島・西アジア・東ヨーロッパにまたがる大帝国であった。16世紀にはメッカを治めてイスラムでの主導的な立場にあった。しかし，19世紀になると民族独立運動とヨーロッパ列強の干渉により，分権化・弱体化が進んだ。

🔍【ヨーロッパの火薬庫】

第一次世界大戦が始まる直前のバルカン半島につけられた表現。バルカン半島は，ゲルマン民族，スラブ民族，アジアの諸民族が接触する地域であった。かつてここを支配したオスマン帝国が衰えて小国の民族意識が高まり，これを利用して勢力拡大をはかるロシアとドイツの対立から戦争の危機が迫っていた。

🔍【第一次世界大戦】

1914年のオーストリア皇太子夫妻がセルビアの青年に暗殺されたサラエボ事件をきっかけとして始まった戦争。オーストリア側にドイツ・トルコなどの同盟国が，セルビア側にロシア，イギリス，フランスなどの連合国が参戦した。戦争は市民も巻き込んだ総力戦となり，戦車・飛行機・潜水艦や毒ガスなど一度に大量破壊ができる新兵器も使用され，これまでにない悲惨な戦争となった。1918年にドイツが降伏したことで，4年あまり続いた戦争は終わった。

▲三国同盟と三国協商

（図）
- 日英同盟（1902年）— 日本
- 日露協約（1907年）
- イギリス
- 三国協商（1907年）— ロシア
- フランス
- （1915年）
- ドイツ
- 三国同盟（1882年）— オーストリア
- イタリア

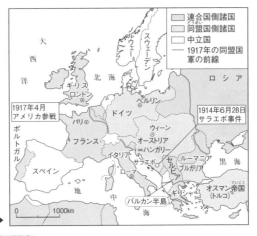

第一次世界
大戦中の
ヨーロッパ▶

● 211ページ 14行め

（…）民間人も戦争
体制に協力する**総力戦**
となりました。

🔍〔総力戦〕

第一次世界大戦によって生まれた新しい戦争の形態，またはその考え方。これまでの戦争では，戦場での戦いに勝つか負けるかが戦争の勝敗を決めてきたが，第一次世界大戦では，経済力・工業力・労働力などすべての国力を投入して勝敗を決するようになり，女性も兵器工場で働くなど，民間人も巻き込んだ戦争となった。

● 211ページ 15行め

戦車・飛行機・潜水
艦や毒ガスなどの**新兵
器**が使われ，（…）大
きなものになりました。

🔍〔新兵器〕

第一次世界大戦では機関銃が本格的に使われるようになり，うかつに突撃できなくなった。塹壕戦で膠着した状態を打ち破るために使われたのが新兵器である。戦車は敵の塹壕陣地の突破に使われ，飛行機は戦場の偵察・爆撃など地上戦の支援にあたった。潜水艦は主に輸送船などを攻撃する海上交通遮断に使われた。毒ガスはドイツ軍がフランス軍との戦いで使った。

教科書の\答え/をズバリ!

資料活用 p.211 日清・日露戦争と第一次世界大戦の動員兵数と犠牲者数の比較

例 世界全体で見ると，日清・日露戦争と比べものにならないほど多くの兵が動員され，犠牲者も多数出た。日本の犠牲者は，日清・日露戦争よりもはるかに少なかった。

確認しよう p.211 第一次世界大戦が世界規模の総力戦となった理由

ヨーロッパの列強が，自国だけでなく植民地の人々も動員し，アフリカやアジアの一部も戦場となったため，初めて世界規模の戦争になった。人々が予想した以上に戦争が長引いたため，徴兵された男性に代わって女性や青少年が軍需工場で働くなど，民間人も戦争体制に協力する総力戦となった。

説明しよう p.211 総力戦によって，列強各国の政府が女性や植民地の人々に行ったこと

例 植民地の人々を兵員として動員し，女性も軍需工場で働かせるなど戦争体制に協力させた。一方で，女性の権利を拡大する政策をとり，植民地に対しては本国の戦争に協力する代わりに戦後の自治を約束した。

CHECK!
確認したら✓を書こう

② 第一次世界大戦の拡大と日本

ポイント 日本は，中国政府に二十一か条の要求を示し，その大部分を認めさせた。また，大戦中に起きたロシア革命の影響が国内に及ぶことを恐れ，他の列強とともにシベリアに出兵し，武力干渉を行った。

教科書ナビ

●212ページ 6行め

さらに日本は，翌15年，袁世凱が率いる中華民国に二十一か条の要求を示しました。

●213ページ 6行め

（…），ソビエト中心の社会主義国家を世界で初めて誕生させました（ロシア革命）。

●213ページ 9行め

（…），交戦国に無併合・無償金・民族自決の条件で戦争をやめるように呼びかけました。

徹底解説

〔二十一か条の要求〕

1915年，大隈重信内閣が中国での権益拡大をねらって，袁世凱政府に出した要求。山東省でのドイツの権益を譲ること，満州やモンゴルでの権益の拡大などを要求し，日本は軍事力を背景に要求の大部分を中国に認めさせた。これに対し，中国各地で激しい排日運動が起こった。

中国に対する二十一か条の要求

一，中国政府は，ドイツが山東省にもっている一切の利権を日本にゆずること。

一，日本の旅順・大連の租借の期限，南満州鉄道の利権の期限を99か年延長すること。

一，中国政府は，南満州および東部内蒙古における鉱山の採掘権を日本国民に許可すること。

一，中国は，政治・経済・軍事の顧問として，中央政府に有力な日本人を雇うこと。

（一部要約・抜粋）

〔ロシア革命〕

第一次世界大戦末期の1917年にロシアで起こった革命。第一次世界大戦が長引いたため，ロシアでは，物資の不足などから国民の不満が高まっていた。労働者のストライキや兵士の反乱で皇帝が退位し，地主や資本家による臨時政府がつくられた（三月革命）。しかし，その後も臨時政府は戦争を続けたため，労働者・兵士・農民らがレーニンの指導のもと臨時政府を倒し，世界最初の社会主義政権であるソビエト政府をつくった（十一月革命）。

年	おもなできごと
1914	第一次世界大戦（〜1918） 日本が連合国側で参戦
1915	日本が中華民国に二十一か条の要求を提出 イタリアが連合国側で参戦
1917	アメリカが連合国側で参戦 ロシア革命
1918	シベリア出兵
1922	ソ連が成立

〔民族自決〕

それぞれの民族には，自分たちのことは自分たちで決定できる権利があるとする原則。この原則にもとづき，第一次世界大戦後の個別の講和条約により，大戦前に強国に支配されていた東ヨーロッパの諸民族は独立を認められた。しかし，アジア・アフリカ諸国の独立の訴えは認められなかったことから，インドをはじめアジア各国で独立運動が起こった。

●213ページ 19行め
（…），シベリアに軍事干渉を行いました（**シベリア出兵**）。

〔シベリア出兵〕

1918年，ロシア革命の影響が自国に及ぶのを防ぎ，ソビエト政権を崩すため，日本，アメリカ，イギリス，フランスがシベリアに出兵し武力干渉を行ったできごと。日本以外の国は1920年に撤退したが，日本は1922年まで駐留し続けたため，国内外から批判を浴びた。

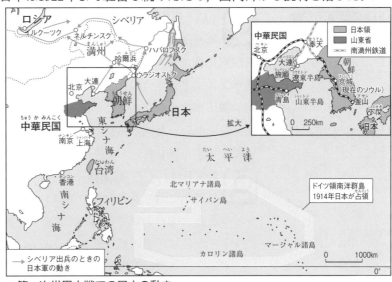

▲第一次世界大戦での日本の動き

●213ページ 20行め
（…），1922年には共産主義を目指した**ソビエト社会主義共和国連邦（ソ連）**が成立しました。

〔ソビエト社会主義共和国連邦（ソ連）〕

ロシア革命で成立したソビエト政府が国内統一に成功し，1922年に成立させた世界初の社会主義国。レーニンの死後，スターリンがあとを継ぎ，重工業化を進めた。

教科書の 答え をズバリ！

確認しよう p.213 　二十一か条の要求のなかで，日本が実現させた要求

- 山東省にあるドイツの利権を日本に譲ること
- 旅順と大連の租借期間などを延長して満州やモンゴルの一部に日本の利権を広げること
- 製鉄事業を日中共同で行うこと

説明しよう p.213 　日本が第一次世界大戦に参戦した理由とシベリア出兵を行った理由

例
- 第一次世界大戦に参戦した理由…表向きは日英同盟を結んでいたためであるが，本当の理由はヨーロッパ諸国がヨーロッパで戦っている間に中国に力を伸ばそうとしたため。

- シベリア出兵を行った理由…ロシア革命の影響により，国内の労働運動や植民地での民族独立運動が活発になり政権が打撃を受けることを恐れ，ソビエト政府を倒して革命の広がりを抑えようとしたため。

③ 第一次世界大戦後の欧米諸国

確認したら✓を書こう

ポイント　ドイツが降伏し，パリ講和会議でベルサイユ条約が結ばれた。1920年には国際連盟が誕生した。戦後のヨーロッパでは，イギリスでは女性の参政権が認められ，ドイツではワイマール憲法が制定された。

教科書ナビ

●214ページ 5行め
翌19年，パリで講和会議が開かれ，ベルサイユ条約が結ばれました。

●214ページ 17行め
講和会議でのウィルソンの提案を基にして，(…) 国際連盟がスイスのジュネーブを本部として設立されました。

徹底解説

〔パリ講和会議〕
第一次世界大戦後の1919（大正8）年にパリで開かれた，連合国が同盟国に対する講和条件を話し合うための国際会議。イギリス，フランス，アメリカの代表が会議を指導し，ベルサイユ宮殿で講和条約の調印が行われた。また，アメリカ大統領ウィルソンが軍備縮小や民族自決といった国際協調のための原則を主張。これに基づいて世界平和に関する話し合いもなされ，国際連盟の設立が決定された。

〔ベルサイユ条約〕
1919年にパリ講和会議で結ばれた，第一次世界大戦の講和条約。ドイツと連合国との間で結ばれ，次のような事項が決められた。
・ドイツはすべての植民地を失う。
・ドイツ以外の敗戦国は領土の一部を他国に譲る。
・ドイツは多額の賠償金を支払う。

〔国際連盟〕
第一次世界大戦後の1920年に発足した，世界初の世界平和と国際協調のための国際組織。アメリカ大統領ウィルソンの提案に基づいて設立された。本部はスイスのジュネーブに置かれ，日本はイギリス，フランス，イタリアとともに常任理事国となった。アメリカは議会の反対で参加せず，当初はドイツやソ連も加盟できなかったことなどから組織の力は弱かったが，戦後の国際協調の中心となった。

教科書の答えをズバリ！

資料活用 p.215　選挙権をもつ人口に占める女性の割合
女性有権者は，全有権者約2140万人のうち約840万人で，約40％を占めている。

確認しよう p.215　戦勝国と敗戦国のベルサイユ条約の内容
戦勝国…イギリス・フランス・アメリカなど戦勝国の利益を優先し，ドイツに対して報復する
敗戦国…ドイツは，ばく大な賠償金の支払いを義務づけられたうえ，軍備を縮小され，海外のすべての植民地と本国の領土の一部を失った

説明しよう p.215　第一次世界大戦後の欧米諸国の政治の変化
例　イギリスでは女性の参政権が認められ，労働者の支持を受けた政党が政権を獲得した。ドイツでは男女普通選挙や社会権を認めた民主的なワイマール憲法が制定された。

第2部 第5章 第1節 第一次世界大戦と民族独立の動き　CHECK! ･･
確認したら✓を書こう

教科書
216
〜
217
ページ

④ アジアの民族自決と国際協調

> **ポイント** 朝鮮で三・一独立運動，中国では五・四運動，インドではイギリスからの独立を目指すなど民族運動が広がりをみせた。一方，世界では国際協調の機運が高まり，ワシントン会議などの軍縮会議が開かれた。

教科書ナビ

●216ページ 3行め
（…）「独立万歳」と叫ぶ民衆運動が朝鮮各地に広がりました（三・一独立運動）。

●216ページ 12行め
（…）1919年5月4日に北京で抗議行動が起こり，中国国内に広がったため（五・四運動），（…）しました。

●216ページ 14行め
（…）孫文は，同19年に中国国民党を結成しました。

●217ページ 2行め
そのためイギリスからの独立を望むインドでは，ガンディーの指導で，イギリス商品の購入をやめたり，（…）。

徹底解説

🔍〔三・一独立運動〕

1919（大正8）年3月1日，民族自決の考え方に触発されて，日本の植民地となっていた朝鮮の人々が独立を求めて起こした運動。京城（現在のソウル）で独立を求める人々が独立宣言を発表したことをきっかけに，朝鮮各地で「独立万歳」と叫ぶデモが3か月にわたり行われた。日本は軍隊を送りこむなどして，厳しく弾圧した。

🔍〔五・四運動〕

パリ講和会議で中国は二十一か条の要求の撤回を求めたが，認められなかったため，1919年5月4日，北京の学生が抗議行動を起こしたことから始まった中国での反日運動。運動は全土に広がり，反帝国主義の愛国運動や日本商品の不買などに発展した。またこの運動により，中国政府はベルサイユ条約の調印を拒否した。

🔍〔中国国民党〕

1919年に孫文が組織結社を，五・四運動の後に改称して政党としたもの。民族独立と国民革命を目指した。孫文の死後蔣介石の指導のもと，1927年に南京に国民政府を樹立させた。

👤〔ガンディー〕（1869〜1948）

第一次世界大戦後のインドで，イギリスからの独立運動を指導した人物。国民会議派の指導者となり，非暴力・不服従（暴力に訴えず，植民地支配には従わない）という方針を唱えて独立運動の先頭に立ち，第二次世界大戦後にインド独立を勝ちとった。

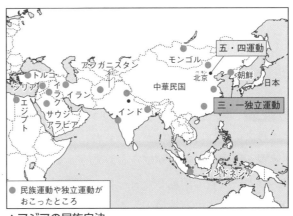

▲アジアの民族自決

○**217ページ 7行め**
（…）アメリカの呼びかけで1921年から翌22年に**ワシントン会議**が開かれました。

【ワシントン会議】

1921〜22年，軍備縮小と東アジア・太平洋問題を話し合うため，アメリカのワシントンで開かれた会議。9か国が参加し，次のような事項が決められた。

・アメリカ，イギリス，日本，フランス，イタリアの海軍主力艦の保有量の制限。

・中国の主権・独立の尊重，領土保全，門戸開放，機会均等を約束→日本は山東省の権益を中国に返還。

・アメリカ，イギリス，フランス，日本が太平洋地域の領土と権益の相互尊重と島々の非軍事基地化を約束→日英同盟の解消。

年	おもなできごと
1919	三・一独立運動（朝鮮）
	ガンディーが非暴力・不服従の運動を指揮（インド）
	パリ講和会議
	・国際連盟の設立を決定する
	五・四運動（中国）
	ベルサイユ条約を締結
	ドイツでワイマール憲法が成立
1920	国際連盟の設立
1921	ワシントン会議（1921〜22）
	・日英同盟が解消される
	・中国の主権尊重・領土を保護するための条約が結ばれる
	・米・英・日・仏・伊5か国の主力艦の保有制限が決まる
1928	パリ会議（不戦条約）
1930	ロンドン海軍軍縮会議
	・米・英・日の補助艦の保有制限が決まる

▲第一次大戦後の動き

教科書の 答え をズバリ！

確認しよう p.217 **ワシントン会議において，中国に関して決められたこと**

　日・米・英・仏など9か国により，中国の主権を尊重するための条約が結ばれ，日本が得た山東省の旧ドイツの利権も中国に返還された。

説明しよう p.217 **1919年に朝鮮・インド・中国で民族運動が起こった背景**

例　**朝鮮**…韓国併合により日本の植民地となっていたが，民族自決の考え方に刺激を受け，三・一独立運動が広まった。

　インド…イギリスは第一次世界大戦後の自治を約束したが，戦後の自治改革が不十分だったうえに，民族運動を弾圧する法律もできたことから，ガンディーを中心とする非暴力・不服従の抵抗運動が起こった。

　中国…パリ講和会議で二十一か条の要求の取り消しが退けられたため，北京で学生を中心としてそれに抗議する五・四運動が起こり，国内に広まった。

振り返ろう p.217 **第一次世界大戦に関わった国々の社会の変化**

例　**イギリス**…女性に参政権が認められ，労働者の支持を受けた政党が政権を獲得した。
　ドイツ…民主的な憲法が制定されたが，賠償金の負担で経済が不安定であった。
　アメリカ…大戦で消耗したヨーロッパ諸国に代わり，世界一の経済大国となった。
　ロシア…列強による軍事干渉を退け，ソビエト社会主義共和国連邦が成立した。
　日本…不戦条約や海軍軍縮条約を結ぶなど，国際協調の方針を取った。

タイムトラベル ⑩

大正〜昭和初期を眺めてみよう
（1920〜30年代のある場面）

CHECK!
確認したら✓を書こう

次の場面を探してみよう！

① **イ**（p.218　A〜B−1，p.219　E−1）
② **カ**（p.219　D〜E−3）
③ **ウ**（p.218　B〜C−1）
④ **ア**（p.218　A−2〜3）
⑤ **エ**（p.218　B〜C−2〜3）
⑥ **オ**（p.218　C−1）

● 前の時代と比べて特色を考えよう

● 共通点

場面	タイムトラベルでの位置	くわしい説明
文化	明 p.169　D−2 / 大〜昭 p.218　C−1	**建物**　どちらの時代も西洋風の建築物が見られる。
文化	明 全体 / 大〜昭 全体	**服装**　洋服を着た人が多く見られる。

● 変化したところ

場面	タイムトラベルでの位置	くわしい説明
政治	大〜昭 p.218　B−1	**労働争議**　労働者が団結して労働組合を作り，労働条件などの改善を求めて労働争議を起こした。
政治	大 p.219　D〜E−3	**男子普通選挙**　明治時代には，直接国税15円以上を納める25歳以上の男子に**選挙権**が与えられたが，1925年に，25歳以上の男子普通選挙が成立した。
経済	明 p.168　A−1〜2 / 大〜昭 p.218　A〜B−1〜2　p.219　E−1	**工場**　明治時代は軽工業が発達したが，第一次世界大戦後には**重工業**が急成長した。
文化	大〜昭 p.218　A−2〜3　p.219　F−1〜3	**百貨店・映画**　大正時代には，百貨店で買い物をしたり，映画を鑑賞するなど，余暇を楽しむ人が増えた。
文化	大〜昭 p.218　C−2	**職業婦人**　欧米諸国の影響を受けて，バスの車掌やタイピストなどで働く女性が増加した。
文化	明 p.168　B−2 / 大 p.218　B〜C−2〜3	**交通**　明治時代は人力車が使われていたが，大正時代には，路面電車やバスが新たな交通機関となった。
文化	明 p.169　E−2 / 大〜昭 p.219　F−1	**洋食**　明治時代は牛鍋などが流行したが，大正時代には，オムレツなどの洋食が広まった。

141

CHECK!
確認したら✓を書こう

① 護憲運動と政党内閣の成立

ポイント 政党政治や普通選挙を求める第一次護憲運動が起こり，吉野作造が唱えた民本主義などの影響を受け，民主主義（デモクラシー）を求める動きが広がった。また，米騒動後，原敬による初の本格的な政党内閣が組織された。

教科書ナビ

◯220ページ 5行め
（…），民衆の考えを反映していこうという運動（護憲運動）が起こりました。

◯220ページ 11行め
日本では，政治学者の吉野作造が民本主義を唱え，（…）。

◯221ページ 1行め
この好景気（大戦景気）のなかで，成金（…）。

◯221ページ 12行め
（…），米屋などが襲われる米騒動となり，（…）。

◯221ページ 18行め
（…），立憲政友会の原敬が内閣を（…）初めての本格的な政党内閣でした。

徹底解説

🔍 **【護憲運動】**
大正時代に起こった，藩閥政治を倒して立憲政治を守り，政党内閣を実現させる政治運動。1912年，藩閥の後押しで桂太郎内閣ができたが，尾崎行雄や犬養毅らが立憲政治を守ることをスローガンに反対し，翌13年，桂内閣を倒した（第1次護憲運動）。1924年には，衆議院を無視した内閣ができたので，普通選挙と政党内閣の実現を求める運動が起こり，政党内閣を誕生させた（第2次護憲運動）。

🔍 **【民本主義】**
吉野作造が唱えた民主主義思想。天皇主権のもとでの民衆の政治参加を目指し，普通選挙と政党中心の議会政治の実現を説くもので，これにより普通選挙運動が全国に広まった。

🔍 **【大戦景気と成金】**
第一次世界大戦中に日本で起こった好景気により，船舶・鉄鋼の分野で成金（急に金持ちになった人）になる者が続出した。

🔍 **【米騒動】**
1918年に起こった，米の値段の急騰に対する全国的な民衆の暴動。シベリア出兵をみこんだ商人たちが米を買い占めたため，米の値段が高騰した。富山県の漁村の主婦たちが米の安売りを求めたことや米屋などが襲われた騒動をきっかけに，同様の暴動が全国に広がった。この事件の責任をとって，寺内正毅内閣は総辞職した。

🔍 **【政党内閣】**
政党を基礎とし，大臣のほとんどを政党員が占める内閣。1918年，立憲政友会の原敬が，外務大臣と陸・海軍大臣を除く大臣を自ら政党の党員から選ぶ，初の本格的な政党内閣を組織した。

教科書の 答え をズバリ！

確認しよう p.221 護憲運動とは
憲法の精神に基づく政治を守り，民衆の考えを反映していこうという運動

説明しよう p.221 原内閣の成立が，それまでの内閣の成立と異なる点
例 それまでの内閣は陸軍や藩閥に支持された内閣であったが，原内閣は，世論の力の大きさを背景として成立した内閣で，閣僚の大部分を衆議院第一党である立憲政友会の党員が占める初めての本格的な政党内閣であった。

CHECK! ･･
確認したら✓を書こう

② 社会運動の高まりと普通選挙の実現

ポイント　民主主義を求める風潮（大正デモクラシー）が高まり，女性差別や身分差別からの解放，労働争議など社会運動が活発になった。そうした中，男子普通選挙が実現したが，同時に治安維持法も制定された。

教科書ナビ

◎222ページ 6行め
（…）男子普通選挙が実現しました。

◎222ページ 11行め
（…）この時代の風潮を，大正デモクラシーといいます。

◎222ページ 12行め
（…），政府は治安維持法を成立させました。

◎223ページ 8行め
そして経営者に対して労働条件や待遇の改善を求め，労働争議を起こしました。

◎223ページ 17行め
（…），1922年に全国水平社が結成されました。

徹底解説

🔍【男子普通選挙】
1925（大正14）年，加藤高明内閣が衆議院議員選挙法を改正して，満25歳以上のすべての男性が選挙権を持つことになった。有権者数は約4倍となったが，女性には選挙権は与えられなかった。

🔍【大正デモクラシー】
大正時代に高まった自由主義的・民主主義的な風潮。吉野作造の民本主義が人々の支持を集めて普通選挙運動が広まり，平塚らいてうらによる女性の地位を高める運動が盛んになった。

🔍【治安維持法】
1925年，男子普通選挙の実現と同時に制定された，国の体制を変えようとしたりする社会主義運動を取り締まるための法律。天皇制や私有財産制の廃止などを主張する動きを厳しく取り締まった。

🔍【労働争議】
労働条件や賃金などを巡って，労働者と経営者との間に起きる争いのこと。第一次世界大戦後の不景気のなか，労働者は賃上げや労働時間の短縮，解雇の撤回などを求めて，ストライキ（団結して労働を拒否すること）などを行った。

🔍【全国水平社】
1922年に結成された，部落差別問題解決のための中心的な組織。結成時に人間解放の精神をうたった水平社宣言が出され，労働組合を作り，労働条件や待遇の改善を求め，労働争議を起こした。

教科書の答えをズバリ!

確認しよう p.223　大正デモクラシーの説明

護憲運動や普通選挙運動の活発化，民本主義などの思想の高まり，政党政治の実現のなかで，民主主義（デモクラシー）を求める社会運動が盛んになったこの時代の風潮

説明しよう p.223　大正デモクラシーの時期に展開された社会運動

護憲運動…陸軍や藩閥に支持された内閣ではなく，普通選挙や政党政治を求めた。

女性…女性差別の解消と女性の政治参加を求めた。平塚らいてうらによる『青鞜』の発行など。

労働者…都市の住宅難の解消や，生活水準の改善を求めた。

差別された人々…差別問題を解消し，平等な社会の実現を目指した。水平社宣言など。

第2部 第5章 第2節 高まるデモクラシーの意識

教科書
224
〜
227
ページ

CHECK!
確認したら✓を書こう

❸ 近代都市に現れた大衆文化

> **ポイント** タイピストや電話交換手など，働く女性も増加した。都市化が進展する中で欧米風の生活様式が人々の間に広まるとともに，新聞や雑誌の発行部数が増え，ラジオ放送や映画などの新しいメディアも普及した。

教科書ナビ

◉226ページ 6行め
（…），芥川龍之介や志賀直哉といった（…）人気を集めました。

◉226ページ 16行め
1923（大正12）年の**関東大震災**後は，（…）公共の建築物が増えました。

◉227ページ 1行め
ガス・水道・電気が家庭にも普及し，**ラジオ放送**も始まりました。

徹底解説

〔芥川龍之介〕（1892〜1927）

大正時代を中心に活躍した小説家。東京帝国大学在学中に夏目漱石に指導を受け，理知的な作風で人々に新しい印象を与えた。代表作に『羅生門』『蜘蛛の糸』『鼻』などがある。

〔関東大震災〕

1923年，関東地方を襲った大地震による災害。昼食時に起こったため，大火災が発生して被害が拡大し，死者・行方不明者は10万5千人以上にものぼった。混乱のなかでさまざまなデマが広がり，社会主義者や多くの朝鮮人が殺害される事件も起こった。

〔ラジオ放送〕

1925年，東京・大阪・名古屋で放送局が開設された。翌年にそれら3局が合併して，半官半民の日本放送協会（ＮＨＫ）となった。1928年には全国中継網が完成し，ラジオは急速に全国の家庭に普及した。

教科書の 答え をズバリ！

資料活用 p.226 **文化住宅の，現在の住宅にも残っている部分**

立って料理ができる台所，家族が集まる居間，子ども部屋，ペットを飼っているところは，現在も一般的な住宅には残っている。

確認しよう p.227 **大正から昭和初期にかけて日本に広まった欧米の文化や習慣**

- カレーライス・オムレツ・コロッケなどの洋食，ケーキやチョコレートなどの洋菓子
- 休日には，都市に出て百貨店などで買い物をしたり，映画を鑑賞したりして，「余暇」を楽しむ
- 野球やテニスなど，欧米のスポーツ

説明しよう p.227 **大正から昭和初期にかけて都市を中心に大衆文化が広まった理由**

例 学校教育を受けて育ち，政治や社会の動きに高い関心を持った新しい階層（大衆）が仕事を求めて都市に移り住み，そこで文学や芸術に親しんだから。

振り返ろう p.227 **デモクラシーの風潮が，日本の政治や外交，文化に与えた影響**

例 デモクラシーの風潮の高まりにより，政党内閣が成立し男子普通選挙が実現した。外交面では，不戦条約の締結や海軍軍縮会議に参加するなど国際協調外交が推進された。文化面では，政治や社会の動きに関心を持つ大衆が増え，新聞の発行部数が増加するとともに，さまざまな雑誌が出版されるようになった。

発展する産業都市　大阪・神戸
〜近代産業の発展がもたらした都市の拡大〜

CHECK!
確認したら✓を書こう

● 明治後期から大正，昭和初期にかけて，大阪や神戸とその周辺では軽工業や重工業が発展し，当時としては日本最大の工業地帯となった。それとともに，近畿地方各地を結ぶ私鉄各社が設立され，それらの私鉄の沿線には人々が余暇を楽しめる施設が次々と造られた。

1 明治以降，大阪・神戸はどのように発展したのかな？

大阪の紡績会社

大阪には，1882（明治15）年に設立された大阪紡績会社をはじめとする数多くの紡績・繊維会社が次々と設立された。大阪紡績会社は，イギリスの紡績機械（ミュール紡績機）を採用し，蒸気力を使った日本初の大規模な近代的紡績工場で，1883年に操業が開始された。インドから輸入した綿花を原料とし，1894年には，全国の綿糸の40％以上を生産した。

▲大阪紡績会社の工場の内部

神戸港

日米修好通商条約に基づき開港された神戸港は，明治時代に入るとインドから綿花を輸入し，大阪で生産した綿製品をアジア各国へ輸出するようになった。第一次世界大戦中から輸出量がいちじるしく増加するようになり，大正から昭和初期にかけては，日本最大の貿易港として発展した。

2 なぜ大阪・神戸間で私鉄とその沿線が発展したのかな？

工業の発展で蓄えた富を使い，大阪・神戸・京都・奈良・和歌山を結ぶために現在の南海電鉄・阪神電気鉄道・阪急電鉄・近畿日本鉄道などの私鉄各社が創業した。阪急電鉄や阪神電気鉄道などの私鉄各線は，大阪を中心に路線を拡大させるとともに，沿線開発に力を入れ，住宅地や行楽地を造って乗客を増やした。

▲大阪・神戸周辺の鉄道路線

阪急電鉄

住宅地開発，動物園や温泉，温水プール，ターミナルデパート（現在の阪急百貨店），宝塚唱歌隊（現在の宝塚歌劇団）などの幅広い事業を展開した。

阪神電気鉄道

1924年，沿線内に日本初の大規模多目的野球場である阪神甲子園球場をつくった。その周辺には，遊園地や動物園，水族館，競技用プールなども設けられた。

多面的・多角的に考えてみよう

CHECK!
確認したら ✓ を書こう

『母性保護論争』を考察する
－女性のこれからの生き方を三人が激論！

整理しよう① 例

共感できる点	共感できない点	共感した点を実現するために課題となる点
働く女性が，出産や育児で休んでも通常と同じ報酬を得られるようにするという点。（与謝野晶子 C）	女性が国に頼ることを辞めるべきという点。（与謝野晶子 B）	男女の労働が分担できるような労働制度に変える必要があるという点。（与謝野晶子 C）
もともと女性が生命の源泉であるという点。（平塚らいてう A）	女性は母になることで，社会的，国家的な存在になるという点。（平塚らいてう A）	女性が経済的自覚をもって権利を要求する必要があるという点。（平塚らいてう C）
男女が協力してそれぞれ適する社会的な労働を行うべきという点。（山川菊栄 A）	国が母の仕事に対して報酬を支払うべきという点。（平塚らいてう C）	育児を社会がさらに担うことができるような体制を整備する必要があるという点。（山川菊栄 C）

A…育児における男性と女性の役割について　B…国からの保護について　C…これからの女性や社会のあり方について

説明しよう②

私は，（例　山川菊栄）の（例　男性が妻子を養う義務から解放し，男女がそれぞれ適する社会的な労働を行うべき）という意見に賛成です。なぜなら，私は，当時の社会では（例　男性が妻子を養うことが民法で義務づけられており，女性は家の中で家事や育児に専念するべき）という点が課題だと考えたからです。

話し合って深めよう

③　（省略）

④　例　現在，多くの女性がさまざまな分野で働いており，雇用や労働条件については男女平等であることが法律によって定められているので，女性が働く上での制度はある程度整備されていると考えられる。しかし，現実には労働条件の面では男女格差があり，出産・育児の際の保障や，子どもを預ける施設などの面ではまだ不十分で，女性が働くための労働環境としてはまだ解決途上にあると考えられる。

技能をみがく

歴史的な背景を踏まえて，問題の解決を考える

社会の新しい動きに伴い様々な問題が発生するが，それらの解決に向けては，歴史的な背景を踏まえ，当時の状況のなかで何が課題とされていたのか，その論点を整理して解決策を考えることが，歴史を学ぶうえでは大切である。

① 世界恐慌と行き詰まる日本

ポイント アメリカで株価が大暴落したことをきっかけに企業が倒産し失業者が急増した。この混乱は世界中に広がり世界恐慌となった。日本でも輸出の減少や関東大震災による不景気の中，さらに大きな打撃を受けた。

教科書ナビ

●232ページ 1行め
1920年代に世界一の経済力を持つ国に成長したアメリカは，（…）豊かになりました。

●232ページ 10行め
この不景気は，（…）世界中の国々にも広がり，**世界恐慌**となりました。

●232ページ 15行め
1927年には，（…）銀行の休業や倒産が相次ぎました（**金融恐慌**）。

●232ページ 18行め
（…），日本経済は極めて大きな打撃を受けました（**昭和恐慌**）。

徹底解説

〔アメリカの成長〕
第一次世界大戦中，アメリカは連合国に大量の物資や資金を供給し経済発展をとげた。戦後は流れ作業による大量生産で生産力が飛躍的に高まり，自動車工業・化学工業などの新しい産業が発展し，1920年代のアメリカはまれにみる好景気となった。

〔世界恐慌〕
1929年，ニューヨークでの株価の大暴落をきっかけに始まり，世界各国に広がった深刻な不況。銀行や企業の倒産が相次ぎ，大量の失業者が出た。この不況は，社会主義国のソ連をのぞく資本主義国にも大きな影響を与え，日本をはじめ各国に恐慌が広まった。

〔金融恐慌〕
1927年に，大戦後の不況と関東大震災の影響から起こった金融界の混乱。銀行が倒産するのではないかと不安を感じた預金者が，預金を引き出そうと銀行に殺到した。さらに不正な貸し付けも明らかになり，多くの銀行が支払い不能となって休業したり，倒産したりした。

〔昭和恐慌〕
1930年ごろに日本で起こった深刻な不況。日本が欧米のように金の輸出を解禁したところ，世界恐慌と重なって二重の打撃となり，輸出が大きく減少し，企業の倒産が相次いで失業者が増大した。

教科書の答えをズバリ！

資料活用 p.232 英語のプラカードを持って仕事を探すことにあった当時の意味

例 当時としては珍しかった英語ができることをアピールして就職しようとしていた。

確認しよう p.233 不景気の影響から日本で起こった出来事

- 銀行の休業や倒産が相次いだ
- 会社の倒産や生産の縮小によって失業者があふれ，労働者への賃金の切り下げや不払いが起こり，学校を卒業しても就職できない人々が増えた。
- アメリカへの生糸の輸出が途絶えたために養蚕業が衰退し，農家の収入が減った。
- 生活苦の解決を求めて労働争議や小作争議が激しさを増した。

説明しよう p.233 世界恐慌が日本の農村に大きな打撃を与えた理由

例 アメリカへの生糸の輸出が途絶えたことから養蚕業が衰退し，農家の収入が減少したため。

② 欧米諸国が選択した道

> **ポイント** 世界恐慌に対し，アメリカはニューディール政策，イギリスやフランスはブロック経済を実施した。また，ソ連は「五か年計画」により国内生産を増強した。一方，イタリアやドイツはファシズムへの道を進んだ。

教科書ナビ

◉234ページ 1行め
（…），1933（昭和8）年からローズベルト大統領が，（…）。

◉234ページ 6行め
これらの政策を，ニューディール（新規まき直し）政策といいます。

◉234ページ 10行め
（…）高い税をかけて締め出すブロック経済が行われました。

◉234ページ 16行め
（…），レーニンの死後スターリンを指導者とし，（…）。

◉235ページ 2行め
（…），「五か年計画」とよばれた計画経済により国内生産を増強し，アメリカに次ぐ工業国になりました。

徹底解説

【フランクリン=ローズベルト】（1882〜1945）
アメリカ合衆国第32代大統領（在任1933〜45）。大統領選で世界恐慌対策を公約し，就任後にニューディール政策を実施した。また，ファシズムに対抗する姿勢をとり，カイロ会談・ヤルタ会談で連合国側の指導者として活躍したがドイツの敗北前に病死した。

【ニューディール（新規まき直し）政策】
世界恐慌対策としてアメリカのフランクリン=ローズベルト大統領が実施した経済政策。農産物の生産調整と価格の安定，テネシー川流域の総合開発といった公共事業による雇用の増大，生産制限による物価や労働者の賃金の引き上げなどを行った。

【ブロック経済】
世界恐慌対策としてイギリスやフランスが実施した経済政策。本国と植民地や関係の深い国との間で，特別に優遇された関税制度などで結び付きを強めた地域（ブロック）をつくる一方で，それ以外の外国の商品には高い関税をかけて締め出すというもの。

【スターリン】（1879〜1953）
ソ連の政治家。レーニンの死後，対立者を追放して共産党の指導者となり，ソ連で独裁体制を築いた。社会主義国家を建設するため五か年計画を進める一方で，自分に権力を集中させるために反対勢力を大量に処刑した。1930年代初めからスターリンが死亡する1953年までの独裁体制をスターリン体制という。

【五か年計画】
1928年から社会主義国のソ連で実施された長期的・計画的な経済政策。重工業化や農業の集団化・機械化を進めて順調に生産をのばし，世界恐慌の影響をほぼ受けなかった。

【計画経済】
商品の生産・流通・販売などについて，国などが計画を立てて運営すること。生産や販売が自由で，利潤が最大になるように生産する自由経済に対し，生産手段の私有が原則禁止で，国の計画に基づいて生産する社会主義経済の特徴の一つである。旧ソ連などでは，5年を一区切りとする五か年計画が行われた。

●235ページ 9行め
ムッソリーニの率いる（…）侵略しました。

👤 〔ムッソリーニ〕(1883〜1945)
イタリアの政治家でファシスト党の党首。1922年に政権を握り独裁政治を行い，エチオピアなど海外侵略を進めた。

●235ページ 12行め
ドイツでは，（…）ヒトラーの率いるナチ党が選挙で支持を得て，（…）握りました。

👤 〔ヒトラー〕(1889〜1945)
ドイツの政治家でナチ党の党首。1933年に政権を握った。世界恐慌による社会の混乱のなかで国民の支持を集め，独裁政治を進めた。周辺諸国への侵略を進め，1939年にはポーランドに侵入し，第二次世界大戦を引き起こした。

●235ページ 19行め
（…）自由主義に基づく経済の不安が世界的に広がるなか，（…）ファシズム体制を世論が支持するようにもなりました。

🔍 〔ファシズム〕
資本主義経済の行きづまりを軍国主義的な独裁政治で打破しようとする政治。全体主義ともいう。民主主義を否定して，国民の権利や自由を奪い，他民族を犠牲にしてでも自国の繁栄を優先した。大衆への宣伝をたくみに行い，経済政策や娯楽の機会を増やして，国内での支持を広げた。第一次世界大戦後のイタリアに出現し，第二次世界大戦前のイタリアやドイツ，日本で広がった。

◀ファシズムを行うナチ党のヒトラーと支援者

教科書の答えをズバリ！

確認しよう p.235　アメリカ・イギリス・フランス・ソ連が行った政策とその説明

● アメリカ（ニューディール政策）…テネシー川流域の総合開発などで公共事業をおこしたり，労働者の賃金を引き上げたりした

● イギリスとフランス（ブロック経済）…本国と植民地や，関係の深い国や地域との貿易を盛んにしようと，それ以外の外国の商品に高い税をかけて締め出すブロック経済が行われた

● ソ連（五か年計画）…重工業の拡大と農業の強制的な組織化が進められた

説明しよう p.235　ドイツでファシズムが台頭した理由

例　ドイツでは，ヒトラーの率いるナチ党が政権を握ると，公共事業をおこして失業者を減らすことで世論の支持を高め，さらに大衆向けの宣伝を大々的に行い，ドイツ民族の優秀さを強調して民族意識をあおり，国民の言論や思想を制限しながら熱狂的な世論をつくり上げていったため。

③ 強まる軍部と衰える政党

CHECK!
確認したら ✓ を書こう

ポイント 不景気に苦しんでいた日本は，満州事変を起こした。五・一五事件で政党政治が終わり，国際連盟を脱退して孤立を深めた。そして，1936年に起きた二・二六事件以後，軍部の政治介入が強まっていった。

教科書ナビ

◎236ページ 1行め

中国では，孫文の死後に中国国民党を率いた蔣介石が，（…）翌28年には中国をほぼ統一しました。

◎236ページ 8行め

（…），中国側が行ったことだと主張して攻撃を始め，満州全体を占領しました（満州事変）。

◎236ページ 15行め

翌32年3月，日本は満州国をつくり，清の最後の皇帝の溥儀を満州国の元首としました。

徹底解説

【蔣介石】(1887〜1975)

孫文の後を受け，中国国民党を率いた人物。1927（昭和2）年に南京に国民政府をたてた。その後，毛沢東が率いる中国共産党とは対立していたが，日中戦争が起こると日本に対抗するため共同して戦った（国共合作）。第二次世界大戦後，再び争うこととなった中国共産党に敗れ，1949年，台湾に中華民国政府を移した。

【満州事変】

1931年，関東軍が柳条湖事件を起こし，満州全体を占領した。日本の陸軍部隊である関東軍は，中国の奉天（現在の瀋陽）郊外の柳条湖で南満州鉄道の線路を爆破するという事件を起こし，これを中国軍のしわざだとして全面的な軍事行動を開始した。この事件をきっかけに日本は満州全体を支配し，翌年には満州国の建国を宣言した。

【満州国】

満州事変をきっかけに，1932年，清朝最後の皇帝である溥儀を元首として日本が満州に建国した国家。実権は軍部を中心とする日本が握ったため，事実上の日本の植民地であった。産業も支配し，日本国内から多くの農民が開拓団として移民した。

【溥儀】(1906〜1967)

清の最後の皇帝。清の滅亡後，日本の特務機関によって天津から連れ出され，「満州国」が成立すると元首となった。1934年に皇帝として即位したが，「満州国」の崩壊後は，皇帝を退位した。

▲満州国の範囲

● **237ページ 1行め**
（…），海軍の青年将校らが首相官邸を襲い，犬養毅首相を殺害しました（五・一五事件）。

🔍 **〔五・一五事件〕**

1932年5月15日，海軍の青年将校らが首相官邸や警視庁などを襲い，犬養毅首相を暗殺した事件。犬養内閣が満州国の建国と承認に反対し，議会政治を守ろうとしたことに対し，青年将校らが反発して起こした。この後，軍人や役人出身者の内閣が多くなり，1924年から8年間続いた政党政治は終わった。

● **237ページ 10行め**
（…），日本は勧告に反発して1933年に国際連盟脱退を通告し，（…）。

🔍 **国際連盟脱退**

中国は，満州での日本の行動は武力侵略であると国際連盟に訴えた。国際連盟はリットン調査団を送って調査し，日本の行動を侵略とみなして日本軍の引き揚げを勧告した。日本はこれを不服として1933年に国際連盟からの脱退を通告し，国際的な孤立への道を歩み始めた。

● **237ページ 13行め**
（…），首相官邸や国会議事堂周辺などを占拠する事件が起こりました（二・二六事件）。

🔍 **〔二・二六事件〕**

1936年2月26日，陸軍の青年将校らが軍事政権を目指して起こした事件。首相官邸や警視庁などを襲い，一時東京の中心を占領したが，まもなく鎮圧された。この後，軍部の政治への発言力が強まり，内閣に対する介入が行われるようになった。

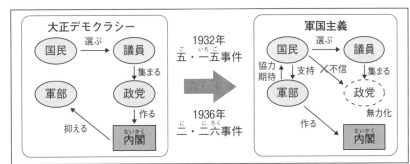

▲政党政治の変化

教科書の 答え をズバリ！

資料活用 p.237　政党政治の終わりによる軍事費の変化

例　第一次世界大戦後，低くなっていた軍事費の割合が，政党政治が終わったころから，急激に高くなっていった。

確認しよう p.237　五・一五事件と二・二六事件による影響

● 五・一五事件…政党の党首が首相にならず，軍人出身者主導の内閣が多くなり，政党政治は途絶えた。

● 二・二六事件…軍部はさらに影響力を強めていった（軍国主義）。

説明しよう p.237　人々が軍部を支持した理由〔「政党政治」「不景気」「満州」を使って〕

例　不景気の影響で政党政治は人々の信頼を失い，資源の豊かな満州を支配することで，不景気を解決しようとする軍部の考えが民衆の間にも広まっていったため。

CHECK!
確認したら✓を書こう

④ 日中戦争と総力戦に向かう国民生活

ポイント
北京郊外で日中両軍が衝突した盧溝橋事件をきっかけに日中戦争が始まった。中国が抗日民族統一戦線を作って対抗したため，日本は，国家総動員法を公布し，国民が戦争に協力する体制を固めていった。

教科書ナビ

●238ページ 6行め
翌37年7月，北京郊外の盧溝橋で日中両軍が衝突した盧溝橋事件をきっかけに，日中戦争が始まりました。

●238ページ 8行め
南京では，兵士だけでなく多くの民間人が殺害されました（南京事件）。

●238ページ 10行め
（…），中国では，毛沢東の率いる中国共産党が力を付け，（…）

●238ページ 13行め
（…），1937年9月に抗日民族統一戦線を作りました。

徹 底 解 説

🔍【日中戦争】
満州を獲得したのち中国北部への進出の機会をねらっていた日本と，これに抵抗する中国との間で起こった戦争。北京郊外の盧溝橋付近で日本軍と中国軍が軍事衝突した盧溝橋事件をきっかけとして日中戦争が始まった。内閣は戦争不拡大の方針をとろうとしたが，軍部がこれを無視したため戦争は中国全土に広がり，全面戦争となった。中国側がアメリカやイギリスなどから援助を受けて戦いを続けたため長期戦となり，日本が敗北する1945（昭和20）年まで続いた。

🔍【南京事件】
1937年12月，日中戦争で首都・南京を占領した日本軍が，中国人に対して行った略奪暴行事件。日中戦争が始まると日本軍は南京を占領したが，日本軍は，兵士だけでなく多数の一般住民や捕虜も殺害した。この事件で日本は諸外国から激しく非難されたが，日本人のほとんどはこの事実を知らされていなかった。

👤【毛沢東】(1893～1976)
中国共産党を率いた人物。1921年，中国共産党の創設に参加し，農民を指導した。蔣介石が率いる中国国民党とは対立していたが，日中戦争が起こると日本に対抗するため共同して戦った。第二次世界大戦後，再び起こった中国国民党との内戦に勝利して台湾に追放し，1949年に中華人民共和国をたてて国家主席となった。

🔍【抗日民族統一戦線】
1937年，日本軍の中国侵略に対抗するために結成された民族的な抵抗組織。中国では，1920年代後半から中国国民党（国民政府）と中国共産党の対立が続いており，中国国民党に攻撃された中国共産党は南部から北部まで1万km以上にわたる大移動（長征）を行うなどしていた。しかし，日中戦争が始まると，中国共産党が中国国民党によびかけ，戦争に協力して日本に立ち向かうために提携した。

● **239ページ 2行め**

（…）国民や物資を優先して戦争に回そうと，1938年に国家総動員法を定めました。

🔍 **〔国家総動員法〕**

1938年4月に出された，国民や物資を優先して戦争に動員するための法律。総力をあげて戦争に取り組むため，政府は議会の承認なしに，国民の労働力や物資などを戦争に回すことができる権限を持つことになり，国民生活を全面的な統制下に置いた。

● **239ページ 5行め**

政党は軍部に対する抵抗をやめ，1940年に解散し，大政翼賛会という（…）しました。

🔍 **〔大政翼賛会〕**

1940年，国民が一致団結して戦争に協力する体制づくりのためにつくられた全国組織。内閣総理大臣を総裁とし，政党はすべて解散してこれに参加した。政府の統制が全国に及ぶようにするため，町内会や隣組をその指導下に置いた。

● **239ページ 14行め**

配給制も始まり，1940年にマッチと砂糖，翌41年には米までもが配給制となり，（…）。

🔍 **〔配給制〕**

日中戦争の長期化により各家庭に対して行われた，不足しがちな物資の割当制度。軍需品の生産を優先したため，生活必需品が不足するようになったことから行われた。1940年に砂糖とマッチが配給制となり，その後，米・味噌・醤油なども対象となった。生活必需品の配給には，主に切符制がとられた。

教科書の 答え をズバリ！

資料活用 p.239 満州事変当時の日本の人々の，中国などアジアの国々の人々に対する態度

例 中国などアジアの国々は日本ほど開けた国ではなく，国力の強い日本に従うことでアジアは平和になるという態度でいた。

確認しよう p.239 政府が国民に対して行なった生活に関する政策

- 情報は政府によって統制
- 1940年にマッチと砂糖，翌41年には米までもが配給制
- ぜいたくが禁止
- 町内会やその下には隣組が作られた
- 尋常小学校は，1941年に国民学校初等科となり，軍国主義教育が強化された

説明しよう p.239 日中戦争の始まりにより，日本と中国の国内で起こった動き

例 日本…国家予算の大部分を軍事費にあて，国民や物資を優先して戦争に回すための国家総動員法を定めた。また，政党は解散して大政翼賛会に合流した。
中国…内戦状態にあった中国共産党と中国国民党が共同して抗日民族統一戦線を作り，日本に抵抗を続けた。

振り返ろう p.239 世界恐慌に対する各国の対処と，日本の動き

例 世界恐慌に対して，アメリカはニューディール政策，イギリス・フランスはブロック経済で対処した。また，イタリアやドイツでは，ファシズム体制を世論が支持するようにもなった。日本は，満州に進出することで不景気を打開しようと考え，満州事変を起こし，さらに中国にも進出しようとした。

CHECK!
確認したら✓を書こう

長野県から見る満州移民
〜不景気から抜け出すための選択〜

●長野県は，明治時代半ば，繭の生産量と製糸工場（繭から生糸を生産する工場）数が日本一で，大正時代から昭和時代初めにかけて全盛期を迎えた。特に，第一次世界大戦中には，繭の価格が値上がりしたことから，養蚕・製糸業とも大きな利益をあげた。また，1931年の満州事変以降，「満州」へ移住した人々の数も日本一であった。

1 満州に渡ったのはどのような人々だったのかな？

製糸業の衰退

1929年に起こった世界恐慌により，生糸の最大の輸出先であるアメリカが不景気になった。生糸の価格が暴落したことから，長野県をはじめ全国で多くの製糸工場が倒産した。また，繭価も値下がりしたため，養蚕農家は多額の借金を抱えるようになった。

満州移民

満州事変後，満州への開拓移民が募集されると，県や村が奨励したこともあり，長野県からの移民数は全国一にのぼった。当初の満州移民は，満州の防衛と開拓を主に担当したが，1937年以降，「満州に行けば20町歩の地主になれる」といった宣伝や，満蒙開拓青少年義勇軍参加への教師による指導などもあり，農家の次男や三男，貧しい農家の多くが満州へ渡った。

長野県大日向村の例

農村の立て直しをはかるため，村を二つに分け，半分の村民が満州に移住するという「分村移民」を国内で初めて実施した。国は「模範村」として広くPRし，芝居や映画にも取り上げられるなど，盛んに紹介された。

2 人々は満州でどのような生活をしていたのかな？

移住当初

肥料も要らないほど肥えた土地に，現地の人を労働者として雇って農業に励んだ。農地が不足してくると，防衛も兼ねてソ連との国境に近い未開墾のところへと開拓を広げた。開拓地では開拓団を組織して共同で農業に取り組み，軍へ食料を提供した。

戦争末期

開拓団の男性も軍隊に召集されるようになり，開拓団には女性や幼い子ども，老人が多くなり，満州での農業経営も苦しくなっていった。そして，対日参戦を決めたソ連が攻め込んでくると，開拓団からも多くの犠牲者が出て，約半数の人たちが帰国できなくなり，中国残留日本人孤児などが生まれることになった。

教科書の\答え/をズバリ！

資料活用 p.241　満州移民の数と繭価の関係

世界恐慌の影響で下がっていた繭価が1934年に再び急落すると，満州国への移民の数が増えていった。

タイムトラベル ⑪

第二次世界大戦期を眺めてみよう
（1941年ごろのある場面）

次の場面を探してみよう！

① **エ**（p.243　D〜E−3）　③ **オ**（p.243　D−2）　⑤ **ウ**（p.242　A−3）
② **ア**（p.242　B−2）　④ **カ**（p.243　D−1）　⑥ **イ**（p.242　B〜C−2）

● 前の時代と比べて特色を考えよう

●共通点

場面	タイムトラベルでの位置	くわしい説明
文化	p.242　B−2〜3 p.243　D〜E−2 など	**服装**　特に女性は着物を身に付けている人が多かった。

●変化したところ

場面	タイムトラベルでの位置	くわしい説明
政治	p.242　A−3	**出征**　1937年からの日中戦争や1941年に始まった太平洋戦争で，多くの男性が戦地へ出征した。
政治	p.242　B−2	**ぜいたくは敵だ**　華やかな服装は，次第に規制されるようになった。
政治	p.243　D−2	**献納毛布**　戦争の長期化に伴い，**国家総動員法**が定められ，国民や物資を優先して戦争に回すことができるようになった。
政治	p.243　D〜F−3	**学校**　それまでの小学校が国民学校初等科となり，軍国主義教育が強化され，武道による鍛錬も行われた。
政治	p.243　E−2	**大政翼賛会**　政党は解散し，大政翼賛会という戦争に協力する組織に合流した。
経済	p.242　A〜C−1	**工場**　第二次世界大戦中，軍需工場は中学生や女学生が働いていた。
経済	p.242　B〜C−2	**木炭バス**　石油の輸入できなくなったため，替わりに木炭を使って走るバスが運行した。
経済	p.242　B−2	**配給制**　生活に必要な物資が不足してきたため，マッチや砂糖，米までも配給制となり，自由に購入できなくなった。
文化	p.218　A−2〜3 p.243　E−2	**映画**　第二次世界大戦前は，映画は娯楽として鑑賞されたが，第二次世界大戦期には，国民の戦意を高めるための戦争映画が作られた。

① 第二次世界大戦への道

ポイント：独ソ不可侵条約を結んだドイツがポーランドへ侵攻したことから第二次世界大戦が始まった。日本は日独伊三国同盟を結んで連合国と対立し，日ソ中立条約を結んだ上でフランス領インドシナ南部に進出した。

教科書ナビ

●244ページ 3行め
（…），それまで対立していたソ連と独ソ不可侵条約を結び，（…）ポーランドへの侵攻を開始しました。

●244ページ 7行め
（…），ポーランドとの同盟を理由にドイツに宣戦布告し，第二次世界大戦が始まりました。

●244ページ 14行め
（…），ヨーロッパ各地でユダヤ人を捕らえて，（…）数百万人の人々の命を奪いました。

徹底解説

🔍【独ソ不可侵条約】

1939年，ドイツとソ連との間で結ばれた，互いに攻撃しないことなどを内容とする条約。ドイツはポーランド侵攻にあたり対英仏・対ソの二正面戦争を避けるため，ソ連はイギリス・フランスへの不信感と対独戦の開始時期を少しでも遅らせるため，という両国間の利害が一致し，妥協が成立して結ばれた。反ソ連・反共産主義のドイツと反ファシズムの社会主義国であるソ連との同盟は全世界を驚かせた。しかし，1941年にドイツがこの条約を破り，ソ連に侵攻した。

🔍【第二次世界大戦】

1939年に始まった，日本・ドイツ・イタリアの枢軸国とアメリカ・イギリス・フランスなどの連合国との戦争。1939年9月，ドイツのポーランド侵攻と，これに対するイギリス・フランスの対ドイツ宣戦により勃発。1941年12月の日本の対アメリカ・イギリス宣戦（太平洋戦争）で世界戦争へと拡大していった。1943年9月にイタリア，1945年5月にドイツ，同年8月に日本が降伏して大戦は終わった。

1939年8月	独ソ不可侵条約
9月	ドイツがポーランドに侵攻
	イギリス・フランスがドイツに宣戦布告
	第二次世界大戦の始まり
1940年9月	日独伊三国同盟
1941年4月	日ソ中立条約
6月	ドイツが独ソ不可侵条約を破ってソ連を攻撃
8月	大西洋憲章の発表
12月	日本がアメリカ・イギリスに宣戦布告，太平洋戦争
1943年9月	イタリアが降伏
1945年5月	ドイツが降伏
8月	日本が降伏 第二次世界大戦・太平洋戦争終結

▲第二次世界大戦の経過

🔍【ユダヤ人迫害】

第二次世界大戦中，ナチ党が人種論に基づいて行ったユダヤ人に対する迫害のこと。ヒトラーは徹底した排ユダヤ人政策を実行し，ヨーロッパ各地でユダヤ人をとらえて，アウシュビッツ収容所などの強制収容所に送り，ホロコーストと呼ばれる大虐殺を行った。

●245ページ 1行め

日本は，1940年にドイツ・イタリアと日独伊三国同盟を結びました。

🔍 **【日独伊三国同盟】**

1940年，日本，ドイツ，イタリアの3国が結んだ軍事同盟。他国からの侵略に対して援助し合うことや，日本がアジアで，ドイツ・イタリアがヨーロッパで指導的立場に就くために協力し合うことを約束した。この同盟によって，アメリカは航空用ガソリンなどの対日輸出を禁止し，日本とアメリカの関係がより悪化していった。

●245ページ 6行め

翌41年8月に大西洋憲章を発表し，（…）領土の拡張や変更を否定する考えを示しました。

🔍 **【大西洋憲章】**

1941年，アメリカのフランクリン＝ローズベルト大統領とイギリスのチャーチル首相が大西洋上で会談し，発表した宣言。戦争拡大に対処した基本理念や政策を示したもので，領土の不拡大，民族自決，軍備縮小と武力行使の放棄，平和機構の再建など8つの内容からなる。戦後につくられた国際連合憲章の基本理念にもなった。

●245ページ 10行め

同じ4月に日本はソ連と日ソ中立条約を結び，北方の安全を確保したうえで，（…）軍隊を進めました。

🔍 **【日ソ中立条約】**

1941年，日本とソ連との間で結ばれた中立条約。両国は互いに領土を尊重し攻撃しないこと，第三国との戦争の際には中立を守ることなどを約束した。これにより，東南アジアへの進軍を計画していた日本は北方の安全を，ドイツの侵攻に備えたいソ連は東方の安全を図ろうとした。その後，1945年4月にソ連が条約を延長しないことを通告し，8月8日に対日宣戦したことで，この条約は破られた。

●245ページ 13行め

すると，アメリカは，日本への石油や鉄の輸出を制限し，（…）孤立させようとしました（ＡＢＣＤ包囲網）。

🔍 **【ＡＢＣＤ包囲網】**

日本のフランス領インドシナ（現在のベトナム）進駐に対し，アメリカ（Ａ），イギリス（Ｂ），中国（Ｃ），オランダ（Ｄ）がとった，日本を経済的に孤立させようとする経済の包囲網のことで，日本側が付けた呼称。ＡＢＣＤラインともよばれた。1941年夏ごろから新聞・放送用語として使われ始め，国民の敵がい心をあおることに利用された。

教科書の答えをズバリ！

確認しよう p.245 日本が日独伊三国同盟，日ソ中立条約を結んだ目的

- 日独伊三国同盟…日本がアジアで指導的地位に就くため
- 日ソ中立条約…北方の安全を確保するため

説明しよう p.245 第二次世界大戦が始まって以降の，日本とドイツ・アメリカ・ソ連との関係

例 ● ドイツ…日独伊三国同盟を結び，ともに枢軸国側になった。

- アメリカ…日本への石油や鉄の輸出を制限するなど，関係がより悪化していった。
- ソ連…日ソ中立条約を結んだ。

❷ 太平洋戦争と植民地支配の変化

ポイント 日本はアメリカ・イギリスに対し宣戦し太平洋戦争が始まった。日本は,「大東亜共栄圏」の建設を唱え,軍に従わない人を処罰したため,抗日運動が起こった。また,植民地の朝鮮や台湾では皇民化政策を行った。

教科書ナビ

◯246ページ 3行め

日本はアメリカ・イギリスに宣戦布告し,**太平洋戦争**（アジア・太平洋戦争）が始まりました。

◯246ページ 9行め

（…），日本を指導者としたアジアの民族だけで栄えていこうという「**大東亜共栄圏**」の（…）期待しました。

◯247ページ 10行め

（…），植民地の朝鮮や台湾の人々を「皇国臣民」にする政策を行いました（**皇民化政策**）。

徹底解説

🔍【太平洋戦争（たいへいようせんそう）】

1941〜45年に起こった,太平洋地域における日本とアメリカ・イギリスなどの連合国との戦争。この戦争が東南アジアを含むアジア方面にも広がる戦争であったことを明らかにするため,「アジア・太平洋戦争」のよび方もある。1941年12月,日本軍がハワイの真珠湾（しんじゅわん）,マレー半島,フィリピンなどに侵攻（しんこう）して,アメリカ・イギリスに宣戦（せんせん）して始まった。初めのうちは日本が有利に戦争を進め,東南アジア・南太平洋一帯を占領（せんりょう）した。

🔍【大東亜共栄圏（だいとうあきょうえいけん）】

太平洋戦争中,中国や東南アジアへの侵略（しんりゃく）と戦争を正当化するため,日本が掲（かか）げたスローガン。アジアを欧米（おうべい）諸国の植民地支配から解放（かいほう）し,日本を中心にアジアの民族だけで共存・共栄をはかろうというものである。しかし,占領した地域で,物資や食料を強制的に取り立てたり,軍の命令に従（したが）わない人々を厳しく処罰（しょばつ）したりすることがあったことや,日本語教育などの政策（せいさく）を進めたことから,初めのうちは歓迎（かんげい）した現地の人々もしだいに日本に失望（しつぼう）し,各地で反日感情が高まり,激しい抵抗（ていこう）運動が起こった。

🔍【皇民化政策（こうみんかせいさく）】

日本の植民地となった朝鮮（ちょうせん）や台湾（たいわん）で行われた,日本人への同化政策。日中戦争が始まると,植民地の人々を戦争に動員（どういん）するため,それまでの同化政策がさらに強められた。政府は,植民地の人々に日本語の使用,皇居（こうきょ）に向かっての敬礼（けいれい）,教育勅語（ちょくご）の奉読（ほうどく）,神社への参拝（さんぱい）,朝鮮では創氏改名（そうしかいめい）（日本式の氏名に変えること）などを強要した。

教科書の\答え/をズバリ!

確認しよう p.247 「大東亜共栄圏」についての説明

欧米諸国の植民地であったこれらの地域を欧米の支配から「解放」し,日本を指導者としたアジアの民族だけで栄えていこうというスローガン

説明しよう p.247 占領下（こうにち）の国や地域で,抗日運動が起こった理由

例 日本軍が物資や食料を強制的に取り立てたり,軍の命令に従わない人々を厳しく処罰したり,日本語教育などの政策を進めたりしたため。

③ 戦局の悪化と戦時下の暮らし

ポイント ミッドウェー海戦の敗北以降，日本の戦局が悪化した。それに伴い，勤労動員や学徒出陣，学童疎開が行われた。ヨーロッパでは，1945年にドイツが降伏し，日本の無条件降伏を促すポツダム宣言が出された。

教科書ナビ

●248ページ 9行め
（…），軍需工場で働くようになりました（勤労動員）。

●248ページ 10行め
やがて，それまで徴兵されなかった大学生たちも戦場に駆り出されました（学徒出陣）。

●248ページ 14行め
（…），多くの小学生が空襲を避けて農村へ集団で疎開させられました（学童疎開）。

徹底解説

🔍 **【勤労動員】**
中学生や女学生を労働力として動員すること。戦争の長期化で，多くの男性が兵士に徴兵され，労働力が不足した。そこで，中学生や女学生を学校ではなく，軍需工場や農村の働き手として動員した。

🔍 **【学徒出陣】**
大学生や専門学校生が在学途中で徴兵され，戦場に送られたこと。1943年10月から始まった。その前月の9月，政府は文系の大学生の卒業までの徴兵猶予を停止し，同時に徴兵の年齢を引き下げた。12月には第一陣を入隊させて戦場に送り出した。戦局の悪化に伴い戦死者数が増えたことから，兵士不足を補うために行われた。

🔍 **【学童疎開】**
都会に住む小学生を，強制的に学校ごとに集団で地方に避難させたこと。1944年6月から始まった。激しくなった空襲を避けるための対策で，小学生たちは親元から離れ，農村の寺や学校，公民館などで集団で生活することとなった。

技能をみがく p.249 情報の意図を読み解く

●いつ，どこの誰が，何のために発信した情報かを確かめる必要があり，特に，政治的な意図をもつ情報は，慎重にその意図を読み解くことが大切である。

資料活用 p.249 ミッドウェー海戦の新聞の報じ方とその理由

例 実際は敗北したにもかかわらず，日本が優勢であったかのように報じている。その理由は，新聞が，戦争批判や反対の声を上げず，戦争をあおるような情報を伝えるよう，政府の言論統制を受けていたからである。

教科書の 答え をズバリ！

確認しよう p.249 戦局が悪化したことで行われた政策

●**勤労動員**…中学生や女学生も勉強を中断して，軍需工場で働くようになった
●**学徒出陣**…それまで徴兵されなかった大学生たちも戦場に駆り出された
●**学童疎開**…多くの小学生が空襲を避けて農村へ集団で疎開させられた

説明しよう p.249 戦局の悪化に伴い，学生が強いられた生活

例 勉強を中断し軍需工場で働いたり，徴兵され戦場で戦ったりする生活を強いられた。

第2部 第5章 第4節

歴史を探ろう

戦場となった沖縄
〜悪化する戦局と住民の命〜

- 1945年3月末以降，アメリカ軍が沖縄に上陸して行われた激戦は沖縄戦とよばれる。地元住民を巻き込み，3か月に及ぶ戦いの末，日本軍は壊滅し，沖縄はアメリカ軍に占領された。太平洋戦争で実際に地上戦が行われたのは，この沖縄戦だけであった。

1 沖縄戦前はどのような状況だったのだろうか。

- 日本軍は，台湾と沖縄を日本本土の防衛線と位置づけた。→沖縄の住民は，日本軍飛行場建設のために土地を提供させられ，工事に動員された。

- 1944年2月にサイパンが爆撃されると，日本軍は沖縄を本土防衛の最前線と位置づけ，軍隊を配備した。→子供や老人は九州や台湾へ疎開させられた。疎開する学童を乗せた船が，アメリカの潜水艦に攻撃されて，約1500人が犠牲になった。

- 1944年10月10日，那覇市はアメリカ軍の空襲を受けて，軍備や物資に被害を受けた。→食料などが，日本軍のために集められた。

2 なぜ多くの犠牲者がでたのだろうか。

沖縄上陸

- 1945年3月23日
  沖縄島は約55万人のアメリカ軍に取り囲まれ，砲撃や爆撃を受けた。

- 1945年3月26日
  アメリカ軍は，沖縄島攻撃の基地として，慶良間列島に上陸した。

- 1945年4月1日
  アメリカ軍は，嘉手納・読谷・北谷に上陸して，日本本土への爆撃を開始した。

地上戦

- 1945年4月8日，沖縄中部一帯を占領したアメリカ軍と，約10万人の日本軍が戦闘を開始した。→激しい戦いが行われた。

- 5月末，日本軍は戦闘能力を失い，住民が避難する沖縄島南部に撤退した。→住民は，日本軍によって食料を奪われたり，安全な壕を追い出され犠牲になったりした。

- 6月後半，日本軍の抵抗は終わったが，「最後の一兵まで戦え」という命令は残っていた。→集団死に追い込まれたり，禁止されていた琉球方言を使用した住民が日本兵に殺害されたりした。八重山列島などではマラリア発生地に移住させられたため，多くの病死者が出た。

アメリカ軍の進路
日本軍の飛行場
伊江島
0 20km
北飛行場（読谷飛行場）
名護
1945年4月1日
沖縄島上陸
中飛行場（嘉手納飛行場）
慶良間列島
3月26日上陸
南風原
6月23日
日本軍司令官自害
組織的抵抗終わる
（一部戦闘続く）
那覇（首里）
ひめゆりの塔
平和の礎

第2部 第5章 第4節 第二次世界大戦の惨禍

CHECK!
確認したら ✓ を書こう

教科書
252
〜
253
ページ

④ ポツダム宣言と日本の敗戦

ポイント 日本は原子爆弾が投下されたことや，ソ連が日ソ中立条約を破って，満州と南樺太へ侵攻したことから，ポツダム宣言を受け入れて無条件降伏することを決め，翌日，昭和天皇がこの決定を国民に知らせた。

教科書ナビ

● 252ページ 1行め

日本は1945（昭和20）年7月に出された**ポツダム宣言**を黙殺しました。

● 252ページ 2行め

アメリカ合衆国は，戦争の早期終結とともにソ連に対して優位に立つため，**原子爆弾**（原爆）の投下を決定しました。

徹底解説

🔍〔ポツダム宣言〕

1945年7月，アメリカ・イギリス・中国の名で発表された，日本に無条件降伏を促す共同宣言。アメリカ・イギリス・ソ連の首脳がドイツのポツダムで行った会談で決定したもので，日本の降伏条件として軍国主義の排除，日本本土の占領，民主化などがあげられた。日本政府は当初これを黙殺したが，8月14日に受け入れ無条件降伏した。

> **ポツダム宣言**（1945年7月）
>
> 6. 日本国民をだまし，世界征服に乗り出すといったあやまちを犯した者の権力と勢力は永久に取り除かなくてはならない。
> 8. 日本の主権が及ぶのは，本州・北海道・九州・四国と連合国が決める島に限る。
> 13. われらは，日本国政府が軍隊の無条件降伏を宣言することを求める。これ以外の選択は急速で完全な壊滅があるだけである。
> （一部要約・抜粋）

🔍〔原子爆弾〕

ウランやプルトニウムが核分裂する際に生じる巨大エネルギーを利用した，大きな破壊力をもった爆弾。アメリカ軍が世界で初めて1945年8月6日に広島，8月9日に長崎に投下した。両市は一瞬にして壊滅し，原子爆弾投下後5年間で，広島で約20万人以上，長崎で約14万人以上の犠牲者を出したとされている。

教科書の 答え をズバリ！

確認しよう p.253 原子爆弾が投下された場所と日時，犠牲者の数

8月6日午前8時15分に広島へ，8月9日午前11時2分に長崎へ投下された原子爆弾により，町の中心部は壊滅した。広島では約14万人もの人々が，長崎でも1945年末までに7万人を数える人々が犠牲になった。

説明しよう p.253 第二次世界大戦では，どのような犠牲があり，どのように終わりを迎えたか

例 第二次世界大戦の死者は，アジアと太平洋地域だけでも2000万人を超え，日本人では軍人と民間人を合わせて約310万人が犠牲となった。日本は降伏を受け入れるのが遅れたため，アメリカに原子爆弾を投下され，広島・長崎は焼土となり，多くの犠牲者を出した。

振り返ろう p.253 日本が戦争を拡大した理由・多くの犠牲者を出した理由

例 ● 日本が戦争を拡大していった理由…資源の獲得を目的に，東南アジアに進出したため。

● 多くの犠牲者を出してしまった理由…「正しい戦争」であるという認識から降伏が遅れ，原子爆弾が投下されたことなどから軍人だけでなく民間人にも多くの犠牲者が出たため。

章の学習を振り返ろう

CHECK!

確認したら✓を書こう

二度の世界大戦と日本

❶ 学んだ事を確かめよう

1）ア　政党内閣　　イ　国際連盟　　ウ　治安維持法　　エ　世界恐慌　　オ　満州事変
　　カ　五・一五　　キ　二・二六　　ク　ファシズム　　ケ　太平洋戦争　　コ　原子爆弾

2）あ…B柳条湖　い…C盧溝橋　う…A京城（ソウル）
　　え…F長崎　お…E広島　か…D沖縄

●タイムトラベルを眺め直そう！

作業1　タイムトラベル⑩…女性参政権運動　　タイムトラベル⑪…国家総動員法の制定

作業2　日中戦争が始まる

作業3　明治時代…p.168　A−2（製糸工場で働いている）
　　　　大正〜昭和初期…p.218　C−2（職業婦人），p.219　D−3（参政権が無かった）

❷ 歴史的な見方・考え方を働かせて時代の特色を説明しよう

ステップ1 ①　日本の主な出来事に対する世論

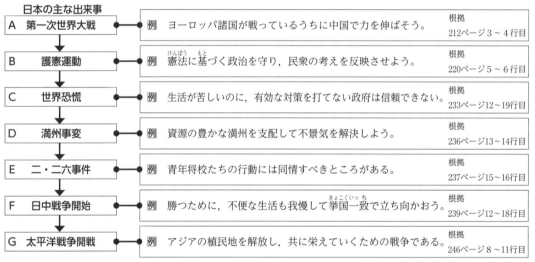

日本の主な出来事		根拠
A　第一次世界大戦	例 ヨーロッパ諸国が戦っているうちに中国で力を伸ばそう。	212ページ3〜4行目
B　護憲運動	例 憲法に基づく政治を守り，民衆の考えを反映させよう。	220ページ5〜6行目
C　世界恐慌	例 生活が苦しいのに，有効な対策を打てない政府は信頼できない。	233ページ12〜19行目
D　満州事変	例 資源の豊かな満州を支配して不景気を解決しよう。	236ページ13〜14行目
E　二・二六事件	例 青年将校たちの行動には同情すべきところがある。	237ページ15〜16行目
F　日中戦争開始	例 勝つために，不便な生活も我慢して挙国一致で立ち向かおう。	239ページ12〜18行目
G　太平洋戦争開戦	例 アジアの植民地を解放し，共に栄えていくための戦争である。	246ページ8〜11行目

ステップ1 ②

日本の世論は，（例　世界恐慌）のころに大きく転換した。なぜなら，（例　それまでの世論は民主主義による政党政治を求めるものであったが，恐慌の影響で生活が苦しくなり，有効な対策を打つことができない政党政治への不満が高まった）からである。

ステップ2 ③

「近代化」が進展した日本の世論が求めたものは，（例　不景気を解決するための政治）である。なぜなら，（例　世界恐慌の影響による有効な対策を打てない政党政治よりも，景気回復のために国外に進出しようとする軍部を支持するようになった）からである。

ステップ3

　この時代は，（例　世論が政党政治から軍部主導の政治の支持へと変化した）時代である。それは，（例　推移）に注目して考えると（例　恐慌後の不景気に対して有効な対策を打てない政党政治に対し，大陸進出によって不景気を解決しようとした軍部を人々が支持した）からである。

一問一答ポイントチェック

第1節 p.210〜 第一次世界大戦と民族独立の動き

❶ドイツ・オーストリア・イタリアの三国同盟に対抗して，イギリス・フランス・ロシア間で結ばれたのは？

❷1914年，サラエボ事件をきっかけに起こり，多くの国を巻き込んだ戦争は？

❸1915年に日本が中国に対して出した要求は？

❹1917年，ロシアでレーニンが指導した労働者や農民が中心の革命は？

❺第一次世界大戦後，パリで結ばれた講和条約は？

❻1919年3月，朝鮮で広まった独立万歳を叫ぶ民衆運動は？

❼1919年5月，中国で広まった日本への抗議運動は？

第2節 p.220〜 高まるデモクラシーの意識

❽大正時代に高まった，憲法の精神に基づいて政党による政治を行おうという運動は？

❾1918年，富山県の漁村から全国に広がった米の安売りを求める事件は？

❿1925年に実現した選挙制度ではどのような人に選挙権が与えられたか？

⓫治安維持法が制定された年は？

第3節 p.232〜 戦争に向かう世論

⓬世界恐慌の不景気を乗り切るためにアメリカがとった政策は？

⓭スターリンの独裁体制の下，ソ連で行われた計画経済は？

⓮五・一五事件で，海軍の青年将校らが暗殺した首相は？

⓯1936年，陸軍の青年将校らが首相官邸や警視庁などを襲った事件は？

⓰1937年，盧溝橋事件をきっかけに始まった戦争は？

⓱1938年に出された，政府が議会の承認なしに国民生活などを統制できる法律は？

第4節 p.244〜 第二次世界大戦の惨禍

⓲ドイツのポーランド侵攻をきっかけに1939年に始まった戦争は？

⓳1940年，日本がドイツ・イタリアと結んだ同盟は？

⓴太平洋戦争が始まった年は？

㉑植民地の朝鮮や台湾の人々を「皇国臣民」にする政策は？

㉒日本に無条件降伏を勧告した連合国側の共同宣言は？

㉓1945年8月，原子爆弾が投下され，大きな被害を出した都市は？

答え

❶三国協商

❷第一次世界大戦

❸二十一か条の要求

❹ロシア革命

❺ベルサイユ条約

❻三・一独立運動

❼五・四運動

❽護憲運動

❾米騒動

❿25歳以上のすべての男性

⓫1925年

⓬ニューディール〔新規まき直し〕政策

⓭五か年計画

⓮犬養毅

⓯二・二六事件

⓰日中戦争

⓱国家総動員法

⓲第二次世界大戦

⓳日独伊三国同盟

⓴1941年

㉑皇民化政策

㉒ポツダム宣言

㉓広島・長崎

タイムトラベル ⑫

CHECK!

確認したら✓を書こう

高度経済成長期を眺めてみよう
（1960〜70年ごろのある場面）

次の場面を探してみよう！

① **イ**（p.256　A−3）　　③ **ア**（p.256　A−1〜2）　　⑤ **ウ**（p.256　A〜C−1）

② **カ**（p.256　A〜B−2）　④ **エ**（p.256　C−2）　　　⑥ **オ**（p.257　D〜E−1）

● 前の時代と比べて特色を考えよう

● 共通点

場面	タイムトラベルでの位置	くわしい説明
経済	p.256　ＡＢＣ−1	**工場**　重化学工業の発展に伴い，住宅の近くにも工場が建てられた。

● 変化したところ

場面	タイムトラベルでの位置	くわしい説明
政治	p.256　A〜C−1	**公害**　重化学工業が発展する一方，四大**公害**をはじめ，各地で公害が発生し大きな社会問題となった。それに対応して**公害対策基本法**が制定された。
政治	p.219　D〜E−3 p.256　A〜B−2	**女性参政権**　1945年に，20歳以上の男女の普通選挙が認められ，翌年には39人の女性国会議員が誕生した。
経済	p.256　C−2	**集団就職**　経済発展により，都市部では労働力が不足した。地方の中学校新卒者は「金の卵」とよばれ企業から多くの求人があり，集団で就職した。
経済	p.256　A−3 p.256・257　C〜D−2 p.257　F−3	**三種の神器**　家庭用電化製品が普及し，電気洗濯機，電気冷蔵庫，テレビは「三種の神器」とよばれた。カラーテレビ，クーラー，乗用車が普及し始めると，これらを「３C」とよんだ。
文化	p.256　A−1〜2	**団地**　1950年代半ば以降，大都市の郊外を中心に作られるようになった。台所と食堂をあわせたダイニングキッチンは，人々のあこがれとなった。
文化	p.257　D〜E−1	**新幹線**　東京オリンピック・パラリンピックの開催に向けて，東海道新幹線の整備が急ピッチで進められた。
文化	p.257　E−1	**オリンピック・パラリンピック**　1964年にアジアで初めての大会が東京で開催された。

① 敗戦からの出発

ポイント　マッカーサーを最高司令官とする連合国軍総司令部（GHQ）の指令下でさまざまな戦後改革が行われた。また，海外にはシベリアに抑留された人々や，中国残留日本人孤児が数多く残された。

教科書ナビ

◉258ページ 3行め

マッカーサーを最高司令官とする連合国軍総司令部（GHQ）は，戦前の軍国主義を排除し（…）。

◉258ページ 7行め

1946年には，戦争犯罪容疑者を裁く極東国際軍事裁判（東京裁判）も始まり，（…）。

◉259ページ 8行め

ソ連が参戦後に占領した地域にいた，（…）シベリアに送られました（シベリア抑留）。

◉259ページ 13行め

また中国には，（…）特に満州には数多くいました（中国残留日本人孤児）。

徹底解説

🔍【連合国軍総司令部（GHQ）】

ポツダム宣言に基づき，日本の占領のためにつくられた組織。最高司令官はアメリカのマッカーサーで，その下にアメリカ軍からなる総司令部が置かれた。戦前の軍国主義を改め民主国家とするため，軍隊の解散や財閥解体，農地改革などを連合国軍総司令部（GHQ）が日本政府に指令・勧告し，日本政府が政治を行う間接統治の方法がとられた。

🔍【極東国際軍事裁判（東京裁判）】

第二次世界大戦後，日本の中心的な戦争指導者（軍人や政治家など）の責任を追及するため，連合国が開いた軍事裁判。連合国の告発にもとづいて，侵略戦争を計画・実行したとされる28人がA級戦犯として起訴された。

🔍【シベリア抑留】

第二次世界大戦末期に対日参戦したソ連が，投降などでソ連軍の捕虜となった日本軍人や移民をシベリアなどに連行し，強制労働させたこと。ソ連軍が占領した満州などにいた約60万人が連行され，鉄道建設や炭鉱・鉱山での作業など重労働を強いられた。

🔍【中国残留日本人孤児】

敗戦直後の混乱の中で，両親と死別したり離れ離れになったりして中国に残され，中国人に育てられた日本人の子どものこと。ソ連参戦で，満州各地に取り残された開拓団の人々の中には，厳しい状況の中で子どもを中国人に託して帰国せざるを得ない人もいた。

教科書の 答え をズバリ!

確認しよう p.259　GHQが日本政府に指示した内容

戦前の軍国主義を排除し民主化を進めるための改革

説明しよう p.259　GHQの改革指令を受けて，日本政府が行ったこと

例　軍隊を解散し，戦争を指導した軍人・政治家を戦争犯罪容疑で逮捕し，戦争に協力した各界の指導者を公職から追放した。

CHECK!
確認したら✓を書こう

② 新時代に求められた憲法

ポイント：戦後，財閥解体・農地改革などが行われ，選挙権が満20歳以上の男女に与えられた。また，国民主権・基本的人権の尊重・平和主義を三大原則とする日本国憲法が公布され，翌年，教育基本法も制定された。

教科書ナビ

●260ページ 5行め
経済の民主化では，**財閥解体**が行われ，これまで日本の産業や経済を独占してきた財閥が解体させられました。

●260ページ 6行め
農業では，**農地改革**が行われ，政府が地主の農地を買い上げ，小作人に安く売り渡しました。

●261ページ 2行め
新しい政府案は，議会の審議を経て，1946年11月3日に**日本国憲法**として公布され，1947年5月3日から施行されました。

徹底解説

🔍【財閥解体】

GHQの指令に基づいて実施された民主化政策の一つで，軍国主義を経済的に支えたとされる財閥を解体したこと。三井，三菱，住友，安田などの財閥を解体し，財閥の支配下にある企業の株式を処分し独立させるなどして，株式をもつことでその企業を支配下に置いた巨大企業の分割が進められた。これにより，財閥以外の企業どうしの競争が活発となり，経済発展につながった。

🔍【農地改革】

GHQの指令に基づいて実施された民主化政策の一つで，農村を民主化するための改革。国が地主から一定の面積をこえる農地を強制的に買い上げて，小作人（土地を持たず，地主から土地を借りていた農民）に安く売り渡した。これにより，多くの小作人が自作農（土地をもつ農民）となり，地主の経済力は衰え，農村の民主化が進んだ。

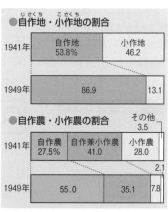

●自作地・小作地の割合

| 1941年 | 自作地 53.8% | 小作地 46.2 |

| 1949年 | 86.9 | 13.1 |

●自作農・小作農の割合　その他 3.5

| 1941年 | 自作農 27.5% | 自作兼小作農 41.0 | 小作農 28.0 |

| 1949年 | 55.0 | 35.1 | 7.8 | 2.1 |

▲農地改革による農家の変化

🔍【日本国憲法】

1946年11月3日に公布，1947年5月3日に施行された，日本の最高法規。GHQの指示で日本政府は憲法草案を作成したが，民主化が不十分であったため，GHQが改正案を示し，それをもとに政府が修正し，大日本帝国憲法を改正する形で定められた。国民主権，平和主義，基本的人権の尊重の三つを三大原則としている。また，天皇は政治的権力を持たない「日本国および日本国民統合の象徴」となった。

教科書 260〜261ページ

●261ページ 5行め
日本国憲法は，三つの点で，新しい時代に対する当時の国民の期待が盛り込まれていました。

〔日本国憲法の三大原則〕

国民主権	国の政治をどのように進めるかを最終的に決定する権力は国民がもち，政治は国民の意思に基づくという原理。
平和主義	平和を尊び，戦争を放棄して，世界の恒久平和のために努力するという考え方。
基本的人権の尊重	すべての人が生まれながらにしてもっている基本的な権利を，侵すことのできない永久の権利として重んじること。

●261ページ 11行め
この憲法に基づき，**地方自治法**が施行され，（…）選ばれるようになりました。

〔地方自治法〕

1947年に制定された，地方公共団体の自主性を高め，地方の政治は住民の意思をもとに住民の手で行われるという理念に基づいて定められた法律。都道府県知事や市町村長の公選制とリコール制度，地方議会の権限などについて定められている。

●261ページ 16行め
さらに，1947年には民主教育の基本的な考え方を示した**教育基本法**が定められ，（…）。

〔教育基本法〕

1947年に制定された，教育の目的や理念を示した法律。義務教育9年制と義務教育費の無償，教育の機会均等や男女共学（同一の学校・学級において，男女の児童・生徒がともに教育を受けること）などが定められている。また，同時に公布された学校教育法により，小学校6年間，中学校3年間を義務教育とし，その上に高等学校3年，大学4年という六・三・三・四制の学校体系がつくられた。これに伴って，教育勅語は失効した。

第2部 第6章 第1節

教科書の答えをズバリ！

資料確認 p.261　現在の女性国会議員の人数

衆議院議員が46人，参議院議員が56人で合計102人（2020年11月現在）。

確認しよう p.261　この時期に進展した日本の民主化政策

- 治安維持法が廃止　　● 政党の自由な活動　　● 20歳以上の男女普通選挙
- 労働三法　　● 財閥解体　　● 農地改革

説明しよう p.261　戦後の日本で目指された国づくり

例　主権を国民がもつこと，戦争を再び起こさない（平和主義），基本的人権を尊重することの3つが国民の期待として日本国憲法に盛り込まれ，軍国主義を排除した，民主的な国づくりが目指された。

CHECK!
確認したら✓を書こう

教科書
262
〜
263
ページ

③ 冷たい戦争とその影響

ポイント 第二次世界大戦の反省から国際連合（国連）が設立された。しかし，冷たい戦争（冷戦）とよばれる資本主義国と社会主義国の対立が起こった。日本も，朝鮮戦争をきっかけに冷戦体制に組み込まれていった。

教科書ナビ

●262ページ 1行め
（…），連合国は戦争を防ぐための新たな国際的組織が必要と考え，**国際連合憲章**を定め，1945（昭和20）年10月に**国際連合（国連）**が成立しました。

●262ページ 8行め
直接には戦火を交えないこの対立は「**冷たい戦争（冷戦）**」とよばれました。

●262ページ 16行め
核実験が盛んに行われるようになると，日本では**原水爆禁止運動**が始まりました。

●263ページ 3行め
1949年10月，毛沢東の率いる共産党が**中華人民共和国**を成立させ，（…）。

徹底解説

🔍 **【国際連合憲章】（こくさいれんごうけんしょう）**
1945年6月，連合国の代表が集まったサンフランシスコ会議で，50か国によって調印された国際連合の基本原則に関する条約。国際連合の目的，活動の原則，組織などについて定められている。

🔍 **【国際連合（国連）】**
国際連合憲章に基づいて，1945年10月に発足した国際平和のための組織。当初の加盟国は51か国であったが，現在は193か国（2020年11月現在）と世界のほとんどの国が加盟している。本部はアメリカのニューヨークにおかれ，総会や権限が強化された安全保障理事会のほか，経済社会理事会，国際司法裁判所などの主要機関や多くの機関が設けられている。

🔍 **【冷たい戦争（冷戦）】（れいせん）**
第二次世界大戦末期から戦後まで続いた，アメリカを中心とする資本主義国とソ連を中心とする社会主義国との対立のこと。軍事力を使った戦争にまではいたらなかったが，経済面・軍事面での厳しい緊張状態が続いたことから，このようによばれる。1945年のヤルタ会談から，1989年のマルタ会談で終結が宣言されるまで続いた。

🔍 **【原水爆禁止運動】（げんすいばくきんしうんどう）**
原爆や水爆の製造・実験・貯蔵・使用の禁止を求める運動。1954年，南太平洋ビキニ環礁でのアメリカの水爆実験で日本の第五福竜丸が被曝した事件（第五福竜丸事件）をきっかけに，国内の原水爆禁止運動が広がった。この運動の一環として，1955年に第1回原水爆禁止世界大会が広島で開かれた。その後，世界大会はしばらく中断したが，1977年以降は毎年開かれている。

🔍 **【中華人民共和国】（ちゅうかじんみんきょうわこく）**
1949年，北京（ペキン）を首都として建国された社会主義国家。国家主席は毛沢東（もうたくとう／マオツォトン）。日中戦争では協力した国民政府と中国共産党は，戦後再び対立して内戦をくり広げた。経済的混乱などから民衆の支持を失った国民政府に対し，農民の支持を得た中国共産党が勝利して中華人民共和国を建国した。敗れた蔣介石（しょうかいせき／チャンチェジー）の国民政府は台湾（たいわん）に逃れた。

○ **263ページ 7行め**
（…），南の**大韓民国**（韓国）と北の**朝鮮民主主義人民共和国**（北朝鮮）が成立しました。

🔍 〔大韓民国〕〔朝鮮民主主義人民共和国〕

第二次世界大戦後，朝鮮半島は北緯38度線を境として南をアメリカ軍，北をソ連軍に占領された。1948年8月に南部に大韓民国（韓国，首都はソウル）が建国されると，これに対抗して9月に北部に朝鮮民主主義人民共和国（北朝鮮，首都は平壌）が成立した。

○ **263ページ 9行め**
（…），北朝鮮軍が朝鮮を統一しようと韓国に攻め込み，**朝鮮戦争**が始まりました。

🔍 〔朝鮮戦争〕

1950年，大韓民国（韓国）と朝鮮民主主義人民共和国（北朝鮮）との間で起こった戦争。北朝鮮軍が北緯38度線を越えて韓国に攻め込んだことから始まった。国連の安全保障理事会は，ソ連が欠席する中で北朝鮮の行動は侵略であるとして国連軍の派遣を決定し，アメリカ軍中心の国連軍が韓国を支援した。北朝鮮には中国の義勇軍が加わり，戦いは北緯38度線をはさんで一進一退をくり返した。1953年に休戦協定が結ばれ，北緯38度線にそって軍事境界線が設けられた。

○ **263ページ 17行め**
（…），治安維持のための**警察予備隊**（後の**自衛隊**）を作らせました。

🔍 〔警察予備隊〕

朝鮮戦争の際，日本の平和と秩序を維持し，警察の治安業務を補うものとして1950年に創設された組織。その後，1952年に保安隊に改編され，1954年に現在の自衛隊へと発展した。

○ **263ページ 19行め**
日本は，アメリカ軍が戦争に必要とする軍事物資などの（…）経済の復興が進みました（**朝鮮特需**）。

🔍 〔朝鮮特需〕

朝鮮戦争をきっかけに，アメリカ軍を中心とする国連軍がもたらした特別な需要のこと。国連軍は，武器・弾薬，戦車・トラックの修理などを中心に，大量の物資やサービスの提供を日本に求めた。これにより日本は生産を拡大して輸出を増やし，1951年には鉱工業生産を第二次世界大戦前の水準まで回復させた。

教科書の 答え をズバリ！

確認しよう p.263 冷戦の影響によって民族が分断された国

ドイツと朝鮮

ドイツは，ドイツ連邦共和国（西ドイツ）とドイツ民主共和国（東ドイツ）に分断された。**朝鮮**は，大韓民国（韓国）と朝鮮民主主義人民共和国（北朝鮮）に分断された。

説明しよう p.263 冷戦下における日本の立場

例 朝鮮戦争が始まった際，日本本土や沖縄のアメリカ軍基地が使われ，戦争に必要なアメリカ軍の軍事物資の生産を引き受けたことで，アメリカとの関係が深まり，冷戦体制に組み込まれた。

振り返ろう p.263 敗戦後進められた日本の改革の目標と国際社会のなかでの立場

例 敗戦後の日本は，GHQの指示の下で平和で民主的な国づくりのための改革を進めていたが，朝鮮戦争が始まると，再軍備が進められ，アメリカ側の陣営として冷戦体制に組み込まれていった。

CHECK!
確認したら ✓ を書こう

教科書 264〜265 ページ

① 日本の独立と世界の動き

ポイント 日本はサンフランシスコ平和条約を結び，独立を回復し，同時に日米安全保障条約を結び，アメリカとの結び付きを強めた。また，日ソ共同宣言の調印によってソ連との国交を回復し，国際連合に加盟した。

教科書ナビ

●264ページ 4行め

1951（昭和26）年，サンフランシスコ講和会議が開かれ，吉田茂内閣は，（…）**サンフランシスコ平和条約**を結びました。

●264ページ 12行め

（…），日本とアメリカとの間に**日米安全保障条約（安保条約）**が結ばれ，（…）。

●264ページ 15行め

（…），鳩山一郎内閣がソ連と日ソ共同宣言を調印し，**北方領土問題**は未解決のまま，（…）。

徹底解説

【吉田茂】（1878〜1967）

外交官・政治家。対米協調政策を進め，日本国憲法公布（1946），サンフランシスコ平和条約・日米安全保障条約の調印（1951），自衛隊の発足（1954）など，戦後日本の方向を決定する重要な政策を実施した。

【サンフランシスコ平和条約】

1951年のサンフランシスコ講和会議で結ばれた，日本と連合国48か国との講和条約。朝鮮戦争が始まると，アメリカは日本を西側陣営の国とするため，日本との講和を急いだ。この条約で日本は独立を回復したが，ソ連・中国・インドなどとは結ばれなかった。

・日本は，朝鮮の独立を認める。
・日本は，台湾，千島列島，南樺太の権利を放棄する。
・沖縄と小笠原諸島をアメリカの支配下に置く。

【日米安全保障条約（安保条約）】

1951年，サンフランシスコ平和条約の調印直後に，日本とアメリカとの間で結ばれた条約。日本の独立後もアメリカ軍が東アジアの平和と安全を守るために日本に駐留し，外国の攻撃に対する日本の防衛にもかかわることなどが定められている。

【日ソ共同宣言】

1956年，日本とソ連との間で調印された戦争の終結宣言。戦争状態の終了，平和条約調印後の歯舞群島・色丹島の返還，日本の国際連合加盟の支持など10項目を内容とする。これにより日ソ間の国交が回復した。また，ソ連は日本の国際連合加盟を支持し，1956年に日本の国際連合加盟が実現した。しかし，両国はその後，北方領土問題で対立し，平和条約はまだ結ばれていない。

【北方領土】

北海道北東部に位置する歯舞群島・色丹島・国後島・択捉島の四島のこと。日ソ共同宣言では，日ソ間に平和条約が調印された後に，歯舞群島・色丹島の2島を日本に引き渡すことが約束されていたが，国後島・択捉島の返還には応じていない。現在，平和条約は結ばれておらず，ソ連解体後はロシア連邦が占領したままとなっている。

●265ページ 3行め
ここから与党を自民党，主要野党を社会党とする政治体制（**55年体制**）が始まりました。

🔍〔55年体制〕

1955年から始まった，自由民主党（自民党）と日本社会党（社会党）の2政党を中心とする日本の政治体制を表すことば。衆議院議席の約3分の2を占める自民党が与党として政権を保持し，約3分の1を占める野党の社会党と国会で対立する体制であったが，実質的には自民党の一党支配であった。1993年に行われた衆議院総選挙で，40年近く続いた55年体制は終わった。

●265ページ 5行め
二つの政党は，1960年の**日米安全保障条約改定**をめぐって激しく対立しました。

🔍〔日米安全保障条約の改定〕

1951年の日米安全保障条約を強化する目的で，1960年に新日米安全保障条約を結んだこと。当時の岸信介首相が渡米し調印した。新しい条約では，アメリカ軍の日本防衛義務を明記したが，日米両国の共同防衛や，日本も自衛力増強を義務づけられた。

●265ページ 7行め
この条約によりアメリカの戦争に日本が巻き込まれる危険があると批判する人々は，（…）反対運動を行いました（**安保闘争**）。

🔍〔安保闘争〕

1960年の新日米安全保障条約が結ばれたときに国民の間に起こった，激しい反対運動。新安保条約承認を審議する衆議院において，政府・与党が警官隊を導入して強行採決したため，この条約によりアメリカの戦争に日本が巻き込まれる恐れがあると批判したり，国会での承認の仕方に不満をもったりした国民の間に反対運動が広がった。連日，多くのデモ隊が国会議事堂をとりまいて，ピーク時には30万人を越えた。

●265ページ 15行め
1955年には，インドネシアのバンドンでアジア・アフリカ会議が開かれ，（…）。

🔍〔アジア・アフリカ会議〕

1955年にインドネシアのバンドンで開かれた，アジア・アフリカ諸国による初の国際会議。日本をふくむアジア・アフリカの29の独立国の代表が参加し，平和共存や民族自決，反植民地主義，人種の平等など平和十原則が宣言された。これにより，アジア・アフリカ諸国は中立の第三勢力として国際社会で発言権をもつようになった。

教科書の 答え をズバリ！

確認しよう p.265 サンフランシスコ平和条約で決まったこと

- 日本は独立を回復した
- 日本の領土の範囲が決められた
- 大半の国は日本が多額の支出には堪えられないと考えて，賠償を求めなかった

説明しよう p.265 独立を回復し国際社会に復帰する過程で，日本に残された課題

例　1951年の講和会議では，出席を拒否した国もあり，中国や朝鮮は招かれなかったことなどからサンフランシスコ平和条約をすべての国とは結べなかった。1956年の日ソ共同宣言により国際連合への加盟が実現したが，北方領土問題は未解決のままである。

歴史を探ろう

日本の領土画定と近隣諸国
〜日本の領土画定と領有の経緯〜

● 「日本」の範囲をめぐる問題とその経緯を考える。

1 現在の日本の領土はどうやって定められたのだろう？

● 明治時代以降，国際法に基づいて，日本の領土は画定されている。

● 1945年のポツダム宣言によって，日本の領土は，本州・北海道・九州・四国とその周辺の島々に限定された。

> →1953年　奄美群島が復帰

> →1968年　小笠原諸島などの太平洋の島々が復帰

> →1972年　沖縄周辺の島々が復帰。

2 北方領土問題にはどのような経緯があったのだろう？

● ソ連は日本がポツダム宣言を受諾したあとに，北方4島を不法に占拠した。

● 日本はサンフランシスコ平和条約で，樺太の一部や千島列島の権利を放棄した。しかし，北方4島は放棄地に含まれていないという立場をとっている。

> →1956年，日本とソ連は歯舞群島と色丹島の返還に合意したが，択捉島と国後島については意見が食い違った。

● 現在，ロシア連邦と返還に向けて交渉中である。

3 竹島にはどのような経緯があったのだろう？

● 江戸時代初期，米子（現在の鳥取県）の人々によって漁業が行われるようになっていた。

● 1905年，国際法に従って竹島を島根県に編入し，日本固有の領土であると再確認した。

● サンフランシスコ平和条約作成段階に，韓国が竹島の領有権を主張したが退けられた。

● 1952年，竹島は韓国領であると李承晩大統領が海洋に関する権利を宣言して，韓国が不法に占拠した。

▲竹島と尖閣諸島の位置

4 尖閣諸島にはどのような経緯があったのだろう？

● 1885〜1895年に日本政府が調査をして，日本の領土に編入した。

● 第二次大戦後に，アメリカ軍の占領下に置かれた。

> →1960年代末，国際連合の海洋調査で，海底に石油などの資源があることがわかった。

> →1970年代末から中国や台湾が領有権を主張するようになった。

> →1972年　沖縄県の一部として日本に復帰。

第2部 第6章 第2節 世界の多極化と日本の成長

CHECK! ・・
確認したら✓を書こう

教科書
268
〜
269
ページ

② 冷戦下での日本とアジア

ポイント ベトナム戦争で沖縄のアメリカ軍基地が使われたことで住民との対立が深まり，対立を避けるために沖縄が返還された。また，韓国とは日韓基本条約を結び，中国とは日中共同声明を調印して国交が正常化された。

教科書ナビ

◉268ページ 8行め
（…），1965(昭和40)年から北ベトナムへの激しい爆撃と地上軍の派遣を行いました（**ベトナム戦争**）。

◉268ページ 17行め
対立を避けるなどの理由から，（…）**沖縄の施政権は日本へ返還**されました。

◉269ページ 4行め
韓国との交渉は（…）**日韓基本条約**を結び，（…）。

◉269ページ 11行め
（…），田中角栄内閣のときに**日中共同声明**が調印され，（…）**日中平和友好条約**も結ばれ，（…）。

徹底解説

🔍 〔ベトナム戦争〕
ベトナムの民族統一をめぐる戦争。アメリカの支援を受けたベトナム共和国（南ベトナム）と，ベトナム民主共和国（北ベトナム）の支援を受けた南ベトナム解放民族戦線が戦った。アメリカは1965年から北ベトナム爆撃（北爆）を行ったが，その後撤退。中ソの支援を受けた北ベトナムと解放民族戦線が勝利して戦争が終わり，1976年にベトナム社会主義共和国として統一された。

🔍 〔沖縄返還〕
アメリカの管理下に置かれていた沖縄では，1960年代から復帰運動が盛んになり，1972年に日本に返還された。沖縄返還協定で，アメリカは基地の使用権は得たので，広大なアメリカ軍基地はそのまま残された。また，返還に伴い，非核三原則が改めて確認された。

🔍 〔日韓基本条約〕
1965年，日本と大韓民国（韓国）が正式な国交を回復した条約。日本は，韓国を朝鮮半島における唯一の合法的な政府であることを認め，外交関係の樹立，貿易の再開などで合意した。

🔍 〔日中共同声明・日中平和友好条約〕
日中共同声明は，1972年，日本と中華人民共和国との間で調印された国交の正常化を約束した声明。日本は声明の前文で「戦争で中国国民に多大な損害を与えたことを反省する」と表明した。日中平和友好条約は，1978年に結ばれた平和条約で，平和友好関係の発展と経済・文化における関係を深めることを内容としたものである。

教科書の 答え をズバリ！

確認しよう p.269 **沖縄返還後も残されている課題**

アメリカ軍の基地を残したままの返還だった

説明しよう p.269 **日本と韓国・中国との国交正常化が進められた背景と，残された課題**

例 韓国…ベトナム戦争の激化にともなうアメリカの強い要請があったことが背景としてあり，個人への補償は，韓国政府に委ねられたことが課題点。

中国…アメリカと中国との関係が改善されたことが背景としてあり，台湾の中華民国との国交が閉ざされたことが課題点。

確認したら ✓ を書こう

③ 経済成長による日本の変化

ポイント

1950年代半ばから高度経済成長が続き，1968年には国民総生産（GNP）が資本主義国で第2位となった。その一方，公害問題が深刻になり，政府は公害対策基本法を制定するなどの取り組みを行った。

教科書ナビ

●270ページ 3行め
この後，年平均10%程度の経済成長率が1970年代初めまで続きました（高度経済成長）。

●270ページ 6行め
1960（昭和35）年に池田勇人内閣が「所得倍増」政策を打ち出し（…）。

●270ページ 7行め
また，1964年に東京オリンピック・パラリンピックが開かれ，（…）。

●271ページ 2行め
さらに，工場などから出る廃液や排ガスによる公害が次々に起こりました。

●271ページ 7行め
政府もまた，1967年に公害対策基本法を制定し，（…）。

徹底解説

🔍 【高度経済成長】

1950年代後半から1970年代初めにかけて続いた，日本経済の著しい成長のこと。企業の生産が増えて輸出も拡大し，国民の生活水準も高まっていった。年平均10%程度の成長率を示し，1968年には国民総生産（GNP）が資本主義国のなかでアメリカに次いで第2位となるなど，「経済大国」とよばれるようになった。

🔍 【「所得倍増」政策】

1960年に池田勇人内閣が打ち出した，経済の高度成長をおし進めるための政策。産業の高度化と重化学工業化をはかり，雇用を増やすことによって国民総生産と一人あたりの国民所得を倍増させて，国民の生活水準を大幅に引き上げることを目指した。

🔍 【東京オリンピック・パラリンピック】

1964年10月に東京で開かれたオリンピック大会。アジア初のオリンピックであり，第二次世界大戦後の日本の復興を象徴するイベントとなった。オリンピック開催に合わせて，東海道新幹線，首都高速道路，空港などの交通システムや，競技施設，ホテル，報道機関などが建設・整備された。

🔍 【公害】

日常生活や生産活動のなかで発生する大気汚染や水質汚濁などにより，人々の健康や生活環境に被害をもたらすこと。日本では，高度経済成長期に多く発生し，深刻な問題となった。特に，水俣病（熊本・鹿児島県），イタイイタイ病（富山県），新潟水俣病（新潟県），四日市ぜんそく（三重県）は四大公害病とよばれ，大きな被害をもたらした。

🔍 【公害対策基本法】

1967年に制定された，公害対策をおしすすめ，国民の健康と生活環境を守ることを目的とした法律。公害を大気汚染，水質汚濁，土壌汚染，騒音，振動，地盤沈下，悪臭の7種類と定め，企業や国，地方公共団体の公害防止の責任を明記した。1993年にはこの法律にかわって，地球環境問題も盛り込んだ環境基本法が制定された。

教科書
270
〜271
ページ

○271ページ 8行め …….

（…），1971年に**環境庁**を設置して，（…）。

🔍 〔環境庁〕

高度経済成長期に各地で発生し，深刻な問題となった公害に対処するため，1971年に設置された行政機関。2001年の中央省庁再編で環境省となった。

○271ページ 12行め …….

石油を主なエネルギー資源としていた日本などの先進国は，大きな打撃を受けました（**石油危機**）。

🔍 〔石油危機〕

1973年，イスラエルとアラブ諸国との間で起こった第四次中東戦争をきっかけに原油価格が大幅に引き上げられ，世界経済に大きな打撃を与えたできごと。石油ショック・オイルショックともいう。日本でも石油不足となり，物価が大幅に上がるなど深刻な影響を受け，1974年の経済成長率がマイナスとなり，高度経済成長が終わった。

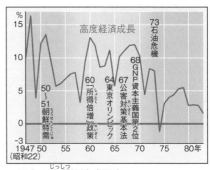

▲日本の実質経済成長率（『経済財政白書』）

○271ページ 15行め …….

（…），世界不況のような重要な国際問題を話し合う第1回**先進国首脳会議（サミット）**が開かれるようになり，（…）。

🔍 〔先進国首脳会議（サミット）〕

1975年にフランスで第1回会議が開催され，以後，もち回りで毎年開催されている国際会議。当初，アメリカ合衆国・イギリス・フランス，ドイツ（当時は西ドイツ），イタリア，日本の6か国の首脳で開催され，経済問題が主要な議題だったが，現在，カナダ，ロシアが加わり，政治・環境問題なども話し合われるようになり，主要国首脳会議と改称されている。その後，クリミア半島併合問題により，2014年からロシアの会議への参加は停止され，G7として開催されている。

教科書の\答え/をズバリ！

確認しよう p.271 **経済成長期に現れてきた社会問題**

● 大都市では人口が過密となり，地方には過疎地域が現れた
● 工場などから出る廃液や排ガスなどによる公害が次々に起こった

説明しよう p.271 **高度経済成長による，日本の経済や産業の変化**

例 日本経済は国際競争力を高めて輸出を伸ばし，1968年には，日本の国民総生産（GNP）が資本主義国のなかでアメリカ合衆国に次ぐ第2位となった。産業面では，技術革新が急速に進み，鉄鋼や造船などの重化学工業が発展した。エネルギー革命によりエネルギー資源が石炭から石油に変わり，太平洋沿岸を中心に石油化学コンビナートが造られるなど工業を中心とする第2次産業が発展した。

教科書
272
〜
273
ページ

第2部 第6章 第2節 世界の多極化と日本の成長

CHECK!

確認したら✓を書こう

④ 日本の社会と国際関係の変化

ポイント 1980年代は，輸出が増加し経済力が高まり，80年代後半には，実態とはかけ離れたバブル経済といわれる好景気が続いた。一方，国内では，国鉄や電電公社の民営化が行われ，税率３％の消費税が導入された。

教科書ナビ

◎272ページ 5行め
一方で，アメリカ合衆国などとの間に**貿易摩擦**の問題が深刻化しました。

◎272ページ 10行め
（…），実態以上に景気がよくなる**バブル経済**とよばれる好景気になりました。

◎272ページ 13行め
（…），発展途上国の経済開発などを促進するための**政府開発援助（ODA）**の供与額が急増し，（…）。

徹底解説

【貿易摩擦】

貿易をめぐって生じる国家間の対立のこと。貿易における輸出額と輸入額の差が大きいことが主な要因。日米間の貿易では，日本の黒字，アメリカの赤字という状態が続いている。

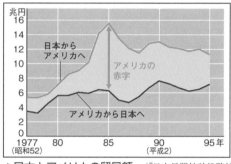

▲日本とアメリカの貿易額 （『日本長期統計総覧』）

【バブル経済】

1980年代後半から進行した「円高」を背景に，銀行から資金援助を受けた企業が土地や株に投資したことから起きた，実態を伴わない地価・株価の急激な上昇による好景気のこと。しかし，1990年代に入ると地価・株価が暴落し企業の倒産が相次ぎ，バブル経済は崩壊した。その後，日本経済は平成不況とよばれる長期の不況期に入った。

【政府開発援助（ODA）】

政府が発展途上国の経済開発や福祉の向上を図る目的で行う資金や技術援助。1990年代には，日本が世界最大の援助国であった。

▲政府開発援助（ODA）の供与額

教科書の答えをズバリ！

確認しよう p.273 **1980年代に，日本国内で行われた改革**
- 国鉄や電電公社の分割民営化
- 1989年に税率３％の消費税を導入

説明しよう p.273 **日本が経済大国になったことで，国際社会に与えた影響**

例 国際社会から国際的地位にふさわしい役割を求められるようになり，政府開発援助（ODA）による援助を積極的に行った。また，東アジアや東南アジアへの投資やODA，貿易によって結び付きが深まり，特に東南アジアの経済発展が一層促進された。

CHECK!
確認したら✓を書こう

⑤ 大衆化・多様化する戦後の文化

ポイント 高度経済成長で国民の所得が増えると，国民の多くが中流意識を持つようになり，文化の大衆化が進んだ。また，テレビが新しい娯楽となり，インターネットの普及は情報への関わり方を大きく変化させた。

教科書ナビ

●275ページ 9行め
湯川秀樹が1949年（昭和24年）に（…）。

●276ページ 1行め
「三種の神器」とよばれた電気洗濯機・電気冷蔵庫・テレビなどの（…）。

●276ページ 9行め
大衆化が進むにつれ，**マスメディア**も発達し，（…）。

●276ページ 12行め
1953年に放送が始まった**テレビ**は，（…）。

●277ページ 5行め
また，**川端康成**や大江健三郎など，（…）。

●277ページ 8行め
なかでも**手塚治虫**は漫画におけるさまざま表現方法を（…）。

徹底解説

〔湯川秀樹〕（1907〜1981）
ダイナマイトを発明した科学者アルフレッド・ノーベルの遺言により1901年に創設されたノーベル賞を，中間子理論とよばれる考えによって物理学賞を日本人で初めて受賞した。

〔三種の神器〕
1953年以降，家庭用電化製品が普及し，中でも白黒テレビ・電気洗濯機・電気冷蔵庫は「三種の神器」とよばれ，もてはやされた。1960年代後半からはカラーテレビ・クーラー・カー（自動車）が普及し，「新三種の神器」とよばれた。これらは英語の頭文字がCから始まるので，3Cともいわれる。

〔マスメディア〕
新聞や雑誌，テレビ，ラジオ，インターネットなど，多数の人々に大量の情報を一度に伝達する手段。文字・音声・映像などにより，不特定多数の人々に大量の情報が伝達されることを「マス＝コミュニケーション」といい，略して「マスコミ」とよばれることもある。

〔テレビ放送〕
1953年にNHKがテレビ放送を開始した。テレビ受信機の値段が高額だったため，一般家庭ではなく飲食店などに置かれた。同年8月には民間放送局が放送を開始し，街頭テレビを置くことで人気を集めた。1960年にはカラーテレビ放送が開始され，東京オリンピックが開催されたこともあってテレビの受信契約数も1000万件を突破し，日本のテレビ時代が本格化した。

〔川端康成〕（1899〜1972）
小説家。同人誌『文藝時代』を創刊し，日本の美しさや感覚的な表現を大切にして，新感覚派とよばれた。1968年にノーベル文学賞を受賞した。代表作に，『伊豆の踊子』『雪国』などがある。

〔手塚治虫〕（1928〜1989）
漫画家，アニメーター。ストーリー性のある漫画を開拓し，数多くの作品を発表した。また，日本初の連続長編テレビアニメ『鉄腕アトム』を制作し，アニメにおいても日本の技術を大きく発展させた。

教科書の\答え/をズバリ！

資料活用 p.277 **流行語が表している出来事**

流行語	流行した年	出来事
リンゴの唄	1946年	美空ひばりの歌が流行した。
タケノコ生活	1947年	戦後，人々が生活のために食料を衣類などと交換していた。
冷たい戦争	1948年	アメリカを中心とする西側とソ連を中心とする東側陣営が対立した。
フジヤマのトビウオ	1949年	古橋広之進が水泳の世界記録を樹立した。
逆コース	1951年	吉田内閣が民主化政策を見直し，法体制を変えた。
死の灰	1954年	第五福竜丸が水爆実験で被曝した。
戦中派	1956年	青年期，戦争中で学徒出陣などで徴兵された。
団地族	1958年	郊外に鉄筋コンクリート造りの集合住宅が次々と建てられた。
所得倍増	1960年	池田隼人内閣が「所得倍増計画」を打ち出した。
巨人大鵬玉子焼き	1961年	当時に子どもたちに人気があった3つ。
三ちゃん農業	1963年	経済成長が著しく，農村から都市部に出稼ぎに出る人が増えた。
ウルトラC	1964年	東京オリンピックが開催された。
公害	1965年	四大公害病などが社会問題化した。
核家族	1967年	経済成長とともに，家族形態が変化していった。
省エネ	1973年	石油危機が起こり，資源節約の風潮が高まった。
狂乱物価	1974年	石油危機に伴う，生活用品の売り惜しみや買い占めが起こった。
円高	1977年	円高傾向が続き，中国などのアジアへ海外進出する日本企業が増加した。
ハイテク	1984年	自動車，家電などのハイテク産業を中心に輸出が伸び，世界最大の貿易黒字国となった。
ファミコン	1986年	テレビゲーム業界に誕生した革命的な新商品「ファミリー・コンピュータ」，通称「ファミコン」が空前の大ブームを巻き起こした。
地上げ屋	1987年	土地の価格が実態以上に高騰するバブル景気が起こった。
ペレストロイカ	1988年	ソ連で政治改革が進められ冷戦が終結してソ連は解体した。
フリーター	1989年	企業の雇用形態が変化し，非正規労働者の割合が増加した。

確認しよう p.277 **高度経済成長期の「三種の神器」の名称とその影響**

　「三種の神器」とよばれた電気洗濯機・電気冷蔵庫・テレビなどの家庭電化製品が普及し，それにより家事の時間は短縮され，人々は余暇を楽しむゆとりが出来た

説明しよう p.277 **戦後復興期と高度経済成長期での，マスメディアの変化**

例　戦後復興期にはGHQの占領下に置かれたことから，アメリカのハリウッドで制作された映画が戦前以上に人々に親しまれた。高度経済成長期には，黒澤明など世界的な評価を受ける監督が現れ，逆にハリウッドへ影響を与えた。1959年の皇太子の結婚パレードを機にテレビが普及し，ラジオや映画に替わる娯楽となった。

振り返ろう p.277 **独立を回復したのち，国際社会のなかでの日本の立場**

例　冷戦下で，日本はアメリカとの関係を深め西側諸国の一員として冷戦体制に組み込まれていった。また，高度経済成長を経て経済大国となった日本は，その国際的地位にふさわしい役割を求められるようになり，ODAなどの国際貢献に大きな役割を果たすようになった。

① グローバル化が進む世界

CHECK! ☺
確認したら✓を書こう

ポイント マルタ会談で冷戦の終結が宣言され、グローバル化が進展するなか、地域統合の動きが活発になり、ＥＵが発足した。一方、冷戦による緊張が解けたことで、民族対立による地域紛争が激化するようになった。

教科書ナビ

●278ページ 4行め
（…）冷戦の象徴であった「ベルリンの壁」が取り払われ、アメリカ合衆国とソ連の首脳会談（マルタ会談）で冷戦の終結が宣言されました。

●278ページ 14行め
この動きをグローバル化といいます。

●279ページ 2行め
ヨーロッパでは1993年にヨーロッパ連合（ＥＵ）が発足し、（…）。

徹底解説

🔍 【ベルリンの壁】
1961年、東ドイツがベルリンの東西の境界線に築いた壁。東ドイツから西ベルリンを経て西ドイツへ亡命する人が相次いだため、行き来を遮断する壁がつくられた。この壁は冷戦の象徴でもあったが、1989年、東ドイツが交通制限を解除したため取り壊された。

🔍 【冷戦の終結】
1989年、アメリカのブッシュ大統領とソ連のゴルバチョフ書記長が地中海のマルタ島で会談（マルタ会談）し、第二次世界大戦後続いた冷戦の終結が宣言された。この年、冷戦の象徴であったベルリンの壁が崩壊し、東ヨーロッパ諸国は相次いで民主化した。冷戦の契機となった1945年のヤルタ会談と合わせて「ヤルタからマルタへ」といわれた。

🔍 【グローバル化】
国際社会において、経済・政治・文化などの交流が活発となり、世界の一体化が進む現象。国境を越えて人が移動したり、モノやサービスが売買されたりすることによってもたらされる。

🔍 【ヨーロッパ連合（ＥＵ）】
ＥＣ（ヨーロッパ共同体）から発展し、ヨーロッパの政治的・経済的統合を目指し、1993年に発足した地域的な協力機構。西ヨーロッパの国々が中心であったが、2004年以降、ポーランドやハンガリーなど東ヨーロッパの国々の加盟が認められるようになった。加盟国の多くで、共通通貨のユーロを導入している。

教科書の 答え をズバリ！

確認しよう p.279 冷戦後に起こった主な紛争・戦争

ユーゴスラビアでは内戦　湾岸戦争　同時多発テロ　イラク戦争

説明しよう p.279 冷戦後のグローバル化に伴って起こった出来事

例　グローバル化に伴ってお金、商品、人の流れ、情報などの経済面では、国家という枠組みを越えて世界が相互に依存を強める動きがより活発化した。国際面では国家の壁を低くして、協力しようとする地域統合の動きが活発になり、ＥＵなどが発足した。一方で民族の対立が激化し紛争が多発したり、テロによる被害が起こったりするようになった。

CHECK! 確認したら✓を書こう

② 激変する日本とアジア

ポイント 自民党と共産党を除いた連立政権が誕生し，「55年体制」が終わった。その後，野党であった民主党による政権交代が起こった。また，1980年代後半から続いたバブル経済が崩壊し，長期に渡って不況が続いた。

教科書ナビ

● 280ページ 5行め
（…），二つの陣営の対立であった「55年体制」の終わりを意味しました。

● 280ページ 14行め
（…），政権交代が起こりました。

● 280ページ 18行め
バブル経済の崩壊です。

徹底解説

【「55年体制」の終わり】

1990年ごろから，政治家と企業の癒着や湾岸戦争への対応などをめぐり政府への批判が強まった。1993年の衆議院総選挙で自由民主党（自民党）は大敗し，細川護煕を首相とする非自民8党派による連立内閣が成立した。38年ぶりの政権交代で，55年体制は崩壊した。

【政権交代】

選挙の結果，多数党となった政党が前の政権にとって代わること。1955年以降の日本では，1993年と2009年の衆議院総選挙の結果自民党が野党となり，政権交代が起こった。

【バブル経済の崩壊】

1990年代初め，株価や地価が暴落し，1980年代後半から続いたバブル経済が崩壊して，平成不況とよばれる不景気が長く続いた。

→失われた20年

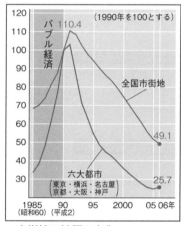

▲市街地の地価の変化
（『近現代日本経済史要覧』）

教科書の\答え/をズバリ！

確認しよう p.281 1990年代初めに日本で起こった政治と経済の大きな出来事

● 自民党の単独政権の終わりとともに，二つの陣営の対立であった「55年体制」の終わり

● バブル経済の崩壊

説明しよう p.281 財政赤字が増加する理由

例 日本では，1970年代半ばから少子化と高齢化が急激に進行し，高齢化による社会保障費が増大しているが，少子化による労働人口の減少により，社会保障費の財源となる税金が減少するため，今後さらに財政の赤字が増加すると考えられる。

第2部 第6章 第3節 これからの日本と世界

CHECK!
確認したら✓を書こう

教科書
282
〜
283
ページ

③ 国際社会におけるこれからの日本

ポイント 現在，さまざまな分野で世界貢献を果たすことが求められている。環境問題では，地球温暖化への国際的な取り組みを進め，将来の幸福を見すえた「持続可能な社会」の実現にも取り組んでいく必要がある。

教科書ナビ

◉282ページ 7行め
（…），非政府組織（NGO）とよばれる民間団体や，（…）。

◉282ページ 11行め
（…），情報通信技術（ICT）の発展により，（…）。

◉283ページ 2行め
このような自然災害の増加から地球温暖化への危機感が高まり，（…）。

◉283ページ 8行め
（…），2011年の東日本大震災における福島県の（…）。

徹底解説

🔍 **【非政府組織（NGO）】**
飢餓や貧困，環境，人権など地球規模の問題解決のために，国家の枠をこえて取り組む民間団体。民間によって作られたものであるが，利益の追求は目的としていない。代表的なものに，国際赤十字や国境なき医師団，アムネスティ・インターナショナルなどがある。

🔍 **【情報通信技術（ICT）】**
今までのIT（情報技術）に代わる表現で，Information and Communication Technologyの略である。

🔍 **【地球温暖化】**
地球規模の環境問題の一つで，地球全体の平均気温が上昇していく現象。南極の氷がとけ出すことによる海面水位の上昇，洪水や干ばつといった異常気象，生態系の破壊などを招くおそれがあることから大きな問題となっている。原因としては，石油・石炭などの化石燃料の大量消費により，大気中の二酸化炭素やメタンなどの温室効果ガスが増加することがあげられる。

🔍 **【東日本大震災】**
2011年3月11日に発生した巨大地震と大津波による被害。津波の被害では，原子力発電所で放射性物質がもれる事故が起きた。

教科書の 答え をズバリ！

確認しよう p.283 現在，日本や世界でどのような課題に直面しているか

● 新たな人権問題や雇用問題　　● 人口問題，地球温暖化などの環境問題

説明しよう p.283 直面している課題を克服するにはどうしたらよいか

例　二酸化炭素などの温室効果ガスの排出による地球温暖化が問題となっている。解決策として，ごみがほとんど出なかった江戸時代の暮らしがヒントになる。使い捨て型の消費を見直し，繰り返し修理をしながら使ったりと，大切な資源の無駄使いを減らすことが大切である。

振り返ろう p.283 冷戦終結後，どのような課題や社会の変化が起こったか
〔一つの出来事を選んで，原因から説明〕

例　（ユーゴスラビアの内戦）冷戦期の緊張によって抑えられてきた民族間の対立が，冷戦終結後に表面化し，世界各地で，民族紛争や民族対立による内戦などが激化してきたため，難民が増加している。

章の学習を振り返ろう

現在に続く日本と世界

❶ 学んだ事を確かめよう

1）**ア**国際連合　　**イ**日本国憲法　　**ウ**朝鮮　　**エ**日米安全保障　　**オ**高度経済成長

　　カ東京オリンピック　　**キ**沖縄　　**ク**日中平和友好　　**ケ**サミット　　**コ**ソ連

2）**あ**…**E**マルタ　　**い**…**B**バンドン　　**う**…**D**ベトナム　　**え**…**A**サンフランシスコ

　　お…**C**キューバ　　**か**…**F**ニューヨーク

●タイムトラベルを眺め直そう！

作業1　タイムトラベル左…東京オリンピックの開催　タイムトラベル右…公害対策基本法

作業2　公害対策基本法，京都議定書の採択

作業3　（省略）

❷ 歴史的な見方・考え方を働かせて時代の特色を説明しよう

ステップ1 1　（省略）

ステップ1 2

1 現代の三つの時期区分
A 終戦から独立回復までの時期（1945〜50年代）
B 高度経済成長から経済大国へ（1960〜80年代）
C 冷戦終結から現在（1990年〜）

2 四つの観点
①経済や産業
②政治や制度
②文化や生活
③国際社会

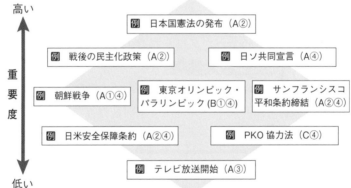

高い

重要度

低い

例 日本国憲法の発布（A②）

例 戦後の民主化政策（A②）　　例 日ソ共同宣言（A④）

例 朝鮮戦争（A①④）　　例 東京オリンピック・パラリンピック（B①④）　　例 サンフランシスコ平和条約締結（A②④）

例 日米安全保障条約（A②④）　　例 PKO協力法（C④）

例 テレビ放送開始（A③）

章の問いの答え

現代の日本社会をつくる画期となった出来事は，（**例**　日本国憲法が制定されたこと）である。なぜなら，（**例**　国民が主権者であり，基本的人権を保障が保障され，平和主義を掲げた日本国憲法が，現在の民主的国家としての日本を形づくる基礎となっている）からである。

ステップ2 1，2省略

ステップ3

　この時代は，（**例**　日本国憲法の下，民主的な自由社会が形成され，経済の発展とともに，国際的貢献を求められるようになった）時代である。それは，（**例**　相互の関連）に注目して考えると（**例**　高度経済成長により有数の経済大国となった日本は，サミットに参加するなど国際的地位を高めた）からである。

多面的・多角的に構想する

CHECK! ☺
確認したら ✓ を書こう

教科書
286
〜
287
ページ

『未来に向けて』

1 自分の社会的な関心から，テーマを決めよう
2 社会的な課題の歴史的な経緯を整理しよう

例

テーマ　持続可能な農業を実現するにはどうしたらよいか？		
	社会的に発展したこと	それに伴う課題
古代	律令制に基づき，6歳以上の男女に口分田が与えられた。	口分田の不足に対して墾田永年私財法が出されて以降，荘園が増え，律令制が崩れ始めた。
中世	牛馬耕や草木灰などの肥料が使われるようになり，二毛作も広まった。	農民は，荘園領主への年貢の納入と地頭に対する負担の二重支配に苦しんだ。
近世	新田開発や農具の改良によって，耕地面積と生産量が飛躍的に増加した。	貨幣経済が広まり，地主と小作人の間の格差が大きくなった。
近代	地租改正によって，税の基準がそれまでの収穫高にかわって地価になった。	土地を手放して，小作人となる農民が増加した。
現代	農地改革が実施され，自作農が増え，農村の平等化が図られた。	食生活の変化により，農産物の輸入が増加し，外国産との競争が激しくなった。

3 （省略）
4 未来へのメッセージをまとめよう

22世紀の中学生のみなさんへ

　私たちは，日本と世界の歴史の学習を通じて，人々がよりよい社会に向けて取り組む姿や，20世紀の人々の努力で，豊かな生活を達成してきたことを学びました。しかし，まだ残された課題もあると思います。

例えば，（例　現在，世界各地で，子どもを含む多くの人々が難民になり，苦しい生活を強いられています）。なぜなら（例　冷戦の終結によって，冷戦期には抑えられていた民族間の対立が表面化し，民族紛争や内戦が冷戦前より激化している）からです。（例　幸いにも，戦後の日本は，戦争に巻き込まれず平和を維持してきました。80年後の日本も戦争のない平和な国であるとともに，現在世界中で苦しんでいる人々にも平和が訪れていることを願っています。）

そのためには，（例　今の私たちに何ができるかを考え，平和な国際社会ができるように努力していきたいと思います）。

教科書 258〜287ページ

CHECK!
確認したら✓を書こう

一問一答ポイントチェック

答 え

第1節
p.258〜
敗戦から立ち直る日本

❶日本を占領した連合国軍の総司令官は？

❷農村の民主化を進めるため，地主制を廃止して土地を小作人に安く売りわたした政策は？

❸日本国憲法が施行された年月日は？

❹日本国憲法で示された三つの基本原則は？

❺1947年に定められた民主教育の基本的な考え方を示した法律は？

❻第二次世界大戦後のアメリカを中心とする資本主義国と，ソ連を中心とする社会主義国との対立は？

❼1948年，朝鮮半島の南部に成立した国家は？

第2節
p.264〜
世界の多極化と日本の成長

❽1951年に48か国との間で結ばれ，これによって日本の独立が回復した条約は？

❾❽と同時に日本とアメリカとの間で結ばれた条約は？

❿1956年に日本が国交を回復した国は？

⓫1960年，❾の改定の内容に対する反対運動は？

⓬1955年にインドネシアのバンドンで開かれた会議は？

⓭アメリカの統治下にあった沖縄が，日本に返還された年は？

⓮1965年，日本と大韓民国が結んだ条約は？

⓯1972年に日本と中国との間で調印された声明は？

⓰公害を防止し，健康や自然を守るために1967年に制定された法律は？

⓱1973年に中東戦争の影響で石油の値段が大幅に上がり，先進国の経済に大打撃を与えたできごとは？

⓲1975年に第1回が開かれた，先進国の首脳が集まって重要な国際問題を話し合う会議は？

⓳1980年代，アメリカと日本の間に起こった，貿易を巡る国家間の対立は？

⓴経済開発などを促進するための発展途上国への援助は？

第3節
p.278〜
これからの日本と世界

㉑1989年，冷戦の終結が宣言された，アメリカとソ連の首脳会談は？

㉒1980年代後半から日本で起こった，地価が異常に高くなった好景気は？

㉓2015年，地球温暖化を防ぐために，脱炭素化社会を目指して採択された協定は？

❶マッカーサー

❷農地改革

❸1947年5月3日

❹国民主権・平和主義・基本的人権の尊重

❺教育基本法

❻冷たい戦争〔冷戦〕

❼大韓民国〔韓国〕

❽サンフランシスコ平和条約

❾日米安全保障条約

❿ソ連

⓫安保闘争

⓬アジア・アフリカ会議

⓭1972年

⓮日韓基本条約

⓯日中共同声明

⓰公害対策基本法

⓱石油危機

⓲先進国首脳会議〔サミット〕

⓳貿易摩擦

⓴政府開発援助〔ODA〕

㉑マルタ会談

㉒バブル経済

㉓パリ協定

6 5 4 3 2
D C B A